ユーラシアの
創世神話

［水の伝承］

金光仁三郎

大修館書店

まえがき

ユーラシア大陸には似たような同根の神話が各地に見られる。日本の代表的な神話と考えられている羽衣伝説が、東アジア、インドネシア、ヴェトナム、インドを越えて、北欧やアイルランドまで分布しているといったら、驚かれる人も少なくあるまい。

今でこそ飛行機を使えばヨーロッパまでひと飛びだが、飛行機のない大昔の神話時代、羽衣伝説はどこで生まれ、どのような経路でユーラシア大陸を横断したのか。

羽衣伝説だけではない。本書で扱われている神話・伝承に限っても、人類創造神話、「生命の水」の神話、不死神話、洪水神話、鍛冶神話、天上覇権神話などがユーラシア大陸を横断しているように見える。同じ物語がこれほど長い距離を渡るのだから、当然、変形もこうむっている。

羽衣伝説は、「生命の水」の神話に属している。しかし、日本の羽衣伝説では「生命の水」や鍛冶神話の話素が欠落しているので、極東の地を出発点にしてこの伝説を追い始めると、同じ羽衣をまとっている東アジアやインドネシアの伝説にはたどりつけても、インドのアプサラスたち、天界にいる「生命の水」の妖精たちの神話とはなかなかつながらない。ましてアイルランドの水の妖精エーダインやウェールズの湖の貴婦人ヴィヴィアンと一脈通じていることを指摘した例は、寡聞にして知らない。

インドの水精アプサラスたちは、天界にある乳海、ヴィシュヌ神の管理する「生命の水」から生まれた天女たちで、その中の一人がこの世に下って地上の王と結婚する話、これが羽衣伝説の原型である。ここでは「生命の水」の神話と羽衣伝説が合体している。

また人類創造神話の主役であるヤマとヤミーの兄妹は、人類の生みの親で鍛冶神のトゥヴァシュトリを祖父に持つ。同時に、兄妹の始祖は水精アプサラスに行き着くと『リグ・ヴェーダ』には書かれてある。水精アプサラスの神話である羽衣伝説が人類創造神話や鍛冶神話と関連していることが示唆されているわけだ。

これが北欧神話へ飛ぶと、鍛冶師のヴェルンドが白鳥の羽衣をまとった天女のヴァルキューレと結婚する話に変形し、鍛冶神話と羽衣伝説が一体化する。

さらにアイルランド・ウェールズ神話へ行くと、最高神ダグダと川の女神ボインの息子オイングスが湖の妖精エーダインと結ばれる。湖の妖精は、白鳥に化身して異界からこの世に下りてくるのだ。異界の乙女エーダインを天女のアプサラスと考えれば、オイングスは「地上の王」に比定できる。それにケルトの異界は「不老不死の国」とも呼ばれている独特の空間なので、ここには天界の概念も含まれていると思って差し支えなかろう。

オイングスの母親ボアン（ボインともいう）の語源は「白い雌牛」（*Bo-Vinda*）で、彼女はボイン川の母神、湖の貴婦人のヴィヴィアン（*Viviane*）の名も「白い雌牛」の変形したものだといわれている。同時にこの音には「生命の水」（フランス語で *Eau vive*）の意味も含まれている。となると、ケルト・ガリアの人々は「白い雌牛」を語源に持つボイン川やヴィヴィアンの湖に「乳海」を想定していたと考えることはできないか。インド神話で「乳海」とは天界の海のことで、ヴィシュヌ神が管理する「生命の水」からできている。

水精アプサラスはこの「生命の水」から生まれており、ヤミーとヤマは天女アプサラスを始祖にしながら、鍛冶神を祖父に持つ。そうだとすれば、ヴィヴィアンの湖底で魔法の剣エクスキャリバーが造られ、それがアーサー王に託されたとしてもなんら不思議はないことになる。

しかし、「生命の水」の神話を創り出したのはインド人ではなく、シュメール・アッカド人で、水神エア（＝エンキ）が「生命の水」を管理していた。水神エアはこれだけでなく、人類創造神話、不死神話、洪水神話、天上覇権神話で、主役もしくは主役を補佐する重要な役割を演じている。

こうした神話は、束になってメソポタミアから東西世界へ少しずつ深く静かに浸透していったように見える。つまり、聖書、ギリシア、スキタイ、ケルト、北欧神話といった西洋世界に波及したのはもちろん、インド、中国、東南アジア、東アジア、シベリアの神話といった東洋世界へまでその余波は達している。

そうした波及の典型として有名な羽衣伝説を一例としてあげてみたが、単発的にこの伝説だけを追えば、ユーラシア大陸の創世神話のなかで、インド・ヨーロッパ語族の影響は圧倒的に見える。

しかし、「生命の水」の神話から見ていくと、メソポタミア神話がその底流で厳然と威力を発揮している。まして水神エアのすべての事跡を束になって追うと、人類創造神話、不死神話、洪水神話など水の神話はもちろん、神話を超えた宗教の成り立ちにまで深くからんでいることが分かる。水神エアは、人類最初の恩寵の神として「生命の水」の管理者や魚の図像を介してキリストやヴィシュヌ神に神話的原像を提供し、キリスト教や仏教の誕生に大きく貢献しているように思えるからだ。それだけでなく、水神エアは、ギリシア神話のプロメテウスやヘファイストス、中国神話の禹の原像にさえなっている。

むろん、メソポタミア神話がユーラシア大陸の創世神話に与えた影響は水神エアに限らず、最高神マルドゥク、大地母神イナンナ（＝イシュタル）まで広げれば計り知れない。また、「生命の水」の神話、人類創造神話、不死神話、洪水神話など、エアの事跡は、どこの文化圏でも創世神話のなくてはならない要になっている。本書ではとりあえず水の神話に限ってメソポタミア神話の余波を大陸全域に追ってみようと思う。

最後に、本書の出版に道を開いてくださった、大修館書店編集第二部部長飯塚利昭氏に対して、厚く御礼を申し上げたい。また、『世界シンボル大事典』、『世界神話大事典』以来、一貫して共同作業に協力してくださった志村英雄氏に対しても心から感謝の意を表したい。

二〇〇七年三月

著者

目次

目次

ユーラシアの創世神話

——水の伝承

第一章　聖書の世界――「水」のイメージ

(1) 天地創造

浜辺や湖畔にたたずんで、「水」の爽やかな清涼感にいやされなかった者はいないだろう。動物も植物もあらゆる生き物は、「水」なしでは生きていけない。世界のあまたの宇宙創世神話に必ずといっていいほど「水」がからむのも、「水」が底知れぬ潜在力を秘めた生命の源だからだ。

聖書の冒頭にある『創世記』の天地創造の話では、世界は闇に包まれ、神の霊だけが水の面を鳥のように浮遊する。これが、神が天地を創造した後の風景、原初の混沌のイメージである。

聖書は、この世に最初に出現した物質を「天」と「地」と「水」に特定しているのだが、「天」と「地」は、第一の日にはいまだに形も定まらず、混沌としてむなしいまま闇の深淵に覆われている。

「水」だけが「混沌」のイメージにふさわしく、どこまでも広大で柔軟、無定形で無気味な存在を我々の脳裏に焼きつける。そこに光が射し、神は光と闇を分け、昼と夜、朝と夕を創って第一の日が終わる。第二の日の初めに神はこう言われた。

「水の中に大空あれ。水と水を分けよ」(『創世記』一)。

神は大空を創り、大空を「天」と呼んで、「水」は大空の上と下に分けられた。「天」が具体的にはっきりと姿を現わすのは第二の日、それも、「水」の中に大空、「天」が現われる。第三の日に「地」が生ずるのも「水」からである。

「天の下の水は一つ所に集まれ。乾いた所が現われよ」(同上)。

これで「乾いた所」が「地」、「水の集まった所」が「海」になった。神が「水」を一つ所に集めなければ、「水」のない乾いた場所は「地」にならない。聖書のなかで「水」はあくまでマテリア・プリマ(第一物質)の位置を保持し続ける。この乾いた大地に神は「天」から雨を送って野の木や草を生えさせ、地下から「水」を湧き出させて「土」の面をすべて潤し、湿った土の塵で人間を創って、エデンの園に人間を住まわせる。しかも、聖書では地上の楽園の具体的な描写を「水」から始める。

「エデンから一つの川が流れ出ていた。園を潤し、そこで分かれて、四つの川となっていた。第一の川の名はピションで、金を産出するハビラ地方全域を巡っていた……第二の川の名はギホンでクシュ地方全域を巡っていた。第三の川の名はチグリスで……第四の川はユーフラテスであった」(『創世記』二)。

(2) モーセの奇跡

「水」はエデンの園を潤し、楽園から流れ出て世界に潤いと豊穣をもたらす聖水なのだ。『創世記』では、水と水を分けることで「天」(大空)が生まれ、「地」が現われた。水を二分する奇跡は、『創世記』に続く『出エジプト記』でも引き継がれる。モーセが行う有名な「葦の海の奇跡」の場面である。

エジプトを脱出したイスラエルの人々は、バアル・ツェフォンの手前の海辺に宿営する。エジプト王ファラオは、「えり抜きの戦車六〇〇をはじめ、エジプトの戦車すべてを動員して」、彼らを追走し、同じ海辺に辿り着いて背後から襲いかかろうとしていた。そのとき主はモーセにこう言われた。

「イスラエルの人々に命じて出発させなさい。杖を高く上げ、手を海に向かって差し伸べて、海を二つに分けなさい。そうすれば、イスラエルの民は海の中の乾いた所を通ることができる」(『出エジプト記』一四)。

モーセが主の言われた通りにすると、海は「右と左に壁のように」分かれ、イスラエルの人々は、その間を無事に通り抜ける。しかし、エジプトの軍勢が同じように海の道へ入りこむと、渡り終えたモーセが手を海に向かって差し伸べたため、海は元の場所へ流れ返り、ファラオの全軍は水に呑み込まれて絶滅する。

モーセが海を二分するために使う杖は、魔法の杖である。この杖は、「葦の海の奇跡」の前段に出て来るアロンの杖と同じものだ。ヤハウェは、この杖を兄弟であるアロンとモーセに使わせて何度も奇跡を行い、自分に従わないファラオを屈服させようとする。

最初の奇跡で、ファラオの前に投げられたアロンの杖は蛇になる。ファラオは、負けじと呪術師たちを呼びつける。呪術師たちがそれぞれ自分の杖を投げると、同じように蛇になったが、アロンの杖が彼らの杖を呑み込んでしまう。ヤハウェの圧倒的な勝利が語られているのだ。

「葦の海の奇跡」以外に、この杖は立て続けにいろいろな奇跡を行う。「水」に関係した奇跡を拾い出しただけでも、『出エジプト記』では「血の災い」、「カエルの災い」、「マラの苦い水」の挿話が、『民数記』では「メリバの水」の挿話などが並ぶ。

「血の災い」の章（七）では、モーセとアロンがこの杖でナイル川の水を打つと、水は血に変わり、川は悪臭を放ってエジプト人はナイルの水が飲めなくなる。「カエルの災い」の章（八）では、二人が「杖を取って、河川、水路、池の上に手を伸ばす」と、カエルが這い上がってきて、エジプト中を覆ってしまう。ファラオは、カエルを地上から撤退させるために、ヤハウェに屈服して犠牲を捧げざるをえなくなる。

「マラの苦い水」の話（一六）は、杖とは直接関係ないが、「いやしのシンボリズム」としての水の効能が強調されている。葦の海から旅立ったイスラエルの民は、荒れ野を三日の間進んでいくが、水とめぐりあえなかった。マラに辿り着いたが、「そこの水は苦くて飲むことができなかった」。マラは「苦い」という意味である。

モーセが主に訴えると、主は一本の木を示され、その木を水に投げこむと、苦い水は甘い水に変わったという。この奇跡の直後に主がモーセの前に現れて、すべての掟を守るならば、「わたしはあなたをいやす主になろう」と告げる。創造主の恩典が渇きをいやす水の効能とだぶって描き出されているわけだ。「マラの苦い水」の話も、一本の木を杖に見立てれば、杖で水を打つ他の挿話とそれほど違いがあるわけではない。

モーセの杖

「メリバの水」の章（二九）では、荒れ野に入って、水が飲めなくなったイスラエルの人々のためにモーセとアロンが杖で岩を二度打つと、岩から水がほとばしり出て、共同体の人々も家畜もその水が飲めるようになる。メリバとは「争い」という意味で、「水」は神と人間との不和、あるいは人間同志の諍《いさか》いを鎮める役割があるのだ。

前に述べたように、太古の時代から「水」は、生命の源であると同時に底知れぬ潜在力を秘めた存在として人間を威圧し続けてきた。「水」は、天と地、現世と彼岸を分ける断絶と通行のシンボルとみなされていたのである。『創世記』の天地創造のイメージには、早くもこのシンボリズムが認められる。モーセの「葦の海の奇跡」では、それがもっと具象化して現われる。

イスラエルの民にとって、エジプトの地は、奴隷状態にある現実の世界、めざす故郷のカナンは遠い彼岸にある天上の楽園、豊穣と至福の桃源郷である。この天と地、現世と彼岸の間に「葦の海」が威圧するように無気味に立ちふさがる。

天地創造では、創造主が直接「水」を二つに切ったが、「葦の海」を分断するのは、創造主がモーセとアロンに委ねた魔法の杖である。いかにすぐれた預言者といえども、人間が「水」を自力で二分することは不可能なのだ。それほど「水」の威力は、神の助けがなければ克服できず、畏怖されていたのだろう。

しかし、この恐ろしい「水」を分断しなければ、「地」を這う人間は、永遠に「天」に辿り着けない。エジプトの異邦の地を這い回るだけで、エデンの園にも似た故郷のカナンに戻ることはできない。

創造主が「天」と「地」を創ったのは、「水」を二つに分けたからだった。それまでは「天」と「地」は、「水」のなかで混沌とした状態のまま一つに融合していたのである。「水」はすべてを融和させ、一切を呑み込む結合と混沌のマテリア・プリマ（第一物質）でもある。

このカオスの状態なら、人間は「地」から「天」へ苦もなく通行できたはずなのに、この原初の風景に人間は存在しない。人間が始めて出現したときには、すでに「天」と「地」は分離し、その間を大気（聖書では大気＝水）が立ちふさがっていた。以来、「水」は断絶のシンボルにもなったのである。

「水」を再び断絶から通行のマテリア・プリマに変質させるのに、「葦の海」で「杖」が使われているのは面白い。古来、聖書の預言者やエジプトのファラオに限らず、ギリシア神話では海神ポセイドン、医神アスクレピオス、それにヘルメスが、またケルトではドルイド僧が聖杖を使い、インドでは最高神ブラフマーが梵天の杖を使っている。

木製の杖が世界中で神権や王権の象徴、さては占いや魔法にまで使用されたのは、杖、とくに木や蛇が「天」と「地」を結ぶ世界軸と考えられていたからだろう。アロンの杖もファラオの妖術師の杖も蛇になる。ヘルメスの杖には蛇が巻きついている。中国、三星堆出土の聖樹には、蛇が絡みついている。杖＝木＝蛇＝世界軸のシンボル構造が見て取れるのだ。

「水」によって遮断された「天」と「地」を世界軸である「木」が再び一つに結びつけてくれる。だからこそ、モーセは、天地創造で創造主がそうしたように、「水」を杖で切って「水」のなかを渡ろうとしたのだ。

モーセとアロンの杖は、「生命の木」でもある。十二本あった枝（イスラエルの十二部族も象徴する）のうちアロンの杖だけが芽を吹いたからである。「生命の木」は、エデンの園に最初に芽吹いた天上の植物である。モーセがカナン（＝エデンの園＝天）をめざして、「生命の杖」で「水」を分断したのも、奇跡の道理に適った行為といえよう。

しかし、「生命の杖」で水を征服するという概念は、イスラエル民族だけの専売特許ではない。すでに、エトルリア人が軍隊への水の補給に水脈占いの杖で地下水を探索した記述が、タキトゥスの著作に残っているからだ。

後にヨーロッパの水脈占い人と技師たちは、水の探知に木製の杖を使うようになるが、こうした呪術的儀式が伝統化したのは、もとよりモーセの故事にあやかろうとしてのことだろう(1)。

(3) 生命の水

木には神秘的な「生命の木」があるが、水にも霊的な「生命の水」というものがある。「生命の水」に触れた言葉は聖書の随所に見られるが、最も印象的なのはサマリアの女の挿話(『ヨハネによる福音書』四)である。

イエスがヨハネよりも多くの弟子を作って洗礼を授けているとパリサイ人が言いふらしていた。それを知って、イエスは、先輩格の洗礼者ヨハネの領分を侵す気などさらさらなかったので、ユダヤを去り、ガリラヤへ向かう。

途中、サマリアを通らざるをえなくなり、ヤコブの井戸があるシカルという町で旅の疲れをいやす。そこにサマリアの女が水を汲みにくる。イエスは女に「水を飲ませて下さい」と言われた。すると、女は「ユダヤ人のあなたがサマリアの女のわたしにどうして水を飲ませてほしいと頼むのですか」と反問する。

当時、サマリア人とユダヤ人は、反目しあっていた。サマリアは、前七二二年にアッシリア帝国に滅ぼされる。このため、アッシリア人がサマリアに植民し、サマリアの地は、人種的にも宗教的にも純潔を保てず混交する。だから、純潔を尊ぶユダヤ人は、サマリア人を「愚かな民」と呼び、その首都シケムを「馬鹿者の町」と愚弄していた(2)。「サマリアの女のわたしにどうして」という不審と反感のこもった女の対応には、こうした歴史的な対立関係が透けて見える。けんもほろろな女の態度にイエスは、こう答える。

「もしあなたが、神の賜物を知っており、また、『水を飲ませてください』といったのがだれであるか知っていたならば、あなたの方からその人に頼み、その人はあなたに生命の水を与えたことだろう」。

サマリアの女には、「生命の水」の意味が分からない。女に好奇心がもたげ始める。素直に質問をぶつけてくる女にイエスは、こう応じる。

「この水（ヤコブの井戸の水）を飲む者は、だれでもまた渇く。しかし、わたしが与える水を飲む者は、決して渇かない。わたしが与える水は、その人の内で泉となり、永遠の命に至る水が湧き出る」。

この人のくれる「生命の水」とやらを飲めば、永遠に渇かないという。それが本当なら、もう水汲みにここまで来る必要はない。女はあくまで「生命の水」を水汲みという日常的な重労働の範疇のなかで捉える。これでは対話にならない。イエスは、このすれ違いを突き崩そうとして自分が誰であるかを悟らせるような言葉をぶつけ始める。

「イエスが『行って、あなたの夫をここに呼んできなさい』といわれると、女は答えて、『わたしには夫はいません』と言った。イエスは言われた。『夫はいません』とは、まさにその通りだ。あなたには五人の夫がいたが、今連れ添っているのは夫ではない」。

なぜこの人は、初対面だというのに自分の素性、自分の過去を知っているのか。五人の夫に次々と捨てられ、今同棲している男も夫でないことをこの人は、見透かしている。六人の男たちから翻弄され、翻弄されなければ生きていけなかった罪深い自分の今ある状態から彼女は脱け出したいと思う。女はこの人がただものでないことを察知する。この人にすがれるかもしれないというかすかな期待に宗教心が芽生え始める。

「あなたは、預言者だとお身受けします。わたしどもの先祖は、この山で礼拝しましたが、あなたがたは、礼拝すべき場所はエルサレムにあると言っています」。

サマリア人とユダヤ人の宗教には違いがある。だから、この人が預言者だとしても、ユダヤの預言者を信じるわけにはいかない。女はなおも、ユダヤ人への猜疑心を捨て切れない。

これに対して、イエスは、「婦人よ、わたしを信じなさい。あなたがたが、この山でもエルサレムでもない所で、父を礼拝する時が来る」と語りかける。サマリアの神でもユダヤの神でもない普遍の父なる神への信仰を喚起し、その後でわたしこそメシアだと畳みかける。女は町へ帰って、人々にこう言いふらす。

「さあ、見に来てください。わたしが行ったことをすべて、言い当てた人がいます。もしかしたら、この方がメシアかもしれません」。

「生命の水」(*l'eau de vie*) への言及は、すでに旧約聖書にも見られる。代表的なものを『詩編』と『エレミア書』から引用して見よう。

「涸れた谷に鹿が水(フランス語訳では *l'eau vive*)を求めるように、神よ、わたしの魂はあなたを求める。神に、生命の神(*Dieu de vie*)に、わたしの魂は渇く」(『詩編』四二)。

「まことにわが民は二つの悪を行った。生命の水の源であるわたしを捨てて、無用の水溜めを掘った。水をためることのできないこわれた水溜めを」(『エレミア書』二)。

旧約、新約を通じて、「生命の水」が世界の渇きを潤し、人間を永遠にいやす神を表していることは明らかだろう。「生命の水」と「生命の神」が並列して使われている以上、聖書では「水」と「神」は、同義語なのだ。そうであるなら、神の住む聖所から「生命の水」が流れ出るイメージが使われても不思議はない。『ゼカリア書』は、その場所をエルサレムに特定してこう述べる。

「その日、エルサレムから生命の水が湧き出て、半分は東の海へ、半分は西の海へ向かい、夏も冬も流れ続ける。主は地上をすべて治める王となられる。その日には、主は唯一の主となられ、その御名は唯一の御名となる」(『ゼカリア書』一四)。

このイメージは、『創世記』のエデンの園から流れ出る四つの川を踏襲したものだろう。エルサレムもエデンの園も神の聖所であることに変りはない。聖書では「水」は単なる「水」ではなく、聖所から湧き出る聖水、神の慈愛を表すシンボルとして捉えられているのだ。

(4) 聖水と洗礼

「水」が「聖水」であることを端的に示しているのは、「洗礼」の儀式である。イエスがバプテスマのヨハネからヨルダン川で洗礼を受けたとき、天が開き、神の霊が鳩のように下って来るのをイエスは見る（『マタイによる福音書』三、一三―一六）。そして、パウロは、洗礼の意義をイエスへの同化と捉えてこう述べる。

「あなたがたは知らないのですか。キリスト・イエスに結ばれるために洗礼を受けたわたしたちが皆、またその死にあずかるために洗礼を受けたことを」（『ローマの信徒への手紙』六）。

パウロは、罪深い我々が洗礼を受けるのは、「水」を通してイエスと一つになって、その死と復活にあずかるためだという。イエスと共に死ぬことで、我々の罪は洗われ葬られる。イエスと共によみがえることで、我々も復活し、罪のない新しい命を生きることができるようになる。パウロの洗礼観は、「生命の水」の概念とそれほど違いがあるわけではない。

サマリアの女もイエスのいう「生命の水」に共鳴して（共鳴するのは飲むことと同じだ）、過去の罪を洗われ、新しい人生の出発が可能になった。したがって、イエスと一体になれる洗礼の水は、「生命の水」と同じ聖水、エルサレムやエデンの園から流れ出る清らかな水と同じなのだ。洗礼の儀式とは少し異なるが、聖水で罪を洗い清める発想は、『イザヤ書』にも見える。

『キリストの洗礼』　ピエロ・デッラ・フランチェスカ作

「お前たちの血にまみれた手を洗って、清くせよ。悪い行いをわたしの目の前から取り除け」

（『イザヤ書』一）。

祭儀集団であったレビ人も、神の臨在する幕屋に入る前に次のような清めの儀式に従う。

「彼ら（レビ人）に罪の清めの水を振りかけ、体全体の毛をそらせ、衣服を水洗いさせると、
彼らは清められる」（『民数記』八）。

［注］
（1）ジャン・ピエール・グベール著、吉田弘夫他訳、『水の征服』、パピルス、一九九一、二五頁。
（2）『聖書大事典』、教文館、一九八九、五一九頁。

第二章　インド・ヨーロッパ語族の世界

(1) 聖水と灌頂の儀式

水による清めの儀式は、ユダヤ人だけのものではない。インド・ヨーロッパ語族に広く見られた慣習であった。エミール・バンヴェニストによれば、ギリシア語で「灌頂する」と訳される動詞 *spéndō* には、「液体を寄進する」と「協定を結ぶ、約束を取り決める」の二つの意味があるという。液体を当事者に注ぐ灌頂の儀式が行われるのは、神に安全を祈願するためで、戦争などの危険な緊急事態が発生した場合に、それに先立って行われるのが通例だった。

例えば、『イリアス』では、僚友たちが戦場から無事に帰還することを願ってアキレウスが手を洗い、杯に酒を注いでから、その酒で灌頂を行い、ゼウスに祈る。ヘロドトスの『歴史』でもギリシア人たちは、ペルシア海軍を破った後、故郷に無事に帰れるように灌頂を行い、海神ポセイドンに祈りを捧げている。

ヴェーダの祭司をサンスクリット語でホトリ、アヴェスターの祭司をイラン語でザオタルというが、バンヴェニストによれば、その語源 *hotra* は、「液体の寄進」を示し、イラン語でも *zav-* は「液体を寄進する」の意味だし、*zaotar-* は「寄進者」の意味だという。ガリアの祭司グトゥアテルもゲルマン語系の派生語（ドイツ語で *giessen* は「注ぐ」の意）と考えて間違いあるまい。語源から考えても、インド・ヨーロッパ語族の祭司とは、神のために水や酒を注ぐ聖職者のことを指していたのである(1)。

(2) インド――王の即位式と灌頂

灌頂は、インド・ヨーロッパ語族に限らず、東洋の仏教圏に見られる代表的な儀式である。インドでは国王の即位や太子の誕生のときに頭に水をかける儀式を行う。この即位式をラージャスーヤ祭という。

この祭式は単独では行われず、ヴァージャペーヤ（戦車競技の祭）とアシュヴァメーダ（馬祀祭）を組み合わせて施行され、祭祀全体に要する期間は一年をゆうに超える。いずれの祭式も王権を確認する点で変わりはない。

ラージャスーヤ祭は、王が王族のなかで自分の権力を強固にする儀式である。ヴァージャペーヤ祭は、第二、第三階級の代表者が乗っている戦車に王の戦車が競技に勝つことで社会全体に王権を浸透させる儀式である。アシュヴァメーダ祭は、馬を王に見立て、その馬に護衛を付けて長期間放浪させる儀式で、放浪馬が無事に他国を通過すれば、王はその異国の人々に対して支配権を確立したことになる(2)。

ラージャスーヤは「王を生むもの」という意味で、この祭式のハイライトが聖水の混合物を頭に振りかける灌頂（アビシェーカ）の儀式である。聖水はミルク、ヨーグルト、蜂蜜などを入れて十六種から十七種の水を作り、それを一つの容器に集めて聖別する。この水の名もラージャスーヤと呼ばれ、祭祀の名称とじつは同一なのである(3)。

こうして作られた聖水を四つの容器に分け、東を向いて中央に立つ王の頭頂に東西南北から四人の人間が注ぎかける。聖水は、四大海の水を象徴しているといわれ、これを灌水するのだ。

灌水の役を務める人たちには異文があって一定しないが、祭司と王の兄弟または王族のなかで勢力を誇る競走相手がその任務を担うとデュメジルはいう。王に対して王の競走者たちが忠誠を誓うためにそうするのだという。

デュメジル説では、王権の社会的・政治的機能だけが問題にされていて、その限りで説得力はあるが、この説では、王は即位式で社会的・政治的な意味での「世界の王」にはなれても、宗教的・神話的な意味での「宇宙の王」にはなれない。そうなると、なぜシッダールタ（釈迦）の誕生のときに諸神が頭に甘露を注ぎ、チベット密教で灌頂の儀式が盛んになったのかその経緯、普及の説明がつかない。

馬がなぜ水とつながり、水をもたらすのか、私はその関係をかつてガンジス川の起源神話に求め、一文を書いたことがある。『ラーマーヤナ』には、馬祀祭の放浪馬がヒマラヤ山脈の麓まで逃げて草を食んでいた場所を、護衛していたサガラ王の息子たちが掘ったら、そこからガンジス川が流れ出たという、川の起源神話があるからである。

馬祀祭では、放浪馬が王に見立てられている。一年以上にわたって放浪馬の通過する異国を、国王が「世界の王」として征服する象徴性に転化し、それを即位の儀礼に結びつけたわけである。しかし、馬祀祭で国王は単なる「世界の王」を超えて、「宇宙の王」になっている。そのことを端的に示しているのが、『ブリハドアーラニヤカ・ウパニシャッド』(一、一)の冒頭の言葉である。

「オーム！　祭祀に適した馬の頭は、まことに曙である。それの目は太陽である。それの息は風である。それの開けられている口は、万人に共通する火である。祭祀に適した馬の身体は年である。それの背は天である。それの腹は大気である。それの下腹部は大地である。それの脇腹は方角である……それの四肢は季節である……それの足は昼と夜である。それの骨は星である。それの肉は雲である……それの内臓は川である。それの肝臓と肺臓は山岳である。それの毛髪は草木および樹木である。それの前の部分は昇りつつある太陽、後の部分は沈みつつある太陽である。それが口を開けるときに、稲妻がきらめく……それが尿をするときに雨が降る。それの言語はまさに言語である」(4)。

昼はまことに馬の前に置かれている祭祀用のカップとしてあとで生まれた。それの母胎は東の海にある。夜は馬の後に置かれている祭祀用のカップとして、あとで生まれた。それの母胎は西の海にある……海はまさに馬と血縁関係にある。海は馬の母胎である」（一、二）。

少し象徴的で、難解に見えるが、ここで語られているのはインドの宇宙創世神話で、上の引用文はその枕詞と考えていただければよい。馬が馬祀祭の王に見立てられ、馬と王が大宇宙を映し出す小宇宙とみなされているのである。だから、馬（＝王）の身体の各部位は、大宇宙を構成している惑星や五大などの各要素に対応している。

そう考えると、前の文（一、一）は、馬（王）に託して、宇宙の全景が描き込まれているわけで、「海は馬の母胎である」（一、二）という最後の言葉は、「海は宇宙（王）の母胎である」と読み替えることが可能だし、引用文のすべての「馬」の個所に「宇宙」（王）を入れて読み直せば、理解しやすくなってくる。事実、その後の文章はこう続く。

「初めにここにはまったく何もなかった。まさに死によって、これは覆われていた……死は決心した。そこで死は讃歌を歌いながら行った。讃歌を歌っているときに水が生じた」（二、一）。

ここで語られている「死」とは、大初の「まったく何もない」無の状態、「水」とは宇宙の母胎である原初の「海」の発生を説明したものだろう。インドの宇宙創世神話では、聖書と同じように「水」がやはりマテリア・プリマなのである。これは、『リグ・ヴェーダ』の「宇宙開闢の歌」でも変わらない。

「そのとき（太初において）無もなかりき、有もなかりき。空界もなかりき、その上の天もなかりき。何ものか発動せし、いずこに、誰の庇護の下に。深くして測るべからざる水は存在せりや」（辻直四郎訳）。

「水は存在せりや」としながら、筆者の確信は原水が存在するほうへ大きく傾いている。一歩譲って、この世に原水がなかったとしても、天には海があってそこから馬が生まれたことを『リグ・ヴェーダ』の「アシュヴァメーダ（馬祀祭）の歌」ではこう語られている。

「（天の）海よりあるいは（天の）陸地より立ち上がりつつ、汝生まれて最初にいななきたるとき、ワシの両翼、カモシカの両腕は（汝に属せり）。ながが称賛に値する気高き出生ぞ（これ）、駿馬よ」（その二）。

馬祀祭では、王は馬になって、原初の海、宇宙の海、天の海から生まれ出る。「海が馬の母胎」で、マテリア・プリマなら、原水としての四大海の水を頭頂に注がれた王は、単に「世界の王」としてではなく、天地創造の担い手である「宇宙の王」になって太初の時に立ち、屠殺される放浪馬の身代わりとして宇宙創世の担い手になるのだ。

海（水）から森羅万象が生まれ出たように、王も馬と同化し、海と一体になる。あるいは、馬が屠殺されれば、それまで同化していた馬と分かれて再生し、この世に生まれ出る最初の人間、というより、未来の創造主（プラジャーパティ）として海から誕生する。

だからこそ、王の頭に四大海の水、「王を生むもの」と呼ばれる聖水が注がれ、王は胎膜と子宮を表すタールピヤという衣をまとい、ヒラニア・ガルパ（黄金の胎児）として誕生するのだろう。馬祀祭の即位式は宇宙創世神話を再現したものと言ってよい。『リグ・ヴェーダ』は、このあたりの事情を的確にこう述べる。

「太初においてヒラニア・ガルパ（黄金の胎児）は顕現せり。その生まるるや万物の独一の主なり……深大なる水（原水）が一切（万物）を胎児として孕み、火を生みつつ来れるとき、彼はそれより、神々の独一の生気として顕現せり」（「ヒラニア・ガルパの歌」）。

そして、ヒラニア・ガルパ（黄金の胎児）とは、プラジャーパティ（創造主）であることがこの直後に語られている。黄金の胎児（王）は原水（ラージャスーヤ）を注がれ、未来の創造主として原水から生まれ出る。ヒラニア・ガルパ（胎児）からプラジャーパティ（創造主）への誕生・変身の祭式、これこそラージャスーヤ（王を生むもの）祭の核心となる儀式といっても過言ではないのである。

（3）仏教――誕生仏と灌頂

大乗仏教では、菩薩が最終の地位（第十地）に入るとき、諸仏が智水をその頂に注ぐ。密教では、仏の位にのぼる重要な儀式で、如来の五智を表わす水を弟子の頭頂に注いで、仏の位を継承させるという(5)。

菩薩とは、釈尊（シッダールタ）の前世時代の呼称である。仏伝によれば、釈尊の母摩耶《まや》は、白い象が胎内に入る夢を見て懐妊したという。父王は、この不思議な夢を聖者に占ってもらう。胎内の子は、やがて世界を治める転輪聖王になるか、世界を救う仏陀になると、聖者は父王に伝える。

まもなく摩耶は、ルンビニーの園で王子を生み落とすが、数日後に亡くなってしまう。王子は、生まれるや早くも「天上天下唯我独尊」と口にしたという。そして、二竜王が現われ王子に灌水をして身を清めたといわれる。

転輪聖王（チャクラヴァルティン）は、インド神話における理想の帝王像である。武力に頼らず、「法」（＝正義「ダルマ」）によって世界を統治する帝王のことである。転輪（チャクラ）と呼ばれているのは、聖王の動かす車輪が「法輪」（ダルマチャクラ）を象徴しているからである。

三界が整然と正規の秩序に服しているときに、インド神話では、これを「法」（＝正義「ダルマ」）の状態と位置づける。ダルマ（法、正義）の状態が持続しているのは、デーヴァ（天神）がアスラ（魔族）を屈服させて勝利を収めているときである。

通常、デーヴァは天界、アスラは地獄に住み、両者は敵対関係にある。ダルマの状態にあるときには、人間はデーヴァに犠牲の供物を怠らない。ところが、アスラの力が強くなると、デーヴァは天界を追われ、代わってアスラのほうが人間から供物を受け取るようになる。

このとき、ヴィシュヌ神が仏陀のような大聖人やクリシュナやラーマのような聖王、あるいは動物や魚に化身（アヴァターラ）して天界からこの世に下りてくる。ヴィシュヌ神は、全部で二十二種の化身をしたといわれる。ヴィシュヌ神がこのように何度も化身を繰り返すのは、『バガヴァッド・ギーター』で説かれているように、善を守り、悪を滅ぼし、この世に「法」（＝正義「ダルマ」）を打ち立てるためである。

「法輪」（ダルマチャクラ）という言葉は、当然、この「法」（＝正義「ダルマ」）を具現したものだろう。それならなぜ「車輪」（チャクラ）が「法（正義）」と結びついて「法輪」になったのか。
『リグ・ヴェーダ』にはこうある。

「一頭の馬これ（車輪）を牽く。車輪は三個のこしきを有し、老ゆることなく、冒さるることなく、そこに一切万物は乗る」（辻直四郎訳）。

「老ゆることなく、冒さるることなく」という表現は、「車輪」の持っている象徴的な意味、永劫の回転や絶えざる更新、再生を示している。「車輪」は一切万物を乗せて、万物をよみがえらせ活性化させる。

車輪が回っている状態を構造的に考えてみよう。外輪だけは回転しているが、中心は不動のまま

上・下＝転輪聖王信仰

である。中心には「法」（＝正義「ダルマ」）の受胎者である転輪聖王が不動のまま、中心と外輪を放射状につなぐ輻《や》を通して、世界（＝外輪）に向かって「法」を発信し、それによって世界（＝外輪）が正常に活動し続けているように映る。

あるいは、車輪を太陽のシンボルと考えれば、車輪（太陽）の中心から転輪聖王が「法」を炎（この場合、中心と外輪をつなぐ輻は炎のシンボル）のように放射させることで、宇宙の秩序、世界の正義が確定し、「一切万物が乗る」宇宙も世界も円滑に回転しているように見える。

もともと「法」とは、人知を超えた神々の正義のことをいう。ヒンズー教の最高原理はブラフマン（梵＝宇宙我）だが、釈迦は、「法」（ダルマ）をヒンズー教のブラフマン（梵）に匹敵する最高原理に据えた。

仏教の根本思想は梵我一如である。個人の本体である「我」（アートマン）が厳しい修行を通じて宇宙の最高原理としての梵（ブラフマン）、つまり宇宙我と合一する。これが梵我一如であり、悟り、解脱であって、釈迦は悟りを会得した大聖人である。

ヒンズー教では、行者が解脱にいたる心の経緯がとても具体的に図示されている。人間の体の内部には七つのチャクラ（法輪）がある。「根のチャクラ」（脊髄《せきつい》の底部）、「脾《ひ》臓のチャクラ」（脾臓の上方）、「臍《へそ》のチャクラ」（臍部の上方）、「心臓のチャクラ」（心臓の上方）、「咽喉のチャクラ」（咽喉の前部）、「眉間のチャクラ」（両眼の間）、「王冠のチャクラ」（頭頂）で、七つのチャクラは精妙な脈管でつながっている。

蛇のクンダリニーは脈管を伝って、七つのチャクラを上昇していく。頭頂に達した蛇は、頭孔

（ブラフマランダー）を突き抜けて、宇宙の創造主ブラフマーのいる梵界（ブラフマローカ）に達する。これがヨーガ行者の解脱であり、仏教用語で言い直せば、個人の「我」と宇宙我、つまり、梵（ブラフマン）とが合一した梵我一如の状態である。

宇宙の最高原理であるブラフマン（梵）に達することがヨーガ行者の解脱なら、釈迦や後期ウパニシャッドが最高の真理に据えたダルマ（法）に辿り着くことも悟りであり、解脱だろう。

事実、チャクラ（法輪）は、ヴィシュヌ神の持ち物であるばかりか、釈迦はヴィシュヌの化身（アヴァターラ）である。そして、釈迦が転輪聖王（チャクラヴァルティン）なら、他ならぬヴィシュヌ神も転輪聖王ということになる。『リグ・ヴェーダ』で、ヴィシュヌ神は、彼の持ち物であるチャクラ（＝転輪、法輪、太陽）が象徴する太陽神なのである。

ヴィシュヌ神の役割は、この世に下ってダルマ（法）を伝播・浸透させるところにあるから、これを回る車輪に適用すれば、車輪の中心に転輪聖王が不動の姿勢を維持したまま、ダルマ（法）を四方に放射して、この世（＝大輪）を正しく動かし、たえず活性化させる状態と同じだろう。

ヒンズー教のヨーガ行者の修行にならって言うなら、ダルマ（法）を最高の真理と考えた釈迦が体内の七つのチャクラ（法輪）を蛇のクンダリニーに段階的に昇らせて解脱、梵我一如の心境に辿り着いたのは、ブラフマン（梵、宇宙我）に匹敵するダルマ（法、神々の正義）との合一を得心したからだろう。それは、ダルマ（法）の体現者であるヒンズー教の最高神ヴィシュヌとの合一に他ならない。釈迦は、梵我一如に辿り着ける偉大な解脱者と予言されたからこそ、転輪聖王と言われたのである。

転輪聖王がヴィシュヌであり、釈迦であるなら、聖王は単なる世界を治める理想の帝王像ではおさまらず、梵我一如の神域に辿り着いた解脱者でなければならない。そうでなければ、人知を超えた宇宙の「法」をこの世に放射する役目も果たせまい。

聖者から未来の転輪聖王になると予言された釈迦（シッダールタ）は、『リグ・ヴェーダ』の言葉を使えば、ヒラニヤ・ガルバ（黄金の胎児）に見立てられているのである。ヒラニヤ・ガルパが原水（ラージャスーヤ）を注がれ、未来の創造主（プラジャーパティ）として原水から生まれ出たように、シッダールタ（釈迦）も未来の転輪聖王として、誕生するや聖水である原水で灌頂を施され、「世界の王」であるどころか、「宇宙の王」たる創造主（プラジャーパティ）になって、この世に宇宙の理法（ダルマ）を打ち立てる。新王の頭頂に聖水を注ぐ即位の儀式（ラージャスーヤ祭）と誕生仏に智水を振りかける花祭りの儀式とは、『リグ・ヴェーダ』の「ヒラニヤ・ガルパの歌」から派生しているといってもよかろう。

日本でも平安時代から宮中で灌仏会が行われていた。都梁香《とりようこう》で青色の水、鬱金香《うつこんこう》で赤色の水、丘降香で白色の水、附子香《ふしぶすこう》で黄色の水、安息香で黒色の水を作る。これが如来の五智を象徴する水で、この五色の水を誕生仏に三度注いでから、公卿たちも灌仏した。灌仏会は釈尊の誕生を祝う四月八日に営まれた。いわゆる花祭として広く親しまれていた法会で、現在では誕生仏に甘茶を注ぐのが一般化している(6)。

この甘茶は甘露になぞらえられたものである。甘露は梵語でアムリタというが、不死の意味もある。仏の教え、つまりダルマ（法）のことを甘露法ともいう。だから、誕生仏に注がれる甘茶、甘露は如来の五智や不死を表そう。仏が生まれたときに甘露の雨が降ったのも、仏の不死を象徴するためだといわれている(7)。

こうして見ると、灌頂の風習は、その意味や目的に多少の違いはあれ、ユーラシア大陸全域に広く分布していた宗教儀式であったことが分かる。

[注]

(1) エミール・バンヴェニスト著、『インド・ヨーロッパ諸制度語彙集Ⅱ』、言叢社、一九八六—一九八七、二〇一—二〇八頁。
(2) デュメジル著、『ローマの祭——夏と秋』、法政大学出版局、一九九四、一六三頁、一八七—一八八頁。
(3) 岩田慶治他編、『アジアの宇宙観』所収、松禱誠達「古代インドの宇宙論」、講談社、一九八九、六〇—七七頁。
(4) 湯田豊訳、『ウパニシャッド』所収、「ブリハドアーラニヤカ・ウパニシャッド」、大東出版社、二〇〇〇、七頁。
(5) 中村元著、『仏教語大辞典』、『図説仏教語大辞典』、東京書籍、一九八八、「灌頂」の項目。
(6) 金岡秀友・柳川啓一監修、『仏教文化辞典』、佼成出版社、一九八九、七九八頁。
(7) 中村元監修、『新・仏教辞典』、誠信書房、一九七九、「不死」の項目、四四四頁。

第三章　ギリシア・ローマ神話の世界

（1）水の系譜——河神オケアノスの場合

神話のほうに目を向けても、ギリシアは海洋国であっただけに、水の神話は豊かである。ポセイドンは、人間を海難から守る海神として、『オデュッセイア』ではとくに灌頂を捧げられる特権を享受していた。

しかし、水の神はポセイドンだけではない。ポントスもいればオケアノスもいる。そして、これら三柱の神々の系図をたどれば、そのままギリシア神話における水の系譜、水がもたらす多彩なイメージの元型が浮き彫りにされ、ギリシア人が考えた宇宙創世期以来の水の文化史がおのずから明らかになる。

ヘシオドスの『神統記』によれば、ウラノス（天）とガイア（地）の夫婦からオケアノス、コイオス、クレイオス、ヒュペリオン、イアペトス、クロノスの六柱の男神とテイア、レイア、テミス、ムネモシュネ、ポイペ、テテュスの六柱の女神が生まれる。この十二柱の神々がティタン神族で、オケアノスは一族の長子、クロノスは末っ子だったが、末弟のほうは、「子供たちのなかでいちばん恐るべき者」（一三八行。廣川洋一訳、以下同）といわれていた。

クロノスは、噂に違わず、強壮な父ウラノスを憎み、母親の勧めた通り、父の陰部を長い鎌で切り取って、大海原に投げ捨てる。母親のガイア（地）は、父親のウラノス（天）が子供たちを大地の中に詰め込んでおくだけで、いっこうに天に上げてくれないことに苛立っていたのである。

ウラノスの不死の陰部は長い間、海面を漂い、そのまわりに白い泡が湧き立った。そこから生まれたのがアフロディテである。しかし、オケアノスだけは、この父親殺しの陰謀に加わらなかった。

ウラノスは、殺される直前にクロノスも実の息子に報復されるだろうと予言する。この予言を恐れて、クロノスは、レイアとの間に生まれた自分の子供たち、ヘスティア、デメテル、ヘラ、ハデス、ポセイドンを次々に呑み込んでしまう。ゼウスを身ごもっていたレイアは、夫のクロノスが末の子まで呑み込んでしまうのではないかと恐れ、両親の薦めもあって、夫のもとを離れ、ひそかにクレタの地でゼウスを出産する。

成長したゼウスは、オケアノスの子メティス（思慮）からもらった薬をクロノスに飲ませる（アポロドロス、『ギリシア神話』）。おかげで、クロノスは、呑み込んだ子供たちを吐き出してしまう。兄姉たちを救い出した後、ゼウスは、旧世代のクロノスたちの支配権を奪うべく、キュクロプスたちを味方にしてティタン神族と十年にわたる死闘を演じ、ティタン族をタルタロスに幽閉し勝利を収める。

ヘシオドスは、『神統記』のなかで水神オケアノスをウラノス(天)とガイア(地)の長子に設定している。しかし、ホメロスは、『イリアス』十四巻でゼウスの正妻ヘラに、オケアノスとテテュス夫妻のことを「神々たちの生みの親」(呉茂一訳)で、「万物がそこから生成した」と言わせている。『イリアス』のこの台詞を素直に信じれば、「水」(オケアノス夫婦)はマテリア・プリマ(第一物質)で、そこから「天」(ウラノス)と「地」(ガイア)が生成したことになる。

これは、ヘシオドスの宇宙創世説とがらりと趣を異にして、むしろ聖書の『創世記』の考え方に近い。ギリシアの宇宙創世説が必ずしも一枚岩でなかったことが分かる。しかし、「水」を「天」と「地」の長子にして下部構造に落としたヘシオドスでさえ、オケアノスだけはタルタロスに幽閉しなかったし、幽閉すれば世界の「水」は枯渇してしまうのだから、「水」を特別視していたことも事実だろう。

ヘシオドスによれば、「白銀の渦を巻く」オケアノス(大洋)は、「九つの流れとなって大地と海の広い背のまわりをうねりながら」(七九〇行)、世界を円環状に取り巻き、内海へと流れ込む。

オケアノスは、妹のテテュスを妻にする。この夫婦から三〇〇〇のオケアニデス(大洋の娘たち)とそれと同じほどたくさんの河川(大洋の息子たち)が生まれる(三三七—三七一行)。大洋の娘としては、ギリシア最大の川アケロオスや、トロイアの平野を流れるスカマンドロスといった川名が列挙されている。

最も詳しく記述されているのは、冥府の川ステュクスである。ステュクスは、大洋（オケアノス）の支流で、冥界を七巻きして流れ、「大洋の水流の十分の一が割り当てられている」（七八八行）。父と娘で地上と冥界のあらゆる川を統括し、その源泉となっていた神話的構造が見えて来る。ステュクスは、パラスと交わってクラトス（威力）とビア（腕力）を生み（三八五行）、ゼウスがクロノスに反旗を翻したときに、子供たちを連れて真っ先にオリュンポスへ馳せ参じ、ティタン族と戦った。ゼウスは、その報酬として神々の間に諍《いさか》いが起こったときには、イリス（虹）を冥界まで送ってステュクスの水を汲んで来させ、その水で誓言させた。

誓言を破った神々は、アンブロシア（神食）も神酒（ネクタル）も取れず、一年間、「息もなく横たわり」、九年間、神々との交わりを禁じられた（七九一—八〇一行）。アキレウスも母親のテティスによって冥府の川に漬けられて不死身になるのだから、ステュクスの水は、魔力を秘めた聖水と考えてよかろう。

（2）水の系譜——海神ポントスの場合

しかしながら、ヘシオドスは、原初の水神として、オケアノスの系図以外にポントスの系譜も『神統記』のなかに加えている。オケアノスの定義は、「大洋」と普通訳される語源（英語のオーシヤン）に惑わされなければ、その位置も行動もはっきりしており、明らかに河神である。一方、ポントスのほうは、「大浪荒れる不毛の海」（一三一行）と定義されている通り、原初の「海」の擬人神である。二柱の水神は、出生のほうも異なっている。

オケアノスは、ガイア（地）がウラノス（天）と交わって生まれたとしているのに、ポントス（海）のほうは、交わりもせずにガイア（地）が自力で生んだと記述されている。つまり、ヘシオドスの宇宙創世説では、地（ガイア）が「海」も「川」も生み出すマテリア・プリマ（第一物質）になっている。

しかし、「川」（オケアノス）は、「天」と「地」の長子で正嫡、これに対して「海」（ポントス）の出生は、「天」の聖性が抜け落ちて「不毛」、どちらかといえば異端的である。それだけ「海」は、「川」と比べて人間の手に負えない、無気味で独立した根源的な存在に思えたのだろう。

ポントス（海）は、母親のガイア（地）と交わってネレウス、タウマス、ポルキュス、ケト、エウリュピアを生んでいる。この新世代から聖婚による「川」（オケアニデス）と「海」（ポントスの子）との融合が始まる。

ネレウスは、父ポントスの荒々しい不毛の性格とは正反対に「海の老人」と呼ばれ、ヘシオドスが「誠実で優しく、正しい宣告を忘れず、正しくまた思いやりある思慮を弁えている」と述べている通り、予言に長けた老賢者、海の王である。後の古典期の神話では、善良な神として船乗りに愛され、ポセイドンの飼っていたアザラシの群れの守護神になっている。また、変身の術に長け、ヘラクレスがヘスペリデスの園の在処を知りたくて、老賢者を捕らえようとしたときには水や火に変身している（アポロドロス、『ギリシア神話』Ⅱ、五、一一）。

ネレウスは、髪豊かな「大洋の娘」（オケアニデス）、ドリスと結婚し、五十人の娘たちをもうける。これがネレイスと呼ばれた水の妖精たちで、父親の住む海底の宮殿で長い髪をなびかせ歌い、踊り、黄金の玉座に座って機を織り、海難に遭遇した船乗りたちに救いの手を差し伸べる海の王女たちである。なかでも有名なのは、ポセイドンの正妻となったアンフィトリテ、人間ペレウスと結婚して英雄アキレウスを生んだ海の女神テティスだろう。

テティスは、ギリシア神話の典型的な優しい水の母神といってよい。ヘシオドスによれば、ヘラは、ゼウスと愛の契りを結ばずに、夫に対する怒りからヘファイストスを身籠ったという。母親のヘラは、ヘファイストスが生まれると、すぐに天から海に投げ入れた。醜い跛行《はこう》の不具者として生まれた子供を恥じたからだという。

ヘファイストスは、海神テティスと大洋の娘（オケアニデス）、エウリユノメに拾われ、九年の間、海底の洞窟で育てられ、ここで冶金術を習得する。ヘラは、息子が素晴らしい冶金術を身につけたことを知って、天界のオリュンポスへ連れ戻し、鍛冶の仕事場を与える。だから、テティスは、ヘファイストスの育ての親、アキレウスの生みの親なのである。

『イリアス』では、海神テティスが戦場にいるアキレウスの身を案じて、ヘファイストスの天上の館に駆け込む場面がある。ヘファイストスは、育ての親の涙ながらの訴えにほだされて、アキレウスのために大楯、胸甲、かぶと、すね当てを造ってやる。テティスは、この一揃えの物の具を持って、地上へ下り、息子のもとに駆けつける。アキレウスは、神が造ったこの甲冑を着込んで不死身になる。

神々や英雄を育てるこうした優しい海の母神としてのテティス像は、ディクテ山の洞窟でゼウスを育てたニンフのアンドラスティアの例を出すまでもなく、単にギリシア神話にとどまらず、西欧の文学や絵画に連綿と登場してくるおびただしい水の妖精たちの元型になっていく。

「川」と「海」との融合に焦点を合わせれば、タウマスもそうだ。彼も大洋の娘（オケアニデス）、エレクトラを娶り、「脚早いイリス（虹）と髪豊かなハルピュイア（旋風女精）たち、アエロ（はや風）、オキュペデ（早く飛ぶ女）」を生ませている。

ネレウスとタマウスの系譜をたどれば、「川」の要素が介入したことで、「海」のイメージがポントスの不毛性から一転して、はるかに優しく緻密に具象化していることが分かる。老賢者ネレウスからは、悠揚迫らぬ海の懐の深さ、その変身の術からは、片時も同じ姿を取らない海の変容、長い髪のネレイスからは、さざ波に揺れる海の魅惑、ヘファイストスやアキレウスを育てた海の母神テティスからは、母なる海の無限の優しさ、タマウスの系譜からは、海上をよぎる旋風と生まれては消えていく足の早い虹の姿、その一つ一つが「海」の多様な映像の一齣《こま》一齣を作り上げている。

しかし、ポルキュスは、妹のケトを娶ったために「川」の要素は介在せず、父親ポントスの荒々しい不毛の異端性をそのまま受け継ぐことになる。この夫婦から獣性と辺境性の強いグライアイとゴルゴンが生まれている。グライアイは三姉妹で、三人で一つの目、一本の歯を共有し、オケアノス川のさらに向こうの西の最果てに住んでいる。

グライアイは、生まれたときからの老婆である。それも、一人が見張りをしているときは、決まって二人は眠りをむさぼっている。眠りと老いは死に接しているから、この三人の老婆は、生と秩

『メドゥサの首を持つペルセウス』　ベンヴェヌート・チェッリーニ作

序の側でなく、死と混沌の側にいることが分かる。

ゴルゴンも三姉妹で、ステンノ、エウリュアレ、メドゥサのことをいう。メドゥサ以外は不死身で、やはり西の最果てに住んでいる。顔はライオン、髪は蛇、歯はイノシシ、耳は牛のようでその姿は明らかに獣に近い。メドゥサを除けば、ゴルゴンもグライアイと同じように三人一組の総称で呼ばれるほうが多い。

これは、個がいまだに確立されない未分化の混

ペガソス

沌状態を表している。メドゥサの姿がポントスから相続した原初の混沌性、聖性と無縁な未分化の獣性を帯びていたからこそ、その目は見る者を石に変える恐怖心を与えたのだ。しかし、ポセイドンだけは、メドゥサが同じ海神ポントスの孫であったからか、彼女を怖がっていない。二人は恋をし、天馬のペガソスを生んでいる。だから、この天馬は血筋からも「水」と関わりが深く、天ではゼウスの雷を運び、地では蹄で土を蹴って各地に「馬の泉」を湧き出させている。

(3) 水の系譜――海神ポセイドンの場合

海神ポセイドンはゼウスの兄で、河神オケアノスの甥である。ポセイドンは、父クロノスに一度は呑み込まれるが、ゼウスに助けられ、ゼウスと共に父を倒して、新しい秩序を確立する。この新体制のなかでポセイドンは、海の支配圏を掌握する。

しかし、ヘシオドスの『神統記』でも、ホメロスの『諸神讃歌』に収められている「ポセイドン讃歌」や『オデュッセイア』(Ⅸ、二八四他諸所に)でも、同じように「大地を震わす神」と形容されているから、もともと大地の神、地震の神だったようだ。

クレタ島のピュロス宮殿跡で発見された粘土板には、ポセイドンの旧名であるポシダス、ポセダオンの名がすでに見える。ポシダスは、ポシダエイアを伴侶にしてギルドの守護神になっており、おそらく船乗りたちから航海の神として敬われていたのだろう。この粘土板はミュケナイ時代(前十六—前十三世紀）のもので、インド・ヨーロッパ語族の遺物だから、「大地の神」は、それより前の先住民族の遺産だったのかもしれない。

古典期のポセイドンは、ネレウスの娘アンフィトリテを正妃にして海底に海泡石と水晶の宮殿を構えている。ネレウスも海の王、老賢者として海底の宮殿に住んでいたから、その娘と結婚したポセイドンは、ネレウスの跡目を相続したことになる。

事実、ポセイドンが頭角を現わすと、ネレウスの存在感は希薄になり、海神の地位は、ポセイドンが独占するようになる。天はゼウス、地（冥界）はハデス、海はポセイドンという三兄弟による三権分立の新しいオリンポス体制が確立して、ポントス（海）の長子として原初の風貌をとどめるネレウスが父と共に辺境に押しやられた格好だ。

ネレウスの代わりに老賢者の役回りで古典期に登場してくるのはプロテウスだ。しかし、プロテウスは、あくまでポセイドンの従者として神話に姿を見せる。『オデュッセイア』でこの海の翁は、最初はライオンに、それからヘビに、それからヒョウに、それから水に、最後に大木に身を変える。また、洞窟でアザラシを飼い、アザラシの守護神にもなっている。

プロテウスは、無風状態で船が動かず、ギリシアに帰国できなかったメネラオスを助け、無事に故郷へ送り出してやるのだが、その顚末を父オデュッセウスの安否を気遣うテレマコスにメネラオス自身が語って聞かせる場面がある（Ⅳ）。

この場面を読む限り、老賢者といい、変身術といい、アザラシの守護神といい、プロテウスの役割は、従者の一点を別にすれば、ネレウスのそれとまったく変わりがない。ネレウスは、辺境に押しやられ、ポントスとともに忘れ去られていく。代わりに、プロテウスがその代役を務め始める。しかし、この海の翁は、ポセイドンの従者にまで身を落としている。それだけ、ポセイドンが海の全権を握ったということだろう。

ポセイドンとアンフィトリテとの間には、トリトンが生まれている。トリトンは半人半魚で、父親のように髭を生やし、祖父のネレウスから予言に長けた賢者の風貌を引き継いでいる。ほら貝を吹くのが得意で、その音は地の果てまで鳴り響き、荒れた海を鎮めたという。勇猛なところもあって、ヘラクレスがヘスペリデスの園の秘密を探りに来たときには、祖父と一緒に戦っている。

風の神アイオロスもポセイドンの子供である。海と風の組み合わせは、ハルピュイア（旋風女神）にすでに見られたが、アイオロスのほうは男神で、『オデュッセイア』では、オデュッセウスが帰国の航海を風で妨げられていたときに、風を革袋の中に閉じ込めて主人公を助ける。ところが、オデュッセウスが眠っているすきに、仲間が好奇心に駆られて革袋を開けてしまい、暴風雨がまた吹き荒れる。同じ風神、海神でもトリトンとアイオロスは、ハルピュイアと違い、風を煽るのではなく、風を鎮める役に回っている。「海」の世界に限っても次第に神界が秩序だって、安定し、成熟した方向へ向かいつつあることを窺わせる。

しかし、ポセイドンは、海神が本来持っている荒々しい気性をそのまま温存し、激しい欲望をあえて押さえず、多数の女神、女性たちを愛人にしている。その数は八十人を下らない。そこから生まれた子供たちは、大部分、野人か怪物、もしくは馬である。

馬に関していえば、ポセイドンは、前に述べたようにメドゥサとの間に天馬のペガソスをもうけただけでなく、デメテルと交わって神馬のアレイオンを生んでいる。ポセイドンもデメテルも同じ大地の神だから、二柱の交わりに不自然さはない。しかし、ポセイドンは、一方で馬や怪物といった獣的な生き物を天界や地上に送りこみながら、他方で海神として限りなく豊穣な水の提供者になっている。ペガソスは、ゼウスから雷の運搬を仰せつかって、この世に雨をもたらし、各地に「馬の泉」を作る。

大地の女神デメテルと交わったのも結果的にこの世に水をもたらすためである。ポセイドンは、ピュタルミオス（育成の）という添え名を持ち、農業祭の主神も務めている。大地を水で潤し、植物を繁茂させようとしていることは明らかだろう。この場合、馬はペガソスを介して海、天、地を、アレイオンを介して海、地を結びつける霊魂導師の役を演じている。馬は、水を通じて宇宙の循環に貢献しているのだ。

風の王アイオロス

こうした馬と水との関わりは、インドの馬祀祭からも明らかなように、インド・ヨーロッパ語族の遺産といってよい。ギリシアに限らず、ケルト神話でも海神マナナーンが海上を海馬がきらめくたおやかな大地と謳い、海原を二輪馬車や馬の疾駆する大地にたとえる同じような例が見られるからである。

ベレロフォンもポセイドンの子である。彼は、馬でも怪物でもなく、れっきとした英雄なのだが、やはり馬と関わりが深い。ベレロフォンは、天馬のペガソスを調教して、巧みに乗りこなすようになる。ペガソスは天馬といえども、怪物メドゥサから生まれた荒馬である。

ベレロフォンは、ペガソスとは異母兄弟の間柄だから、この荒馬を乗りこなせても不思議はないのだが、荒々しい海の自然と海の支配者というポセイドンの二様の性格が子供である荒馬ペガソスと英雄ベレロフォンに分化し、英雄が荒馬を調教して、巧みに手なずける構図は、ポセイドンのなかで海の支配者が荒々しい自然の海に勝利を収めたことを示していよう。

それだけ、海が近づきがたい不毛の存在から人間でも手なずけられる穏やかな存在に変容して、海神がオリンポスの神界で安定した揺るぎない地位を確立し、ゼウスの新体制が定着した証になっている。

ベレロフォンは、英雄として各地の戦役に参加し、武勲を挙げている。なかでも有名なのはアマゾン族との戦いである。アマゾン族は小アジアの辺境に住む女人族で、馬の民である。ヘラクレスほどの豪腕さはないが、ベレロフォンが文化英雄として馬に象徴される辺境の自然の民をねじ伏せ、文化の拡大に貢献していく構図は、ペガソスを調教する図式と同じものである。

ベレロフォンにせよ、ほら貝の音で荒れた海を鎮めるトリトンにせよ、皮袋に風を閉じ込めるアイオロスにせよ、ポセイドンの正統的と思える子供たちに共通した特徴は、自然に対して文化がゆるやかではあるが勝利を収めていくところだろう。

これは父親のポセイドンの場合も変わらない。ポセイドンでさえ、海神でありながら、広い意味での水神になって淡水まで支配し、大地に水を提供して、農業文化の育成に貢献し始めるからである。

その良い例がアミュモネの逸話である。ゼウスの妻ヘラがアルゴスの地を私有化したため、怒ったポセイドンはこの地の泉を枯渇させる。アルゴス王ダナオスは、娘たちに水を汲みに行くよう命じる。娘の一人アミュモネが水を探しているときに鹿を見つけ、槍を投げたところ、眠っているサテュロスに当たってしまった。

目を覚ましたサテュロスは、アミュモネに欲情を起こした。そこにポセイドンが現われたため、サテュロスは逃げ、少女は海神と情を交わす。それと引き換えに海神は、レルネにある泉の在処を教える（アポロドロス、『ギリシア神話』Ⅱ、一、四）。

一説には、ポセイドンが三叉の矛で大地を打ったところ、泉が湧き出たので「アミュモネの泉」と名づけたという。水が恋の駆け引きに悪用されているが、ポセイドンが水の提供者として人間世界の生殺与奪を握り始めたことがこの逸話から見えて来る。

だが、他方でポセイドンは、恐ろしい怪物たちの父親になっている。その代表格がアロアダイやポリュペモスといった巨人、アンタイオスのような強奪者、ブシリスのような暴君たちである。アロアダイは双子の巨人で、オリュンポス山に次々と山を積み重ね、天に登って神々と戦おうとした。また、ゼウスの正妻ヘラとアルテミスに言い寄り、不遜にも手込めにしようとした（アポロドロス、『ギリシア神話』Ⅰ、七、四）。

アンタイオスは、ポセイドンとガイア（大地）の子で、リビアに住む巨人だった。この地を通過する異邦人に相撲を挑み、次々に殺していた。ヘラクレスがヘスペリデスの園へ黄金のリンゴを求めてやって来たときに、やはり相撲を挑んだが、ヘラクレスは両腕で高々と差し上げ、粉砕して殺した。アンタイオスがガイア（大地）の子だったので、大地に触れるとますます強くなることを知っていたからである（アポロドロス、『ギリシア神話』Ⅱ、五、一一）。

ポリュペモスは、『オデュッセイア』に登場する一眼の巨人族キュクロプスの一人である。オデュッセウスは旅の途中、十二人の部下とともにキュクロプスの国に辿り着き、岩屋に入って火を起こし、チーズを食べていると、ポリュペモスが入ってきて大岩で岩屋の入口を塞いでしまう。それから、彼らを捕らえ、地べたに叩きつけると、何一つあまさず食いつくした。

オデュッセウスは、一計を案じ、持ってきた蜜のように甘い赤い酒を三度巨人に飲ませ、眠らせてしまう。眠る前に名前を聞かれたので、ウーティス（「誰でもない」の意）と答えると、「それではウーティスを仲間のなかでいちばん最後に食ってやろう」と言って酔いつぶれる。

すかさず、仲間の一人が火で焼いた棒を目の中に突き入れたので、ポリュペモスは、片目までつぶされ盲になってしまう。助けを求める声にキュクロプスたちが駆けつけ、犯人は誰かと尋ねたが、ポリュペモスが「ウーティス」（誰でもない）と答えたので、彼らは、オデュッセウスの計略にまんまとはまってそのまま帰ってしまう。

翌朝、オデュッセウス一行は、牡羊の群れを牧場に連れ出すときに、羊の腹の下に隠れて岩屋から脱出する。そこで初めてオデュッセウスは、盲目の巨人に本名を告げる。ポリュペモスは、父親のポセイドンにオデュッセウスが帰国できないように祈りを捧げた後、一行の船に大岩を投げつけたが、幸い当たらず、船は無事に離岸する。以来、ポセイドンはオデュッセウスに恨みを抱くようになった（『オデュッセイア』Ⅸ）。

ポントスの系図に登場する怪物たち（ゴルゴン、グライアイ）とは違い、ポセイドンの子供である怪物たちには、愚直なユーモアさえ漂う。ゴルゴンもグライアイも不死身の不毛さで我々に恐怖心を与えるのに、ポセイドンの怪物たちは、おのれの愚かさもわきまえず、無謀にも神々や英雄に挑み、定石通りまんまと彼らの知力や腕力に敗れていく。原初の混沌から脱け出して、神々や人間世界に組み込まれた怪物たちは、文化英雄の格好の餌食になって、笑いと風刺の対象になり始めた。それだけ文化が自然に対して自信を深めた証だろう。

（4）水の系譜——『オデュッセイア』の場合

『オデュッセイア』を挿話からではなく、全体から見直すと、そうはいかない。オデュッセウスが、ポリュペモスの一件でポセイドンを怒らせてしまったおかげで、主人公は海神を敵にまわし、荒々しい海の自然と戦うはめになるからである。

オデュッセウスは、もって生まれた知力を振り絞って、海難から身を守らなければならない。文化英雄が戦う相手は、愚直な怪物ではなく、海神である。それも海の荒々しさや海の魅惑を擬人化させた風神、怪物、ニンフらを総動員して、怒りをストレートにぶつけて来る海神なのだ。ポリュペモスの一件は、オデュッセウスの運命を翻弄し、叙事詩全体に揺さぶりをかけ続ける最も重要な挿話といってよい。

『オデュッセイア』は、最高神ゼウスがオリンポスの山上で主催する神々の集会から始まる。しかし、ほとんどの主神がこの集会に出席しているのに、ポセイドンだけは、暗雲に閉ざされた叙事詩の未来を予兆するように、故意か意図的か旅に出て欠席している。オデュッセウスを救うべきか救わざるべきかが集会の議題である。

ゼウスは、兄のポセイドンは短気で、一度怒り出したら、人を許さぬ執念深い神でもあって、今回は怪物とはいえ、息子のポリュペモスがオデュッセウスに殺されたのだから、オデュッセウスのほうにも大いに責任があるといって裁定を引き伸ばしている。オデュッセウスの弁護にまわるのは、もっぱら女神アテナだが、トロイア戦争のときから神々の意見は、アカイア方に味方するかトロイア方につくかで真っ二つに分かれている。

ポセイドンは、息子の一件以来、オデュッセウスを憎み、海上でアカイア人と見れば、だれ彼かまわず帰国の道を阻んでいる。すでに英雄アイアスは、ポセイドンの手にかかってギュライの岩礁に叩きつけられ殺されている。それでも、アカイア軍は、なんとか無事に帰国を済ませている。

ポセイドンの怒りの矛先は、今やオデュッセウス一人に絞られている。オデュッセウスだけが、七年もの間、海上をさまよい続け、現在は船もなければ船乗りもおらず、所有欲の強い海の妖精カリュプソの甘言にはまって、オギュギエ島から一歩も出られずにいるからだ。

『オデュッセイア』には、カリュプソ、魔女キルケ、セイレン、スキュラ、カリュプディスなど

セイレン（錬金術図像）

水の怪物たちに囲まれたスキュラ

海の妖精たちが続々と登場する。カリュプソは、オケアノスとテテュスの子としてすでに『神統記』にその名を連ねているが、ホメロスの叙事詩ではティタン神族の一人で、天空を支えるアトラスの娘とされている。

カリュプソは、自分の傍に止まれば永遠の若さが得られると誘ってオデュッセウスを引きとめようとする。しかし、長逗留にしびれを切らしたゼウスがヘルメスを使者に送って、主人公を筏《いかだ》で出発させる。ポセイドンは、海上に出た筏を荒波で翻弄し続ける。

十八日目にオデュッセウスは、命からがらやっとのことでパイエクス人の地に辿り着く。深い眠りから覚めたオデュッセウスが茂みの木陰から最初に見る光景は、水のなかで素っ裸になって玉遊びに興じる乙女らの姿である。その一人がアルキノオス王の娘ナウシカアで、「これほどの方を目にしたことがない」（VI、一六一行）と主人公に言わせるほどの美女だった。

しかし、オデュッセウスは、この可憐な乙女に想いを寄せても、深入りするところまではいっていない。父王も一度は娘の婿にと考えるが、五十二人の船乗りと帆船を与えて主人公の帰国を助ける側に回っている。ホメロスは、航海の術に長けたパイエクスの民をポセイドンの種族とはみなしていない。それだけに、ナウシカアは海の妖精たちと一線を画して、可憐さだけが前面に出て来ることになる。

これに対して、キルケは、訪れたオデュッセウスの部下たちに魔法の薬を飲ませ、魔法の杖で触って彼らを豚に変えてしまう。キルケは、オケアノスの娘ペルセウスが太陽神ヘリオスとの間に生んだ子供で、魔女とはいえ、れっきとした水の妖精なのだ。

オデュッセウスは、部下の救出にアイアイエ島の森に住むキルケの家を訪れる。途中、少年に身をやつしたヘルメスと出会い、魔法の薬草を分けてもらう。この薬草を飲んでおけば、キルケの杖も魔力を失い、キルケと交わっても、不能にならないと助言されたのである。

おかげでオデュッセウスは、豚にもならず、逆に部下たちを豚からもとの人間へ戻して喜ばれるが、結局、キルケとは愛の契りを交わして、魔女の籠絡にはまり、部下と共に一年間、島に滞在することを余儀なくされる。

続いてオデュッセウス一行に降りかかる女難は、セイレンたちの甘い歌声である。すでにキルケは魔性の牙をむくには、主人公を知りすぎている。郷里の地イタケへ心がはやるオデュッセウスにキルケは、これから遭遇する海難の数々を並べて、誠意ある忠告を囁くのだ。

一度でもセイレンの歌声を聞いたら、二度と家へは戻れない。歌声に引き寄せられて島に近づければ、船は岩礁に乗り上げて必ずや難破する。乙女らは、島の野原にしどけなく座っているが、そのまわりには船乗りたちの白骨が累《るい》々と転がっている。セイレンの誘惑から身を守りたかったら、部下の耳には歌声が聞こえないように甘い蜜蠟を塗り、自分の体は縄で帆柱にゆわえさせ、どんなことがあっても縄を解いてはならないと部下に厳命しておかなければならない。

一行が魔女の警告を忠実に守って、セイレンの島へ近づくと、案の定、乙女らの澄み渡る声が聞こえて来る。その声が聞けるのは蠟の塊を耳に詰めていないオデュッセウスだけだ。部下は前にも増して縄で英雄の体を縛り、押えつけて、島を無事に漕ぎ過ぎていく（XⅡ）。

有名なセイレンの描写はこれだけで、ホメロスはこれ以上あまり多くを語ろうとはしていない。むしろ、甘く妖しい誘惑の試練は、たちどころに恐ろしい第二、第三の試練へと転調をとげる。スキュラは、十二本の足、巨大な六つの頭、三列の歯を持つ不死身の怪女で、通りかかる船を待ち伏せ、洞窟に船乗りを引きずり込んでは食べてしまう。オデュッセウスの六人の部下もその餌食になる。まるで波濤を砕き、船を難破させる岩礁そのままのイメージだ。

スキュラは、原初の海神ポントスの子ポルキュスの娘で、グライアイやゴルゴンとは姉妹の関係にあるから、血統から見ても、もともと恐ろしい海の獣性、怪物性をそなえた妖精なのだ。

カリュプディスも岩山の下に住む怪女で、鯨のように一日に三回、海水を吹き上げては、吸い込む。海水を吸い込んでいるときには、ポセイドンですら助からないとキルケは警告する。オデュッセウス一行は、二つの危険のうち二者択一を迫られる。カリュプディスの岩山に近づいて全員死ぬより、スキュラの住む岸壁を通過して六人の部下を失うほうがよい。こう冷静に判断したオデュッセウスは、部下の命と引き換えに船を救い、海難を潜り抜ける。

ここで『オデュッセイア』に登場する妖精たちを系図に沿って簡単に整理しておくと、カリュプソと魔女キルケはオケアノスの、スキュラはポントスの系統に属する。セイレンは河神アケロオスがムーサまたはステロペに生ませた娘たちで、アケロオス（ギリシア最大の川）はオケアノスの長子だから、オケアノスの系図に入る。カリュプディスは、ポセイドンとガイアの娘である。

これで水の妖精たちの性格が系図を追うことでおのずから浮き彫りにされてくる。つまり、河神オケアノスの系図に入るカリュプソ、キルケ、セイレンといった妖精たちは、性格の質に多少の違いはあれ、容貌も美しくオデュッセウスを甘い誘惑の罠にはめる。カリュプソ、キルケは、それぞれ川の流れのように「美しい巻毛」、「うるわしい髪」の女と形容されている。セイレンの美しさはことさら引用するまでもないだろう。

これに対して、ポントスであれポセイドンであれ海神の系統を引くスキュラ、カリュプディスなどの妖精たちは、本来が怪女で、英雄を荒々しい海難で威圧する。川と海との系図の違いだけで、妖精たちの容貌、性格、役割までがこのように細かく描き分けられているのだ。

(5) ギリシア神話――水の多彩なイメージ、自然と文化の狭間で

こうした描写の差異は、妖精に限ったことではない。多少の例外はあるものの、ポントス、オケアノス、ポセイドンのすべての子供たちに言えることだ。海の系図では、旧世代と新世代の違いから見ても、ポントスの直系は原初の不毛性が強く、それだけに獣的、怪物的で荒々しく、「他性」として突き放されており、ポセイドンの直系は、海が本来持つ「自然」のイメージをとどめながら、英雄の登場、怪物の喜劇性などを通じて「文化」の香りを漂わせ始める。

オケアノスの直系は、川の優しさからいっても、始めから自然が持つ荒々しい「他性」のイメージを免れて文化的であり、川の系図が海の系図に混入すると、ますます柔和なイメージに転調される。

ギリシアの水の系譜は、基本的にポントス、オケアノス、ポセイドンという三つの系図を主軸にして、主軸相互の組み合わせ、またはこれらの主軸に「水」とは無関係な母方の血筋を混ぜ合わせることで成り立っており、父系のこの組み合わせ次第で荒々しい「他性」としての「自然」と優しい「文化」のどちらに傾くか強弱の揺れが出て、イメージも決まる。母系をこれに重ね合わせれば、もっと緻密なイメージが出来上がろう。

こうしたイメージの質に男女の区別はない。男なら獰猛《どうもう》な怪物から英雄まで、女なら恐ろしい怪

女から優しい母神、美しい妖精まで、その間を微妙に揺れ動くだけのことだ。そして、世代が新しくなるにつれて、この揺れは、「文化」のほうへ少しずつ傾斜し始める。つまり、ポントスよりポセイドンの血筋を引くほうが、海の後裔たちは多少とも柔和になって人間に近づく。

これは、海の系図に限った場合にだけ言えることで、淡水の神オケアノスの血が海神ポントスの後裔に混じれば、ポセイドンの純粋培養された海神だけの直系よりははるかにその性格は穏やかになって、人間世界に貢献するようになる。このように三柱の水神の血をどう配分するかで二項目間を揺れる強弱の違い、微妙な差異が生じ、そこからそれこそ多彩な水のイメージの元型が溢れ出ることになる。

(6) ローマ神話――水神ネプトゥヌスの場合

こうした水神の多様なイメージ、とくにポセイドンの海神像は、ローマ時代に入ってそのままネプトゥヌスに受け継がれる。ネプトゥヌスは、もともとポセイドンのような海神ではなく、淡水の神である。これを証明して見せたのがデュメジルの著作『神話と叙事詩』、『ローマの祭』である。大意をいえばこうなる。

ローマでは水の祭りが一年に三回催される。ネプトゥナリア祭（ネプトゥヌスの祭）が七月二三日、フリナリア祭（井戸掘り作業の守護女神で、水の妖精フリナの祭）が七月二五日、ポルトゥナリア祭（水上通路と船着き場の守護神ポルトゥヌスの祭）が八月一七日で、最初の二つの水祭は、酷暑期の始まり、最後の水祭は酷暑期の終わりに設定されている。

水が不足し、川や湖沼が干上がる酷暑期の始めにネプトゥナリア祭が行われるのは、人間が地上の水を充分に得られるようにとの願いからであって、ネプトゥヌスは、水の補給を統括する神なのである。

ローマにはネプトゥナリア祭のときに、アルバヌス湖が氾濫するという伝説がある。公の儀式を滞りなく行わなかったから、神々が怒りをあらわに示したわけで、贖罪の意味もこめて、ローマの技師たちが水路網を整備して溢れた水を原状に戻し、井戸掘りをする話は、プルタルコスを始めいろいろな文献に散見している。

フリナリア祭とポルトゥナリア祭は、こうした水利作業の保全を目的とした祭りで、ネプトゥナリア祭が先陣を切って他の二つの水祭を統括する日付の配置を取ることで、ローマの水は自然の秩序に服し、水の補給がつつがなく行われるようになる。

ネプトゥヌス（*Neputunus*）の語源は、「水の子」を意味する『リグ・ヴェーダ』のアパーム・ナパート（*Apam napat*）で、ケルト神話の水神ネフタン（*Nechtan*）も同じ語源である。妻のボイン（別称ボアン、ボアンド）が不貞を犯したために、その報復にネフタンが井戸を溢れさせて妻の命を奪い、この水がアイルランドの聖河ボイン川になったという。罪や過失が引き金になって水が氾濫するという経緯は、ローマの伝説とケルト神話に共通するもので、これは広い意味でインド・ヨーロッパ語族の遺産と考えられる(1)。

この大意に異論はない。ただし、少し補足すれば、インドとローマとケルトに共通するのは語源だけで、氾濫の要因を罪または過失に求める内容は、ローマやケルトの神話・伝説にはあっても、インド神話にはない。『リグ・ヴェーダ』でアパーム・ナパート（水の子）は、火神アグニの一形態になっている。

こうした火と水の融合は、少なくとも上に述べたローマやケルトの神話・伝説ではまったく影を潜め、むしろ、ギリシア神話のほうに現われる。海の賢者ネレウスは、ヘラクレスに追われて火に変身する。天界から海に突き落とされたヘファイストスは、海底で冶金術を習得して火神、鍛冶の神になる。

ところが、ギリシア神話とインド神話との間に語源の共通項は見出せない。だが、火と水の融合は、メソポタミアの最高神マルドゥクや中国の五行相生説（『五行大義』）にもあって、一概にインド・ヨーロッパ語族の遺産とは言い切れない。マルドゥクは、水神と火神を兼ねている。だから、もし伝播ということがあったなら、その発生源はマルドゥクと考えたほうがむしろ自然だろう。

ウェルギリウスの『アエネイス』（二、一四七—一五五）では、ネプトゥヌスが二輪馬車で海原を駆け回る場面が出てくる。これとまったく同じ情景がケルトの冒険譚『フェヴァルの息子ブランの航海と冒険』にもあって、海神リルの子マナナーンは、海原を二輪馬車に乗って、海上を漂流するブラン一行の前に現われる。この海神像は、ギリシアからポセイドン像を踏襲したウェルギリウスが発展させたもので、ギリシアのポセイドンは、ペガソス、アレイオンなど馬の父親にはなっても、二輪馬車で海上を駆け回るようなことはしていない。

なぜこのような細かい点にこだわるのかといえば、私にはケルトやローマの神話・伝説、とくに上に述べた水をめぐる神話・伝説は、インド・ヨーロッパ語族という広い枠のなかで考えるのも間違いではないが、それ以上にケルト圏とローマ圏とのもっと直接的な交流のなかから生まれたように思えるからだ。

[注]

（1）デュメジル著、大橋寿美子訳、『ローマの祭—夏と秋』、法政大学出版局、一九九四、一六—三五頁。

第四章　ケルト神話の世界

(1) ケルト圏とローマ圏の交流

両文化圏の交流を経済、とくに貨幣鋳造の側面から見てみよう。大陸ケルト人が最初に貨幣を使い始めたのは、前四世紀頃のことである。ケルト貨幣は、都市化が進んだポー川（イタリア）北部のガリア地域で、ギリシア植民地のマッサリア（現在のマルセイユ）で流通していた貨幣（ドラクマ）の影響を受けて造られた。

ポー川南部でも流布したが、初期の貨幣はマケドニア王であったフィリッポス二世時代の金スタテル（二〇—二八ドラクマに当たる金貨の単位）を忠実に模倣していた。

その後鋳造されたケルトの貨幣としては、ガリア北部（現在のベルギー）で使われていたタラントの金スタテル、ヨーロッパ中部のアレクサンドロス大王の金スタテルなどがある。銀の貨幣が使われるようになったのは、前三世紀の中葉からで、やはりマケドニア色が強い。

前二世紀に城壁に囲まれたオッピダ（都市集落）の発展に伴い、ガリアでは貨幣システムが一変し、貨幣鋳造が多様化する。このため、貨幣に含まれている貴金属の純度が低下し、貨幣の名目上の価値と実質上の価値が遊離するまでになる。

カエサルのガリア征服で貨幣鋳造は壊滅的な打撃を受けるが、青銅貨幣だけはアウグストゥス帝の時代に入っても鋳造され、ガロ・ロマン期の紀元後三世紀までこの鋳造は続く。イギリスのテムズ河畔でも、すでに前二世紀頃に外来の貨幣が使われていたことが確認されている(1)。

カエサルがガリア全土を征服するのは、紀元前五八年から五一年の間である。それ以前のほぼ三〇〇年も前からケルト圏（＝ガリア圏）とギリシア・ローマ圏との間に直接、交流があったことがこのようにガリアの貨幣鋳造の通史に目を通しただけで分かる。

交流は経済の分野だけに限らない。キケロは、ガリアの一部族アエドゥイ族（ブルゴーニュ地方）のドルイド僧で政治家であったディウィキアクスをローマに迎え入れるが、その英知と認識力の深さに感服しきっている。そして、ガリア戦役以後、ヨーロッパの大陸部ではガリア人とラテン人が融合したガロ・ロマン期、島嶼《とうしょ》部ではブリトン人とラテン人が融合したブリト・ロマン期に入る。

こうした長い交流の過程で、ローマ・ケルトの神話・伝説の間に海神が乗る二輪馬車のイメージや氾濫の要因を罪や過失に求める内容などの共通項が、おのずから定着したのではないかと思う。とくに出典のはっきりした二輪馬車のテーマ（ウェルギリウス、一、一四七—一五五）などから、大まかながらケルト神話の作成年代を推定することもできないわけではなかろう。しかし、「水」との関わりでいえば、ケルトにしかない、ケルトだけの発想といえば、なんといっても「異界」のイメージだ。

(2) 島のケルト神話——水の文化と異界

アイルランド神話では、来寇《らいこう》した諸民族と先住民族との対決が主要なテーマになっている。『来寇の書』によれば、アイルランドにゲール人が定住する以前、この島には五つの種族が順を追って移住を繰り返している。

『来寇の書』は、十二世紀にキリスト教の学僧が編纂した歴史偽書だが、そこで語られているアイルランド人の起源物語は、キリスト教的に潤色されているものの、来寇の発端から定住にいたる経緯を神話風に解き明かしたものである。

五つの来寇民族のうち、最初の来寇者たちを除いた四つの種族、パルトローン族、ネウェド族、フィル・ヴォルグ族、トゥアタ・デー・ダナン族が次々と先住民族のフォウォレ族に戦いを挑み、最終的にトゥアタ・デー・ダナン族が勝利を得る。

これは、史的に見れば、アイルランドに移住を繰り返したインド・ヨーロッパ語族と先住民族との対立・抗争の歴史である。この抗争の果てに、アイルランド神話では勝った征服民族＝トゥアタ・デー・ダナンが神族に、負けた先住民族＝フォウォレ族が魔族になった。神族のトゥアタ・デー・ダナン族は、魔族のフォウォレ族を根絶やしにした後、地上の世界をあっさりゲール人に譲って異界（シード）に閉じこもってしまう。異界は、神族や妖精たちの住む世界だが、通常の神話に見られるような天界でも冥界でもない。「喜びの平原」、「不老の国」、「約束の地」などとも呼ばれているように、ギリシアのヘスペリデスの園やエリュシオンの野に匹敵する、至福の地であり、むしろ桃源郷に近い。

例えば、『コンラの異界行』という作品がある。そこで百戦のコンの息子コンラを異界へ誘う妖精は、自分の住んでいる異界には死も犯罪もなく、宴がいつ果てるともなく続き、心優しい人々が安らかな生活を送っている場所だと語る。

最高神ダグダの息子オイングスも、自分の居住する異界の中心地ブルグ・ナ・ボーネを三本の果樹にはいつも果実がなり、丸焼きのブタがいつも用意され、尽きることのない美酒が大樽にみなぎっている宮殿と述べる。

異界へ通じる代表的な場所は、丘や平原である。コンラは、丘の上で妖精と出会い、ガラスの船に乗って異界へ向かう（『コンラの異界行』）。コルマク王は、妻を華麗な衣装をまとった異界の戦士にさらわれる。王は二人の後を追って深い霧の立ち込める広い平原に辿り着くが、そこが異界であることに気付かされる（『コルマクの冒険』）。

英雄クー・フリンは、クルアハンの平原で妖精ファンと出会い、戦車を駆って異界の島へ渡る（『クー・フリンの病』）。しかし、丘や平原だけでなく、それ以上に異界と深いつながりを持っているのは、巨石塚と水である。

異界は、巨石塚を通じて地上の世界と結ばれている。巨石塚の下には地下水があり、地下水は川や泉や海とつながっている。その広大な水の王国が異界なのだ。一部の神々、とくに水神が水の世界に王国を創るというのは、東洋の神話に多々見られる。しかし、すべての神々が地下の異界、それも水と深くかかわる他界に閉じこもるというのは、世界に類例を見ない。

異界の中心地ブルグ・ナ・ボーネは、ニューグレンジの巨石塚で、アイルランド北東部のボイン川北岸にある。ボイン川（*Boyne*）はアイルランドの聖河で、ゲール語で「白い雌牛」を意味する*Bo-Vinda*を語源に持ち、ボアン、ボアンドの別名でも呼ばれる水の母神である。牧畜民族にいかにもふさわしい語源である。

ボインは、最高神ダグダの弟に当たるエルクワルの妻であった。ところが、ダグダはボインに惚れ、エルクワルに魔法をかけて旅に立たせる。実際には九か月の長旅を一日と錯覚させる呪いをかけたのである。この九か月の間にダグダはボインを孕ませ、オイングスを産ませる。ボインは、過ちを償おうとして泉に身を投じ死に絶える。また、逃げた先の海から川が生まれた。これがボイン川になったという。

他の説もあって、ボインが不貞を犯したために、その報いに海神ネフタンが井戸を溢れさせ、この水がボイン川になったともいわれており、ボインが海神ネフタンの妻になっていることもある。

成長したオイングスは、ダグダを父と知って、領地の分与を求める。ダグダは、一日一夜だけと期限を決めてブルグ・ナ・ボーネを貸し与える。ところがオイングスは、「一日一夜」とは、「永

ニューグレンジの巨石塚の入口

遠」の意味だといってブルグ・ナ・ボーネの主になってしまう（『妖精の塚の奪取』）。オイングスは、最高神ダグダと水の母神ボインの息子として、結果的に巨石塚と水の宮殿ブルグ・ナ・ボーネを相続したことになる。

水の息子オイングスが恋の相手に選んだ女性は、やはり湖の妖精エーダインであった。『オイングスの夢』のなかで主人公は、不思議な病気にかかる。この病を治せるのは、オイングスが夢のなかで見た乙女の愛だけである。乙女が探し出される。この乙女は一年間、人間、次の一年間、ハクチョウの姿になるという。

時が経って、オイングスは、ハクチョウに変身した乙女を見つけに湖へ行く。大声で呼ぶと、現われたハクチョウが湖へ帰すと約束してくれるなら、一緒に行ってもよ

いという。オイングスは承諾する。乙女を抱きしめると、オイングス自身がハクチョウになってい
た。二羽のハクチョウは、湖の周りを飛び、乙女はオイングスのもとにとどまることになる。

アイルランド神話でエーダインの話は、連続した三つの物語を作り上げている。なかでも有名なのは、『エーダインへの求愛』という物語である。上記のハクチョウの乙女（エーダイン）は、『エーダインへの求愛』に登場する同じ名前の異界の王女（エーダイン）の母親である。

『エーダインへの求愛』では、主人公のエーダインがオイングスの口利きでもう一つの巨石塚ブリー・レイトの領主ミディルの後妻になる。それから一〇〇〇年後、エーダインは、人間に生まれ変わってエオヒド王の妃になる。しかし、先夫のミディルが取り戻しにやってきて、二人は妖精の国へ舞い戻ってしまう。

この物語でも子供のエーダインは、湖の妖精である母親のエーダインと同じように「水」と深いかかわりを持っている。ミディルの先妻はファムナハだが、先妻は嫉妬に駆られてエーダインを池の水に変え、続いて虫に変えてしまう。それでも足りずにこの虫を海の荒波へ追い払う。この虫は最後にエーダルの妻が持っていた杯に落ちる。これを飲みほしてエーダルの妻は妊娠し、エーダインは、エーダルの娘として人間に生まれ変わり、やがて成長して王妃になる。つまり、エーダインは、虫に変身させられても、「池の水」、「海の荒波」、「水の入った杯」と最後まで水の領域から離れない。だから、子供のエーダインは、母親と同じ水の妖精といってよい。

水の妖精は、アーサー王物語群にも現われる。「泉または湖の貴婦人」の異名を持つヴィヴィアン（*Viviane*）の名は、ゲール語で「白い雌牛」を意味する *Bo-Vinda* の変形したものだといわれ

湖（泉）の貴婦人とランスロット

ている。これは、アイルランドの川の母神ボインと同じだが、同じ語源でも湖と川とでは違いが出る。

ボインの子供であるオイングスが愛したハクチョウの乙女、エーダインは湖の妖精だから、ボイン（川）の語源と異界の王女としてのエーダイン（湖）を合体させると、「湖の貴婦人」ヴィヴィアンの原型だけはできあがる。ヴィヴィアンは、語源だけから見ると、泉で死に絶えたボインの生まれ変わりのように映る(2)。

「泉の貴婦人」の物語が最初に現われるのはウェールズの神話で、ヴィヴィアンは、ウェールズの「マビノーギ（幼な物語）」第九話『ウリエンの息子オウァインの物語、あるいは泉の貴婦人』でよみがえる。第九話のヒロインである「泉の貴婦人」は、泉を守ることができなければ、領地が維持できないと侍女に進言され、自分の所領に迷い込んだ騎士たちを夫にして泉を守らせる。

アーサー王の騎士オウァインもその一人で、「泉の貴婦人」の虜になっていく。貴婦人の夫になるには、所領にまぎれこみ、魔力を秘めた石板に水を振りかけて豪雨を降らせ、前の騎士を殺すという一種のイニシエーションを潜り抜けなければならないから、「泉の貴婦人」の所領は、明らかにこの世と次元を異にする異界にある。

アーサー王物語群では、通常、ヴィヴィアンはブロセリアンドの森（ブルターニュ半島、現地名パンポンの森）にあるバラントンの泉でマーリンと出会い恋に落ちる。マーリンは、ドルイド僧の面影をとどめる森の予言者、魔術師である。

バラントン（*Barenton*）は、森の「聖なる空地」を意味するネメトン（*Nemeton*）と語源が同じなので、ここの森と泉は、ドルイド教の聖地と考えてよい。ヴィヴィアンは、アーサー王の後継者、ランスロットをこの泉（ただし、物語では湖水）で育て、名剣エクスキャリバーを湖水からアーサー王に託す異界の水の妖精なのだ。

(3) 島のケルト神話——異界は川から海へ拡大する

ボインもエーダインもヴィヴィアンも川や湖や泉、つまり、淡水の妖精であった。しかし、アイルランドの異界は、淡水の領域だけに限定されているわけではなく、広大な海も異界の一部になっている。海の描写は、冒険・航海物語群に顕著に現われる。その最たる例が『フェヴァルの息子ブランの航海と冒険』である。

要塞を散歩していたブランの前に、異界の乙女が登場し、主人公を不思議の島へ誘う。その島は、物語のなかでは「女人の島」と呼ばれている。ブランは九人の同行者と出発し、不思議の島に辿り着く。数か月滞在しようと考えていたブランに、同行者が郷愁に駆られて帰国を迫る。アイルランドに帰国した一行の一人が母国の土に触れた途端、灰と化す。ブランは、出発したときから数か月も時が流れていたことを悟り、再び海上へ漂泊の旅に出る。

この物語には、マナナーン・マク・リルが二輪戦車に乗って現われ、「女人の島」をめざすブランたちに無垢な「海の王国」について語って一行の旅情を掻き立てる。マナナーンは、神族のトゥアタ・デー・ダナンに属している。海神リルの子で、『クー・フリンの病』に登場する異界の妖精ファンの夫である。マナナーンは、ブラン一行が漕ぎまわる海上を花々の咲き乱れる草原、日を浴びて海馬がきらめくたおやかな大地と謳う。海原が二輪馬車の疾駆する平原、大地にたとえられているのだ。

異界は、一般に西方の海の彼岸か妖精たちの住む巨石塚の下方にあると考えられている。『コンの息子アルトの冒険』で、主人公アルトが辿り着く「驚異の国」は、海の彼岸の島である。また、『コンラの異界行』で、コンラの乗るガラスの船が消息を絶つ行き先も、人の目の届かない遠い遠い海の彼岸にある。しかし、マナナーンが海原の比喩として使っている「喜びの平原」は、異界の同義語である。だから、ブランのいる海上はすでに異界の一部なのだ。

マナナーンは海神の子なので、普通はアイルランドの外に住んでいる。アイルランドと大ブリテン島の間に位置するマン島の名称は、マナナーンから取られたもので、おそらくこの島がマナナーンの故郷なのだろう。

海神の子は、最高神ダグダの養子でもあるから、ブルグ・ナ・ボーネの巨石塚で催される神々の饗宴にしばしば現われる。この饗宴の席でダグダの弟でボインの夫であったエルクワルをブルグ・ナ・ボーネの宮殿から追放するようオイングスに勧めるのは、マナナーンである。このときマナナーンは、トゥアタ・デー・ダナンの王と名乗っている(『二つの牛乳差しの館の滋養』)。

王位の正否はともかくとして、海神の子マナナーンの助言によって、ブルグ・ナ・ボーネの宮殿は、最高神ダグダから第二世代に当たるオイングスの体制固めができあがる。これでダグダと川の母神ボインの血統を正統とする水の政治・文化体制、新しい秩序が巨石塚の宮殿にまがりなりにも確立することになる。

オイングスは、マク・オーグ(「若い息子」の意)の異名からも分かる通り、物語のなかでは青年として登場する場合が多く、しかも、『妖精の塚の奪取』で語られているように、ダグダから巨石塚を穏当に相続したわけではなく、強弁によって奪取した感が強い。こうした点を加味すると、オイングスは、父親から石と水の宮殿を相続できたにせよ、トゥアタ・デー・ダナンの王位まで継承するには、いささか見劣りがする。

(4) 島のケルト神話――異界の王位継承をめぐって、森の王から水の王へ

ダグダ以後、トゥアタ・デー・ダナンの王位を誰が引き継いだのかは、物語によって違いがあり、必ずしも一定していない。海神の子マナナーンの場合もあれば、ダグダの長子ボドヴのこともある。ボドヴが成長して王に選任されるまで、マナナーンを暫定的な王とみなすのが穏当なところだが、はっきりしたことは分からない。

『リルの子供たちの最期』では、ボドヴが父親の徳、自分の徳のゆえに王に選出され、オイングスは、兄を立てて謙虚に身を引いている。しかし、『リルの子供たちの最期』は、十五世紀に創られた近代の産物で、古代の神話を忠実に反映したものかどうかについては疑問が残る。

この物語では、アイヴはマナナーンの父リルとの間に四人の子供をもうけるが、産褥で死んでしまう。リルは、アイフェを後妻に娶る。アイヴとアイフェは、ボドヴが養女として育てた姉妹である。アイフェは、夫が先妻の子供たちを溺愛するのに腹を立て、姉の子供たちを呪いにかけてハクチョウに変えてしまう。

この呪いで鳥たちは、三〇〇年間、デリヴェラ湖畔で世にも妙なるハクチョウの歌を歌い続け、その歌を聴きに、アイルランドの人々とトゥアタ・デー・ダナンの神々が湖畔に移り住むようになったというのが物語の内容である。

この伝説では、やはり「水」が重要なモチーフになっている。リルは海神だし、その海神にトゥアタ・デー・ダナンの王になったダグダの長子ボドヴが二人の養女を送りこむ。海神の権威は、ボドヴの神権に保証されて「水」の威力が一段と増すことになる。しかも、リルの子供たちは、ボドヴ王の孫でありながら、水鳥のハクチョウに変えられて、湖畔に住むことを余儀なくされる。

アイルランドの王権は、現世においても物語のなかでそれほど強いわけではない。これは、神々の世界でも同じである。ダグダは、「全能の父」（エオヒド・オラティル）の異名を持ちながら、『マグ・トゥレドの戦い』では主役を多芸の神ルグに任せ、ルグの命令に従って魔族のフォウォレ族の敵情視察に出かける。ギリシアのゼウスやメソポタミアのマルドゥクのような絶対的な最高神を想定して読んでいくと裏切られることになる。

これはダグダに限らず、ボドヴの場合も変わらない。ボドヴも自分の孫を呪いによってハクチョウに変えられながら、呪いも解けず、ハクチョウの歌声に涙を流すだけだからである。

しかし、養女を二人も海神リルに嫁がせたボドヴがトゥアタ・デー・ダナンの王位を継ごうが、海神リルの子マナナーンが王と名乗ろうが、あるいは水の息子オイングスがダグダの王宮を相続して、神族のなかで次第に頭角を現わしていこうが、「水」の要素が介入しなければ、異界の神権が確立できないほど、「水」は一段と重要性を増している。誰が王に選任され、王と名乗ろうと、異界の神権は一極に集中するより、「水」のように水平的に拡散しているのだ。

それだけでなく、トゥアタ・デー・ダナンがかつてゲール人のエーレウォーンに敗れて異界に閉じこもったとき、各地の巨石塚や平原に分散して住むように勧めたのは、海神リルの子マナナーンである。神々の居住地の決定に海神が裁量権を振るっているのだ。

マナナーンは、ギリシア神話のゼウスにダグダを喩えれば、ポセイドンの立場に近い。ゼウスとポセイドンは兄弟、ダグダとマナナーンは、父と養子でその関係は血縁にあって近く、海神が最高神に対して一歩も二歩も実権を譲りながら、隠然たる発言力を併せ持っているところも共通している。

トゥアタ・デー・ダナンが異界に閉じこもる以前、神族の主たる生活圏は地上の森にあった。森の文化は、神々と人間が力を合わせて生活圏を拡大させることに精力が注がれたから、そこではルグ神や英雄クー・フリンに代表される戦闘的な文化英雄が主役を担わされた。森の文化は剣の文化でもあったわけだ。

神族が異界に閉じこもると、剣や槍は、争いごとに熱中する地上の人間に託され、森の文化、剣の文化は水の文化になった。ドルイド僧の神として森の文化を統括していた最高神ダグダは、水の母神ボインの血を引く実の息子オイングスに宮殿の実権を委ねざるをえなくなった。それが『妖精の塚の奪取』で語られている神権相続の物語である。

地上の森の文化では、王権を具現する女性は、アイルランドの「大地」を象徴する母神か王妃でなければならなかった。しかし、異界で神権を具現する女性は、水の母神になった。森の最高神ダグダは、川の女神ボインを孕ませることで、水界の至上権を確立しようとした。同時に異界の男神たちや異界へまぎれこむこの世の男たちの恋の相手は、水の妖精たちが圧倒的に多くなった。オイングスが愛した湖の妖精エーダイン、英雄クー・フリンの異界の恋人ファンがそうである。

湖水から名剣エクスキャリバーをアーサー王に託したヴィヴィアンの行為は、魔性だけは温存しながら、剣の文化を人間世界に託し、戦闘を放棄した平和な異界の水の文化を暗示している。

水の文化の神権を正統的な水の息子オイングスに継承させるには、なんといってもボインの夫でダグダの弟に当たるエルクワルが邪魔になる。水の息子オイングスにエルクワル追放をけしかけたのは、海神の子マナナーンである。淡水と塩水の二柱の神々が、「水の王国」を異界のブルグ・ナ・ボーネに創建するために、ここでは仲良く手を結んでいる。

マナナーンが神々の饗宴に招かれて、ブルグ・ナ・ボーネの宮殿まで来るには、異界の海からボイン川を溯って辿り着くと考えるのが普通だろう。異界は、発言力を強める海神マナナーンの存在によって、川から海へ、巨石塚の下方にある地下水から海の彼岸の島々へその領域を拡大させる。「剣」を捨てて、「水」を選んだ神々の異界は、戦闘を好む男性的な生活圏から平和で柔和な「妖精の国」、「女人の国」、「約束の国」、「喜びの平原」、「不老不死の国」になったといえよう。

神々の住むアイルランドの異界は、普通一般の神話に見られるような天上の世界にも、奥深い地下の冥界にもない。柔軟な「水」を選んだことで、異界は、どちらかというと天へ垂直的に上昇したり、地下へ限りなく下降するより、空間を水平的にどこまでも伸びる。

トゥアタ・デー・ダナンが森の文化を捨て、水の文化を受け入れたことで、神々の居住地は、木や森に象徴される垂直的な男性原理の支配する天界でも冥界でもなく、四方に広がる水平的な女性原理の浸透する異界に変わった。

異界では、舞台の主役は妖精か女人で、男神は端役とまではいかないまでも後方に退く。妖精や女人が主役になった分、話の内容は異界と現世との交流であれ、異界のなかの出来事であれ、恋愛と冒険が主流になり、戦闘は影を潜める。異界は、天と地下に分断されず、したがって善と悪による選別もなく、一律に水平、多神教的な雑居状態の楽園である。

(5) 大陸のケルト神話——異界と水への信仰

アイルランドは、海に囲まれた島国である。ことによると、「水」に寄せるアイルランド人の柔和で鋭い水平的な感性が、異界(シード)という他国の神話に見られない独自の別天地、穏やかな「水の王国」を創らせ、そこに神々や妖精を住まわせるようになったのかもしれない。

「水」に寄せる信仰は、アイルランドだけに限らない。ヨーロッパ大陸のほうに目を転じても、ローマの詩人ルカヌスは、ガリアの泉のそばには神像が無造作に置かれていると書き留めている。スイスのヌシャテル湖畔で見つかったラ・テーヌ遺跡からは、ガリアの第二鉄器時代(前五—前一世紀)の遺物が続々と出土している。また、フランスのブルターニュ半島には、水の妖精ダユーにまつわる洪水伝説がある。

ダユー神話の筋書きは、シャルル・ギヨの『イスの町の伝説—古文献による』に残っている。この作品によれば、ダユーは、コルヌアーユ(ブルターニュ半島)の王グラドロンが海の彼岸の北国へまぎれこみ、そこで出会ったマルグヴェンを王妃にして帰国する途上、産褥で死んだ母の生まれ変わりとして誕生した。
海の彼岸は、ケルト神話では異界の同義語で、ダユーは、もともと半分は異界の女なのだ。王は成長した最愛の娘にイスの町を贈る。ところが、ダユーは、異邦の騎士に夢中になり、騎士の気を引こうとして王から海を開く銀の鍵を盗み、騎士に渡してしまう。騎士は、この鍵を使ってイスの町を水没させる。

作品の後半では、ダユーは、サタンさながらの異邦の騎士に魂を売って、イスの町に洪水を呼び込む悪女のように描かれている。しかし、ダユー（*Dahud*）は、「善良な魔女」を意味するガリア語のダゴソイティス（*Dagosoitis*）から派生した名前である(3)。

だから、ケルト神話の側からダユー伝説を読み解けば、異界とは、「不老不死の国」、「喜びの平原」、「女人の国」の別称でも呼ばれているように、平和な桃源郷、水の王国であって、異界の血を引くダユーが母を慕うあまり、自分の町を水没させ、この世に喜びの王国、水の桃源郷を造ろうとしたのも無理はないのだ。

ギヨの作品でこの世に一人まぎれこんだ水の妖精が海岸で歌う海への讃歌、「ダユーの歌」は哀切きわまりない。ダユーは、湖水から名剣をアーサー王に託すヴィヴィアンよりはるかに積極的に異界をこの世に呼び込もうとした女なのである。

ジャン・マルカルによれば、ブルターニュ半島にはこんな古謡も残っているそうである。「イスの町が沈んで以来、パリに匹敵する町はなかった。パリが海に呑み込まれるとき、イスの町は再び浮上するだろう」。

この古謡には、ブルターニュ人の屈折した心情が反映されていて面白い。イスは、水の妖精ダユーが父王から土手に守られた海辺に建ててもらった伝説の町で、始めから海位より低いところにあった。イスとは、ブルターニュ半島のブルトン語で「低い町」という意味である。民間伝承によれば、イスの町は水没した後も、相変わらず海底で栄え、ときには海底の町を見学し、町の中へ入ることさえできたという。

ところで、カエサルに征服される以前のパリ（*Paris*）には、ガリア（＝ケルト）の一部族パリシイ族（*Parisii*）が住んでいた。パリの名称は、この部族名を起源にしているようだが、別の説もある。パリ（*Paris*）とは、「*Par Is*」のことで、ブルトン語で「イスに匹敵する」の意味だという。それなら、なぜブルターニュ人は、パリを沈める都イスとことさら結びつけようとしたのか（4）。

ブルターニュ半島は、歴史的に見てもケルトと縁が深い。その昔、半島はイギリスのブリテン島と同じひとつのケルト文化圏を作り上げていた。今でもフランス人は、ブリテン島のことをブルターニュ島と言っている。

ヨーロッパ大陸に住んでいたラテン人は、このブリテン島をブリタニアと呼んでいた。一方、アングロ・サクソン人は、この島をブリテンと名付けて、ブリタニーと区別していた。現在のブルターニュ半島は、このブリタニーのことを指している。

三・四世紀にサクソン人がブリテン島を征服すると、島のケルト人は、海峡を渡ってブルターニュ半島に流れて来る。かつてイギリスへ渡ったガリア人が再びフランスに舞い戻って来たわけである。

イギリスとフランスは、その後半島の主権をめぐって争いを繰り返す。争いは、一五三二年に半島が最終的にフランスに帰属するまで続く。だから、ブルターニュ半島は、アイルランド・ウェールズと言語や神話が同じ母胎と考えてよい。

もともとパリは、ブルターニュ人から見れば、同族のガリア人（パリシイイ族）が住んでいた原郷の都市である。となれば、イスの町をいとおしむように、パリに郷愁を覚えたとしても不思議はない。

その昔、イスの町は海に沈んだが、代わりに原郷の都市パリは、「イスに匹敵する」（Par Is）ように今なお繁栄している。だから、パリが仮にも海に呑み込まれるようなことがあったら、イスの町が再び海底から浮上してよみがえらないはずはない。どちらの都市が沈もうが浮上しようが、ケルト人の造った栄光の都市が滅びることなどありえない。二都は、地上と海底で共に栄華を誇り、単に陸と海での所在を入れ替えたまでのことだ。ブルターニュ半島の古謡は、そう語りかけているように見える。

パリを流れるセーヌ川には、またセクァナというガリアの女神がいて、川の水源地にはこの水神に奉納された木偶が発見されており、こんな民話が起源神話として残っている。

昔々、グルドンおばさんがある隠者を泊めてあげたところ、あなたはこれから最初にすることで幸せになると言われる。洗濯物をたたみ始めると、あとからあとから布が出てきて、グルドンおばさんは、これで金持ちになる。

ラ・セーヌ夫人がこれを聞きつけて、無理に隠者に泊まってもらう。翌朝、ラ・セーヌ夫人は、

『ガルガンチュアの幼少時代』　ギュスターヴ・ドレ作

おしっこがしたくなったので、外に出てし始めると、これがいつまでたっても止まらない。やがてこの放尿の流れは、泉や湖を造り、パリを横断する川になって大海に流れこむまでになったという。これがセーヌ川の始まりだそうである。

ラブレーの『ガルガンチュア物語』にも、巨人ガルガンチュアがパリを放尿で同じように水浸しにさせる話が出てくる。ブルターニュ半島には、ガルガン山という名の小山があり、ラブレーの叙事詩には、ケルト神話が大量に流れこんでいる。

パリは、よくこうも水浸しになるものだと思うのだが、セーヌ川の民話にしても、これほど大量の放尿はまさか人間には不可能だから、ラ・セーヌ夫人の少々下品な神憑りの行ないは、じつは女神セクァナのなせる業で、ガルガンチュアの所業と同じくガリア神話を民話風に潤色したものではないかと私は考えている。

セーヌ（*Seine*）とセクァナ（*Sequana*）は語源的にも近いし、ウェールズには巨人神話が多い。アイルランド王に嫁がせた妹の救出に、橋になって軍隊の渡河を助けた巨人ブラン（『スィールの娘ブランウェン』）をガルガンチュアのモデルとする説もある。巨人や水神なら、パリを放尿で水浸しにさせようが川を作ろうが不思議はない。

ヨーロッパには、セーヌ川に限らず放尿から川が生まれた話が少なくない。多芸の神ルグ（*Lug*）からその名を採ったフランス第二の都市リヨン（古名は*Lugdunum*「ルグの城塞」の意）にはリヨン川が流れているが、この川も放尿から生まれている。ヨーロッパの民話は、ケルト神話の宝庫なのである。とくにケルト人の「水」に寄せる想いは信仰に近いだけに、「水」にまつわる民話には注意を払う必要がある。

ドナウ川の民話もその一つで、この川底にはガラスの宮殿があるという民間伝承が残っている。宮殿にはドナウ王の一族が住んでいて、水の精たちが王に仕えて暮らしている。水の精たちは、夜明けまで町に遊びに来ることもあり、朝まで遊んでいると王にしかられる。川の水が真っ赤になったときには、水の精たちは、もう生きては帰れないという。

ウェールズやアイルランドの神話には、「ガラスの船」、「ガラスの町」、「ガラスの要塞」、「ガラスの島」といった定型表現がよく出てくる。ガラスは、水晶と並んでこの世と異界を隔てる境界なのだ。ガラスの壁を通して異界の人々の姿は見られるが、話しかけることはできない（4）。

大陸ケルト人が創り上げたハルシュタット文化圏は、オーストリアのハルシュタット湖畔を中心にして西方へはドナウ川からフランスのヴィクスの遺跡（ブルゴーニュ地方）まで伸びている。ドナウという名称は、ウェールズの大母神ドーン（*Dôn*）から派生した地名で、ドーンは、アマエソン、アリアンロド、グウィディオン、ギルヴァエスウイ、ゴヴァンノンといったウェールズの主要な神々の生みの母である。そして、アイルランド神話の神族トゥアタ・デー・ダナンは、「女神ダナの一族」という意味で、ダナ（*Dana*）はウェールズの母神ドーンと同根、あらゆる神々の母であって、ケルト、というよりインド・ヨーロッパ語族の太古の母神なのである。

その証拠にスキタイの古語「ドン」は水を表す。ヘロドトスによれば、スキタイ領を流れる五つの川のうち最大の川がダニューブ川（＝ドナウ川）だった（『歴史』、巻四、四八）。そして、オセット神話のドンベッチュルは、水の精霊である。ベッチュルとは、キリスト教の聖ペテロのことで、ドンベッチュルは、「水のペテロ」という意味である。

ヨーロッパの川の名には、ドナウ川に限らずドン川、ドニエプル川と「ドン」を含んだ語彙が多い(5)。ギリシア神話の水の妖精ダナイスたちもそうである。アイルランドの神々を産んだ女神ダナもウェールズの大女神ドーンも語源から想定すると水の母神の可能性が高い。

そう考えると、ドナウの川底にあるガラスの宮殿は、海底で栄華を誇るイスの町と同じケルト神話の文脈に属するもので、異界の宮殿と見て間違いない。すべての神々が「水」と深くかかわる異界に閉じこもってしまった以上、海底であれ川底であれ、水中に栄光の町や宮殿が造営され、神々の住む泉が奇跡をもたらす「健康の泉」になってもおかしくないのだ。

『マグ・トゥレドの戦い』というアイルランドの有名な叙事詩では、死んだ戦士や傷ついた戦士が「健康の泉」に浸かって息を吹き返し、もとの姿に戻って戦場へ出て行く。医術の神ディアン・ケーフトが薬草をたくさんこの泉に混ぜ合わせたおかげで、魔法の泉になったのだ。しかし、それだけではなさそうだ。

前にも述べたように、アイルランドは海に囲まれた島国で、水に寄せる想いは信仰に近い。だからこそ、神族のトゥアタ・デー・ダナンを恐れ気もなく、水の世界に閉じ込めたのだろう。アイルランド人にとって、「天界」と「水界」は、同じように神々の宿る聖なる空間なのだ。水の妖精ヴィヴィアン（*Viviane*）もその語源は、ゲール語で「白い雌牛」（*Bo-Vinda*）だが、聖書で語られている「生命の水」（*Eau vive*）の含意もある。

ケルト神話で「水」の世界は奇跡をもたらし、新しい命を吹き込む神々の聖域といっても過言ではないのである。

[注]

（1）V. Kruta, Les Celtes, *Histoire et dictionnaire*, Robert Laffont, 2000, pp. 734-737.

（2）ジャン・マルカル、金光仁三郎他訳、『ケルト文化事典』、大修館書店、二〇〇二、所収の拙論「ケルト神話概説—剣と森、大地と水のシンボリズム」と一部重複している。

（3）C・ギヨ、有田忠郎訳、『沈める都—イスの町の伝説』、鉱脈社、一九九〇。

（4）注（2）の上掲書、三八—三九頁。

（5）イヴ・ボンヌフォワ編、金光仁三郎主幹、『世界神話大事典』、大修館書店、二〇〇一、七一三頁

第五章　メソポタミア神話の世界
――水神エア・マルドゥク父子の事跡

（1）天上覇権の物語

a　水の神統記――『エヌマ・エリシュ』（天地創造物語）

これまで「神話の風景」の一環としてヨーロッパの「水の系譜」とそのイメージ・概念を、聖書、ギリシア・ローマ神話、ケルト神話のなかで追ってきた。王の即位式に行われる灌頂の儀式を通じて、部分的にインドの宇宙創世神話に触れたのは、ヨーロッパの源流に位置するインドに「水の系譜」とそのイメージの原点を認めたからである。

源流に位置して、他国の神話に影響を与えたらしい点では、メソポタミア神話もインド神話と変わらない。聖書にある洪水伝説などは、その最たる例だろう。しかし、そうした細部に言及する前に、メソポタミア神話における「水の系譜」をその根源から探ってみる必要がある。

ここでは、主に水神エア(＝エンキ)とその息子、マルドゥクが神話で果たした役割を通じて、メソポタミア人の「水」のイメージ、ひいては他の文化圏に波及したと思われる「天上覇権」の物語や洪水神話、さらには「生命の水」の概念など根源的な「水」のイメージの元型を探って見たい。

『エヌマ・エリシュ』(天地創造物語)は、メソポタミア神話のなかで最も完成された物語の部類に属する。物語の冒頭は原初の神々の系譜から始まるが、その系譜は、一言でいえば、「水の神統記」といってよい。冒頭の一部を引用してみよう。

「上ではまだ天空が命名されず、下では大地が名付けられなかったとき、かれら(神々)をはじめてもうけた男親、アプスー(「淡水」)、ムンム(「生命力」)、かれらをすべて生んだ女親、ティアマト(「塩水」)だけがいて、かれらの水(淡水と塩水)が一つに混じり合った。草地は(まだ)織りなされず、アシの茂みは見当たらなかった」(第一粘土板、後藤光一郎訳、以下前同)。

ここで神々の始祖をアプスー(淡水)とティアマト(塩水)としているのは、注目されてよい。天地創造以前の聖書の世界では、神の霊だけが鳥のように水の面を浮遊し、あらゆる物質を超越した存在であった。「水」は、すべての物質が創造される以前のマテリア・プリマ(第一物質)として天地創造以前に、すでに神の霊とともに存在していた。神はこのマテリア・プリマを素材にして、「水」から「天」と「地」だけでなく、すべての物質を段階的に創りあげていく。

聖書では、「水」はマテリア・プリマとして特権的な位置を占めていた。しかし、それ以上に神は創造主としてあらゆる物質を超えた高みの立場に立っていた。ところが、メソポタミア神話では、「水」が創造主と同時にマテリア・プリマを兼ねている。これは、聖書だけでなく、ギリシア神話の主流に位置するヘシオドスの考え方とも違う。

　ヘシオドスの『神統記』では、「天」（ウラノス）と「地」（ガイア）の交わりからすべての物質が誕生した。「水」、とくに「淡水」（オケアノス）のほうは、「天」（ウラノス）と「地」（ガイア）の長子になって特権化されているものの、「塩水」（ポントス）は、「地」（ガイア）が自力で生んだ「不毛」の存在と記述され、どちらかというと異端視されている。

　しかし、メソポタミア神話では、「淡水」（アプスー）と「塩水」（ティアマト）が一つに混じり合い、その混合水から神々が創られる。上の引用文の後では、次のような文章が続く。

「（そのとき）神々がその混合水のなかで創られた。（男）神ラハムと（女）神ラハムが姿を与えられ、そう名付けられた。彼らの年が進み、背丈が伸びていく間に、アンシャルとキシャルが創られ、彼らにまさるものとなった。

　彼らは日を重ね、年を加えていった。彼らの息子がアヌ、父祖に並ぶもの。アンシャルは長子アヌを（自分と）瓜二つに創った。そうして彼の生き写し、アヌは、ヌディンムド（エア）をもうけた。ヌディンムドこそ彼の父祖たちの主人公だった。理解が広く、ものわかりがよく、力も強く、彼の父をもうけた（祖父）アンシャルに比べてもはるかにすぐれていた」。

　水神エアは、始祖のアプスー（淡水）とティアマト（塩水）から数えると五世代目に当たる。エアは、妻のダムキナとの間に「神々のなかで最も賢明な」マルドゥクをもうける。『エヌマ・エリシュ』の主題は、始祖のティアマト（塩水）と六世代目の成長したマルドゥクとの間で繰り広げられる神々の世界の覇権をめぐる死闘といってよい。

b　最初の戦い――水神エアの王殺し

この死闘は、どう行われたのか。争いは、若い神々の馬鹿騒ぎに端を発している。女神のティアマト（塩水）は、この馬鹿騒ぎに気が滅入り、男神のアプスー（淡水）も彼らの騒ぎを静めることができない。アプスー（淡水）は、妻のティアマト（塩水）に昼も夜も眠れないので、若い神々をやっつけると本心を打ち明ける。ティアマト（塩水）は、若い神々の名付け親は自分だから、少々不愉快ではあるが、大目にみようと取り合わない。アプスーは、執事のムンムと合議してはかりごとをめぐらす。これが若い神々に漏れる。

水神エアは、いち早くアプスーとムンムの謀略を見抜いてしまう。エアは、すぐさま若い神々全員を守るために呪法の領域をもうける。それからアプスーに向かって最も効き目のある呪文を編み出し唱え始める。アプスーは眠ってしまう。

エアは、アプスーの呪具を奪い、冠をはずして衣を剝ぎ取り、自らその冠と衣を身につけて、アプスーを殺し、ムンムを幽閉する。その後、アプスー（原初の淡水の海）の上に天命の聖所を構え、聖所をアプスーと命名して、妻のダムキナと共にそこに住み、マルドゥクを生む。

これで水神エアは、文字通りアプスー（淡水）の跡目を継承したことになる。エアは、アプスーを殺す際に、始祖の冠と衣をつけて身代わりになることを誇示しただけではない。地下水や泉とつながる原初の淡水の海に聖所まで造り、自分の住む聖所をアプスーとさえ名付けている。

しかし、「淡水」の神格が始祖のアプスーから五世代目の水神エアに引き継がれたことで、「淡水」が原初の「怒れる水」から穏やかな「恵みの水」へ意味合いを変えてくる。エアは、若い神々の先頭に立つマルドゥクの父として、始祖のアプスーのように間違っても若い神々に怒りをぶつける敵対的な立場が取れるはずはないからだ。

「淡水」の神格は、「王殺し」を経由することで、「塩水」（ティアマト）の夫（アプスー）として始祖の陣営を主導していた原初の地位からマルドゥクの父（エア）として若い神々の陣営に加担する立場へその軸足を移し始める。だからといって、「王殺し」の罪が解消されるわけではない。水神エアは、息子のマルドゥクに実質的な最高神の地位を譲って、副次的な役割に降格せざるを得ない。

c　水の息子マルドゥクの誕生

未来の最高神たる者は、無辜で強くなければならない。そのためには、「水」の神格だけでは役不足である。マルドゥクに「火」または「太陽」の要素が加わり始める。生まれたばかりのマルドゥクは、こう呼びかけられる。

太陽の中のマルドゥク

太陽＝マルドゥクのシンボル

「マリヤウト（マルドゥクの称号の一つ）、マリヤウト、わたしの息子、太陽よ、神々の太陽よ」（第一粘土板）。

マルドゥクに敵対するティアマトもこの若い神を警戒して、味方の神々にこう呼びかける。

「おまえたちの口を開き、火神（ギビル＝マルドゥク）を鎮めるがよい。溜めてあるおまえたちの口角の泡が彼の力をへこますがいい」（第一粘土板）。

「水」の神統記に「火」の要素を注入しなければ、荒ぶる海神ティアマトに太刀打ちできるはずがない。エアは、生まれたばかりのマルドゥクに「二倍の神性」（第一粘土板、以下同）を付与し、「神々十柱分のおそるべき光輝」をまとわせ、「五十柱分の恐ろしさ」を重ね合わせる。

マルドゥクの手足は、「かつて知られなかったほど」念入りに作られ、唇は動くと火と燃え上がり、「目と耳はそれぞれ四つ、その目は森羅万象をことごとく見尽くす」と描写される。いかにも「神々の太陽」、軍神に相応しい強靭な容姿である。

「火」は、「戦士」のイメージと結びつく。『エヌマ・エリシュ』の後半でもギビル（火神）は、マルドゥクの数多い別名の一つとされ、「ギビルは武器の出来を保証するもの。ティアマトとの戦いのさいの手の込んだ武具の製造者。知恵は広汎で、理解に長け、心は深遠で、神々はだれもそれをはかり知ることができない」（第七粘土板）と記述されている。これは、本来が穏やかで柔軟な「水」にはない喚起力だ。

天地の創造主が水と火の融合から誕生するイメージの元型は、インドの宇宙創世神話にも見られる。メソポタミアのマルドゥク像がインドに飛び火したような感じだ。インドでは、未来の創造主たるプラジャーパティが、ヒラニア・ガルパ（黄金の胎児）として誕生する一瞬を『リグ・ヴェーダ』はこう歌っている。

「太初においてヒラニア・ガルパ（黄金の胎児）は顕現せり。その生まるるや万物の独一の主なり……深大なる水（原水）が一切（万物）を胎児として孕み、火を生みつつ来れるとき、彼はそれより、神々の独一の生気として顕現せり」（「ヒラニア・ガルパの歌」、辻直四郎訳）

ヒラニア・ガルパ（黄金の胎児）とは、宇宙に芽吹いた胚であり、太初の水に宿った存在の可能性の総体、生命の原理、「宇宙の光」の芽である(1)。

「黄金の胎児」は宇宙に「生気を与え、力を与える」（「ヒラニア・ガルパの歌」以下同）。天と地の両界は、黄金の胎児の「援助に支えられ、心におののきつつ彼を仰ぎ見る」。

ヒラニア・ガルパは、地から昇る太陽のように天地を超え、「天地の上で輝く」。黄金の胎児は、母なる大地が孕んだ火、原水が宿した太陽なのであって、その威力、そのダクシャ（行動力）によって、逆に大地を孕み、「深大なる水を生んで」、天地の上、「神々の上に君臨する独一の神」になる。

インドでは後に、歴代の王や釈迦がヒラニア・ガルパ（黄金の胎児）に見立てられ、宇宙の創造主、誕生仏として頭頂に原水を注がれる儀式が行われたが、その由来についてはすでに第二章で検証した。

マルドゥクの誕生の仕方もこれと同じである。水神エアから産まれたマルドゥクは、水から産まれ、水を超えて、母なる大地が孕んだ火、原水が宿した太陽のように独一の神として天地を創造し、天地の上に君臨する。マルドゥクは、生まれながらにその威力を秘めた太陽の目、火のような生命力と行動力によって「森羅万象をことごとく見尽くす」。

しかも、この創造主は、火と水だけから育まれているわけではない。エアの父で、最高神のアヌは、四つの風まで作り、「これで遊ぶがよい」と「黄金の胎児」（ヒラニア・ガルパ）である孫のマルドゥクに与える。マルドゥクは、土くれを作り、つむじ風たちに運ばせる。ティアマトは、これで気持ちをすっかり掻き乱される。

ここで未来の創造主マルドゥクが、「水」、「火」、「風」、「土」の四大で自らを武装、またはこれらを自由に使って来るべき天地創造を行なうようになることに注目して欲しい。ティアマトをいらだたせる要因が、若い神々の最初の単なる馬鹿騒ぎから、四大で固められた暴風にエスカレートし、争いもそれに比例して単なる小競り合いから戦闘状態にまで高められていくのだ。

d　第二の戦い――「淡水」と「塩水」の死闘

ティアマトは、これにどう対処したか。自分に味方する神々を集めて集会を開き、作戦を練り上げる。その結果、ティアマトは、七岐の大蛇を生み、続けて「毒蛇、炎の竜頭サソリ尾獣、海の怪獣ラハム、巨大なライオン、狂犬、サソリ人間、嵐、魚人間、不思議な野牛」を創る。さらにティアマトの夫のキングに天命のタブレットを与えて、アヌの位階を与える。

戦闘態勢とはいえ、ティアマト（塩水）は、異様で怪物的な生き物ばかりを創り出している。メソポタミアから出土した円筒印章には、ティアマトの竜の図像が刻まれている。ヘブライ語の「淵」を意味するテホーム（*tehom*）もティアマト（*Tiamat*）を語源にしている。

『イザヤ書』（二七、一）や『ヨブ記』（二六、一〇―一二）には、竜のレビヤタンやラハブが出てくる。これらの怪物は海の淵に住み、混沌や暗黒のシンボルとみなされてヤハウェと対決し敗れていくのだが、ラハブは、音声的にティアマトが産んだ海の怪獣ラハムと重なり、レビヤタンは、ウガリト神話の『バアルとアナト』を典拠にしている。

ヒッタイト（ハッティ）には竜神イルルヤンカシュの神話が残っている。この竜神もティアマト像を踏襲している。ティアマトがマルドゥクの繰り出す暴風で仕留められたように、イルルヤンカシュも嵐神に殺されるからである。この嵐神（雷神）は、ヒッタイトの最高神テシュブと考えられる。

したがって、シュメール・バビロニア時代からハッティ・ヒッタイトを経て聖書の時代まで、「塩水」を竜のイメージで捉える図像の元型が広く小アジアで定着していたと考えられる。そうなると、海の淵に住む竜のティアマトが続々と怪物を産み出してもおかしくないのだ。

一方、マルドゥクの陣営には、続々と正統的な神々が加担し始める。それは、「水の神統記」の

最高神アヌ（右端）を訪れた神々

二世代目以降の動向を見れば分かる。「淡水」は、原初の暴力的なアプスー（初代）からエア（五代目）に切り換えられた。アヌ（四代目）は風を与えて、孫を支援する。エアは、息子が出動準備を始めると、祖父のアンシャル（三代目）のところへ相談に行く。アンシャルは、自分の胸中を父母のラハムとラハム（二代目）に伝えるために伝令を送る。

マルドゥクは、「水」の血統を遡って、五世代目から二世代目まですべての神々を自分の陣営に引き入れたことになる。父親のエアが息子のマルドゥクを思って、尽力したのは言うまでもない。エアは、上の引用文からも明らかな通り、父祖たちを息子の陣営に引き入れる「主人公」なのである。

シュメール・アッカドのどの物語を読んでも、神々の順位、権力の構図は、ほぼ一律に上（天）から下（地）にアヌ（シュメールでは天神アン）、エンリル（大気の神）、ウトゥ（アッカドの太陽神シャマシュ。ただし、ウトゥを抜かすことが多い）、エア（シュメールの水と地の神エンキ）で統一されている。この順位が何時、定着したのかははっきりしない。『エヌマ・エリシュ』を読む限り、マルドゥクが天地創造を終えた後と考えるのが自然だろうが、創造以前にも、上の三柱は有力な主神たちであった。

アヌがマルドゥクに風を与えたということは、マルドゥクが祖父のアヌだけでなく、水の系図から漏れている風神のエンリルまで味方にしたことを意味する。マルドゥクは、これで水の系図に最高権力の構図を上乗せし、四大まで加勢させて、自分の陣営をすべて主神たちで固めたことになる。若い神々は、ティアマト（塩水）をこう揶揄し始める。

「あなたの愛した人アプスーと捕らわれたムンムがあなたの心にはやどっていないのです。あなたはあなただけの一人暮らしです」（第一粘土板）。

ティアマトは孤立する。「塩水」は、無名の神々を従えているとはいえ、主流にある「水」の系譜のなかでは疎外を強いられる。こうした状態は、ギリシア神話と似ており、とくにヘシオドスの『神統記』で描かれた原初の海と川の神、ポントスとオケアノスのことを想起してみれば分かる。

e　メソポタミアとギリシア神話の『神統記』——天上覇権をめぐって

オケアノス（河神）は、ウラノス（天）とガイア（地）の長子として『神統記』のなかで揺るぎない正統的な立場を与えられている。これに対して、ポントス（海神）のほうは、ガイアが交わりもせずに自力で生んだとされ、いわば異端的な私生児としてその性格も「大浪荒れる不毛の海」の一言で片づけられている。そして、ポントスの後裔たちのほうがオケアノスのそれより「他性」として突き放され、「文化」の圏内に組み込まれていないだけ怪物的なことは、第三章で検証した。

この流れは、メソポタミア神話でも同じで、「塩水」のティアマトが孤立に追いやられ、いわゆる「不毛」のまま、ポントス（海神）と同じように七岐の大蛇を始め続々と奇体な怪物たちを自力で産んでいく。これとは対照的に、「淡水」は、「王殺し」を経由することで混沌の水神アプスーから恵みの水神エアに切り換わる。それにともなって、「水の神統記」のなかで「淡水」（エア）のほうが揺るぎない正統的な地位を確立し、その正統性が水の息子マルドゥクに継承される。

『エヌマ・エリシュ』の主題は、世代間の抗争だけでなく、「塩水」と「淡水」との覇権をめぐる争いであり、「淡水」が王権の正統性に裏打ちされて「文化」の枠内に組み込まれていくのとは正反対に「塩水」のほうは、原始性を保持したまま、「文化」の埒外へ追いやられ、次第に異端性と結びついていく。

神々の世界の覇権をめぐる争いを世代間のドラマにしたギリシア神話の発想は、このメソポタミア神話を下敷きにしたといわれている。クロノスは、子供たちを大地に詰め込み、天へ上げてくれない父親のウラノス（天）の非道を恨み、母親のガイア（地）の勧めで父親殺しを決行する。しかし、クロノスの兄であった河神オケアノスは、この父親殺し、王殺しに加わっていない。オケアノスが加わらなかったからエアと違って、「淡水」は王権の主導権争いに入り込めず、傍流の地位を甘受せざるをえない。

ギリシア神話は、これで「水」をめぐる王権争いではなく、ウラノスに象徴される「天」を狙う主導権争いのドラマになる。水神エアは、この父親殺しに匹敵する始祖殺し、アプスー殺しを決行して、王権争いの主導権を握る。水神エアは、河神オケアノスの傍流の道ではなく、天神クロノスの主流の道を選んだのだ。

クロノスの役割をエアが引き受けたからといって、エアは、息子に殺されるわけではない。ギリシア神話では、ウラノスが息子のクロノスに殺されたように、今度はクロノスが息子のゼウスに殺されて、世代交代、王権移譲のドラマに終止符が打たれる。ゼウスは、クロノスを殺したことで、ウラノスからクロノスへ引き継がれてきた最高神としての「天神」の位階を略奪し、相続する。

これに対して、エアは、息子のマルドゥクを助ける。マルドゥクは、ゼウスのように父を殺すのではなく、父に助けられて六世代前のティアマトを打倒し、世代交代、王権移譲のドラマは完了する。

ギリシア神話では、息子による父親殺しが連続して二度行われるから、王権移譲のドラマは直接的で生々しい。

アッカド・バビロニア神話でも、エア父子によって連続して二度殺害が強行されるが、この殺害は、父親殺しではなく、五世代、六世代前の始祖殺しであって、血筋でつながっているとはいえ、世代間が隔離しているだけに、殺害の罪状は、それだけ薄くなる。罪状が薄い分、エア父子の正統性が保証されて、「淡水」は若い神々の代表として文化の枠内に組み込まれ、「塩水」が遠く原初のカオスの状態へ追いやられることになる。

f　ヒッタイト神話——天上覇権の物語、『クマルビ神話』

こうした王権略奪の物語は、ヒッタイトの『クマルビ神話』（轟俊二郎訳）にも現われる。この神話では、初めにアラルが九年の間、天界に君臨している。その間、アヌは、「アラルの足下にいつも身をかがめ、大きな椀を手に捧げていた」。九年目にアヌは、アラルに戦いを起こして打ち破り、天界の王座に九年間座る。アラルは、暗黒の大地へ下って行く。

アヌが王座に就いていた間、クマルビは、その足下にいつも身をかがめ、食物を献じていた。九年目にクマルビは、アヌに戦いを起こし、王位を略奪する。アヌは、鳥のように天に駆け上って逃げようとするが、クマルビがアヌの陰部に嚙みつく。これでアヌの精液がクマルビの体内に入り込む。

アヌは、天に身を隠す。クマルビは、口から呑み込んだものを吐き出し続ける。しかし、雷神テシュブ（邦訳では天候神）だけは体内に残り、順調に育っていく。アヌは、まもなく生まれるテシュブに「クマルビを捨てよ、外に出よ」と勧める。

無事に生まれたテシュブにアヌは、なおもクマルビを倒して王座に座れと口説き続ける。テシュブは戦いを準備し、クマルビを倒す。しかし、実際の戦いは欠文のため、前後の文脈から判断するしかない。ここまでが『クマルビ神話』の第一部「天上の覇権」と題された章で、この後、第二部「ウルリクムミの歌」が続く。

g　メソポタミア・ヒッタイト・ギリシア神話の比較・検討——天上覇権の類縁と相違

第一部に話を限定すれば、多くの神話学者が指摘しているように、クマルビがアヌを追放し、続いてテシュブがクマルビを追放するヒッタイト神話の順序は、クロノスが父親のウラノスを殺し、ゼウスが父親のクロノスを討つヘシオドスの『神統記』に影響を与えている。この順序は、水神エアが淡水アプスーを殺し、続いてエアの息子マルドゥクが塩水ティアマトを討って神界の覇権を握る『エヌマ・エリシュ』（天地創造物語）を踏襲したものだろう。

三つの神話に共通しているのは、二度にわたる連続した先王の追放・殺害劇である。しかし、物語の内容は微妙にずれている。ヒッタイトとギリシア神話では、天界の覇権をめぐるドラマに力点が置かれ、「水」の要素は脱落、もしくは大幅に後退している。そして二度の追放・殺害劇のうち、実子が直接これに手を染めるのは、ギリシアが二度、ヒッタイトが一度（テシュブがクマルビを倒す）で、ギリシア神話のほうが凄惨な印象を与える。

ヒッタイト神話では、最高神の玉座に就いたアラル、アヌ、クマルビに血のつながりはなく、どんな性格の神かその説明もない。先王の追放劇は簡単な記述で、陰惨な感じは薄れている。実子による父親殺しも、雷神テシュブの誕生の仕方が正常でないだけに、どぎつい感じはそれほどない。また、アッカド・バビロニア神話のような天地創造や人類創造の記述もない。それだけに、血統に基づく神統記というより、「天」をめざす権力闘争の傾向が断然強くなる。

ギリシア神話では、神統記と権力闘争が同じ比重で前面に出る。だから、実子による父親殺しが二度も連続して強行され、凄惨さが増すことになる。

これに対してアッカド・バビロニア神話は、あくまで「水の神統記」であって、天界の覇権をめぐるドラマも「水」の範囲内で処理されている。「水」と離れて、純粋に天界の覇権のドラマに変容する『エヌマ・エリシュ』から『クマルビ神話』への移行の経緯は、第二部「ウルリクムミの歌」を読むとさらにはっきりする。

この歌は、クマルビが大きな岩と交わって、ウルリクムミを産む場面から始まる。岩は大地の一部なので、岩から産まれる胎児を取り上げるのは、地母神と守り神たちである。ウルリクムミは、岩の胎内からまるで刃物のように飛び出し、一月に一イクー（一イクーは約八四〇〇平方メートル）ずつ成長する。そして、ついには天上の神々とヘバトの館をふさぐほど聳え立ってくる。ヘバトは、ヒッタイト・フルリ系の宗教・神話では、最高神で雷神テシュブの妻か陪神の女神である。

神々は不安を募らせる。これはクマルビの悪巧みで、ウルリクムミをテシュブの敵手に育てようとした結果なのだと怯え始める。神々に煽られ、テシュブは、ウリクムミに戦いを挑むが失敗し、エアに助力を仰ぐ。エアは、ウルリクムミの足を切り落とせと助言する。足を切り落とされたウルリクムミは、刃物のように立つこともできず、テシュブの総攻撃を受けて敗れ去る。

ウルリクムミが産まれる前に、クマルビは、擬人神の「海」の館を訪れ歓談する。「海」は、テシュブよりクマルビのほうが神々の父にふさわしいと考えている。神話は、クマルビが元々「海」と深い関係があったことを臭わせる。ウルリクムミの産婆役は地母神だが、ウルリクムミを育てるのは「海」である。岩の男は、天上世界を刃物で突き刺すように海中から立ち上がる。テシュブが大地と海の結晶であるウルリクムミを倒すのは、天が上位、大地と海が下位にあるという通念が神話のなかで貫徹されているからである。大地と海の生き物では、天上の覇権は握れない。「天」を奪取することが神話の命題であって、「海」や「大地」を支配しただけでは足りないのだ。

テシュブは、アヌの精液とクマルビの母胎から、つまり、天界を掌握した二柱の最高神から産まれている。雷神テシュブは、雷神ゼウスと同じように、出生からいっても天界の王位継承者に最もふさわしい正統的な神なのだ。

ゼウスが怪物テュポンを倒して天界に君臨したように、テシュブも奇怪な岩の男を一蹴して天界の秩序を確立する。ヒッタイトとギリシア神話が純粋に天界の覇権をめぐるドラマに変容したといったのは、そういう意味からである。

フランスのアッシリア学者エマニュエル・ラロシュが作成したヒッタイト・フルリ系の万神殿の目録には、バビロニア系のアヌ、エンリル、エアの神名は載っているが、マルドゥクの名は消えている(2)。代わりにテシュブ（父）―ヘバト（母）―シャッルマ（子）という三位一体の宗教・神話の上部構造が次第に明確になっていく。

マルドゥクに代わって、テシュブがマルドゥクの威光を引き継ぐ形で神々の全権を握り、テシュブ―ヘバトという雷神のカップルが小アジアを席捲するようになるのだ。この雷神のカップルは、当然のことながらギリシアの雷神ゼウス―ヘラのカップルの元型になっていこう。セム語族のアッカド・バビロニア神話からヒッタイト・フルリを経て、ギリシア神話へ移行した経緯がこれで分かる。

h　ヒッタイト神話の余波

この移行は、何もギリシアだけに及んだわけではない。その前にウガリト神話にも伝播している。ウガリトの最高神で雷神のバアルも、『バアルとアナト』という神話では、棍棒で敵をなぎ倒して行くからである。

また、インド神話のシヴァ神とパールヴァティーの夫婦像や、雷神・軍神のインドラ像にも影響を与えている。シヴァは『リグ・ヴェーダ』では、暴風神ルドラの尊称である。シヴァは、雄牛ナンディンに乗り、常に破壊の象徴である棍棒を手にしている。

パールヴァティーの乗り物は、雌のライオンである。これは、ヒッタイト遺跡の洞窟神殿ヤズルカヤに描かれている最高神テシュブ夫妻の乗り物、持ち物と一致する(3)。

天候神テシュブと太陽神ヘバトは、ヤズルカヤの図像ではそれぞれ男神、女神の行列の先頭に立ち、向かい合って対峙している。テシュブは、棍棒を持って二柱の山の神々の上に乗り、ヘバトはライオンの上に乗っている(4)。

雷神テシュブが棍棒や斧を持っているように、インドでは雷神インドラが、暴風神ルドラと同じように、武勇と電撃の象徴であるヴァジュラ（金剛杵）を携えている。

インド・ヨーロッパ語族の遺産を長く温存してきたカフカス地方の神話には、実権を持った雷神・軍神が多い。オセットのバトラズ、グルジアのコパラなどがそうである。とくにバトラズなどは、生まれたときから全体が棍棒のような鉄でできていて、明らかに電撃的な雷神を想わせる。雷神コパラも、テシュブやインドラと同じように雷を象徴する棍棒を持っている。これなどもこの移行の流れと無縁とはいえまい。

ただし、ヒッタイトはインド・ヨーロッパ語族だが、フルリは古代近東民族で、フルリのミタンニ王国は、前十四世紀の中頃にヒッタイトに征服される。テシュブ―ヘバトの夫婦神は、元来がフルリ系の神々だった。これを証明し、メソポタミア考古学に画期的な進展をもたらしたのがフランスのアッシリア学者エマニュエル・ラロシュである。

こうした伝播の様態を細部から追うと、あくまで推定の範囲を出ないもののきりがない。例えば、岩（石）から神が産まれる「生殖の石」（ペトラ・ゲニトゥリクス）という概念は、一方でヒッタイトの「ウルリクムミの歌」からギリシアのデウカリオン神話へ、他方でインド神話の主神ミトラ、イラン神話の軍神で太陽神ミスラ（＝ミトラ）を経由、または直接のルートでオセット神話の太陽神ソスランへ飛び火した可能性は捨て切れない。ミスラもソスランも、ウルリクムミと同じように石から産まれている。

ミタンニ王国が滅ぼされたときに、ヒッタイト王シュッピルリウマシュ王（前一三八〇―一三四六）とミタンニ王マティワザとの間で条約が結ばれるが、この条約文書にはミトラ、ヴァルナ、インドラ、ナーサティヤ（アシュヴィン双神）などインドの神名が出てくる。ヒッタイトとインドの間に交流があったことは明らかなのだ。棍棒や金剛杵を持った雷神・暴風神像も、すでにこの頃条約文書で明らかなように、ヒッタイトのテシュブからインドのインドラ・ルドラへ伝わっていたはずだ。

カフカス山脈に逃れたオセット人とはスキタイ人のことで、彼らは元をただせば古代イラン人の後裔である。「生殖の石」の概念がヒッタイト・スキタイを経てギリシア・オセットに入り、デウカリオン神話やソスラン神話を生んだのか、それともヒッタイトから共生関係にあった太古のインド・イランを経てオセットに伝わったのか、いずれとも言えない。

スキタイ経由と考えたほうが無理はないが、条約文書にミトラの名が入っている以上、太古のイラン人が石から産まれたミスラ（＝インドのミトラ）の出生をウルリクムミの誕生から借用し、それをイラン人の後裔であるオセット人がそのまま温存して、ミスラと同じ太陽神ということでソスラン神話に使用した可能性も残る。

スキタイ人は、遊牧民族だったので行動範囲も広い。北はシベリアまで足を伸ばしたことも確認されている。スキタイ領にはドナウ川が流れていたから、ヨーロッパとも通じている。スキタイ人が小アジアの神話を方々に伝播させたとは必ずしも断定できないが、「生殖の石」の神話に限らず、雷神・軍神で棍棒を持った神をヨーロッパの神話に追うとなると、意味内容に多少のずれは出てくるものの、オセットのバトラズ、グルジアのコパラ、北欧神話のトール、スラブの太陽神ペルン（稲妻を振り回している）、ガリアのタラニス（ユピテルに喩えられた父なる神ディス・パテルで、左手に太陽を象徴する車輪、右手に雷を象徴する棍棒を持つ）とスケルス（槌を持つ）、ギリシアのゼウス（王杖と雷霆を持つ）、ローマのユピテル、アイルランド神話の最高神ダグダ（人を殺し、人を再生させる生と死の棍棒を持つ）にまで伸びていく。

ケルト（＝ガリア）の一部族であったガラテヤ人は、ローマ時代、小アジアまで伸長してかつてのヒッタイト人が拠点にした地域に定着している。このケルト部族がヤズルカヤの遺跡を祭儀などに利用していたことがガラテヤ人の数少ない遺物から分かっている(5)。

これも交流のルートを探る上で、スキタイ人の北上するルートや川のルート、西へ伸びるギリシア・ローマの影響力と同じように無視できまい。突き詰めると、メソポタミアの地はそれほど神話の発生源になっているのである。

i　『エヌマ・エリシュ』（天地創造物語）——最高神と「天命」の行方

話をシュメール・アッカド神話へ戻せば、もちろん『エヌマ・エリシュ』も天界の覇権をめぐるドラマである。しかし、そのドラマが「水」の勢力範囲のなかで展開されていることはすでに指摘した。

シュメール・アッカド神話の最高神は、普通一般には水神エアの父親、「天神」のアヌである。エアは、原初の王アプスーを殺したからといって、クロノスのように最高神（天神）になれたわけではない。むしろ殺害に手を染めたためなのか、神々の位階の順位でいえば三番目、太陽神ウトゥを入れれば（入れているのは『人間の創造』）四番目の地位を甘受している。それだけエアは息子のマルドゥクに全権を委譲して、息子の天地創造の手助けをし、淡水の神に徹しようとしているかに映る。

マルドゥクの天地創造以前にアヌがどのような経緯を経て「天神」の位階に上りつめたのかは、はっきりしない。しかし、シュメール・アッカド神話では、「天（運）命のタブレット」の所持者を追うことで、いわゆる最高神は誰か、「天神」の意味は何かがおのずから明らかになる。『エヌマ・エリシュ』では、宇宙創世の最初の時期、「淡水」と「塩水」の混合水から神々が創られたときに、「天（運）命は定められていない」（第一粘土板）。次に「天（運）命」という言葉が現われるのは、エアがアプスーを殺して、その上に「天（運）命の聖所」を建てたときである。したがって、このとき初めて「天命」が定まったことになる。

しかし、誰がこの「天命」を定めたのかは語られていない。まさか夫のアプスーを殺されたティアマトが敵の聖所に天命を授けるはずがない。むしろ、ティアマトは、夫が殺された直後に「天命のタブレット」をキングに与え、キングをアヌの位階まで高めている。

シュメール・アッカド神話では、一般に「天命」は、主神たちで構成された評定衆の集会で決められるが、最終決定権は、最高神にあったとされる。だから、ティアマトは、評定衆の同意を得ず、勝手に天命のタブレットをキングに与えたと考えたほうが当を得ている。最高神が定まらず、というより、アヌに定まっていても、最高権力がアヌに伴わず、「天命」の行き先が両陣営に二分されているのだ。少なくとも『エヌマ・エリシュ』を読んだ限りでは、そう解釈せざるをえない。

マルドゥクがこの二分された「天命」を統一する。マルドゥクは、どのような経緯で統一を完了させたのか。まず、ティアマト側が着々と戦闘準備を固めていることが分かると、エアは、天命の評定衆であるアンシャルのもとへ走る。アンシャルは、ティアマトを懐柔するために、エアとアヌをティアマトのもとへ送る。

　エアはおそれをなして引き下がり、アヌもティアマトの前へ進み出ることさえできない。事実上、評定衆の集会が二つに割れ、主神たちがこぞってティアマトの独断専行を止めようとして失敗しているのだ。最高神としての実質的な力がアヌになかったことがこれで分かる。

　アンシャルは、勇士マルドゥクに白羽の矢を立てる。父親のエアが息子の勧誘に動き出す。父親の勧めに答えて、マルドゥクは、集会を召集して自分に天命を授けるようアンシャルに要求する。二世代目のラハムとラハムを始め、天命を定める大いなる神々が神殿の大広間に集まり、宴会が催される。君主の玉座が設けられ、そこにマルドゥクが座る。天命がマルドゥクに授けられ、満場一致で彼に「森羅万象の王権」が与えられる。

「なんじの天命は比類なく、なんじの命令は（最高神）アヌのそれだ。今日からなんじの命令は無効になることはない。なんじの口から出る言葉はいつまでも変わらず、なんじの命令は偽りであってはならぬ」（第四粘土板）。

　叙事詩を読むかぎり、この集会にティアマトが列席した気配はない。だから、マルドゥクが天命を拝受してアヌの位階を得たとしても、キングも同じ天命、同じ位階をティアマトから授かっている以上、マルドゥクは、たかだか旧世代のキングと肩を並べて、この集会で先代たちから若き神々、新世代の代表者として承認されただけのことに過ぎない。「天命」を統一するには、何としてもキングを叩き、ティアマトを討たねばならない。

マルドゥクは、火神（ギビル）として弓、鏃《やじり》、三叉の鉾《ほこ》など戦士の武具で身を固める。さらに、水神の息子にふさわしく「偉大な武器、洪水」を携え、南風、北風、東風、西風の四つの風、七つの風、凶風、砂風、雷雨、烈風、台風などの悪風を作り、嵐の車に乗って出陣する。多様な風は、天神アヌからの贈り物と記述されている。

『エヌマ・エリシュ』の終局でマルドゥクは、五十の名で呼ばれることになるが、最後に風神エンリルから「諸国の主」という風神の添え名を称号としてもらっている。『エヌマ・エリシュ』は、基本的には「水の神統記」であるから、作品の前半で「風」が登場しても、常に天神アヌの力量の範囲内で処理されている。しかし、出陣のときに、ここまで「風」の威力が誇示されると、それが伏線になって、「水の神統記」の後半で風神エンリルが登場しても違和感はなくなる。それに『アトラ・ハシース物語』でこの風神は戦士と呼ばれている。

水神で火神のマルドゥクは、「風」を武器に使うことで、前半で実質的な風神になっただけでなく、後半でもエンリルから「諸国の主」の称号を相続し、風神と国土の神、バビロニアの主神として神々から認知されることになる。

風神エンリルは、その称号からも明らかなように「諸国の主」バビロニアの主神だったのである。しかし、もともとはニップル市の守護神で、「諸国の主」の称号をエンリルが享受したのは、都市国家間の争いを調停するニップル市の力の反映と見たほうがよい。いずれにせよ、マルドゥクは、これで文字通り、水、火、風、土の四大を手中に治め、宇宙の王、世界の王として神々の世界に君臨するようになる。

『アトラ・ハシース』を読むと、風神エンリルは、この世に洪水をもたらす怒れる神のような役割を演じ、天からアヌを、地下からエンキ（＝エア）を呼んで神々の集会を主導し、地上の世界に君臨している。風神が洪水を起こしても違和感はないのだが、メソポタミア学者のボテロは、エンリルはアヌの子であると言っている。最高神アヌの子なら、エア（＝エンキ）とは兄弟、風神を兼ねたれっきとした水神である。それなのにこれほどの大神が「水の神統記」からその名を外され、『エヌマ・エリシュ』の最後になって付け足しのようにしか出てこないのはなぜか。

ヤコブセンは、『エヌマ・エリシュ』の主人公はじつはエンリルで、マルドゥクはその身代わりとして後から付け加えられたものだと大胆な推論を展開している(6)。この推論でいくと、物語の主人公は、天地創造の前段に当たるティアマト殺しを四大のうちとくに風を駆使して強行するのだから、マルドゥクよりエンリルとしたほうが内容的に無理はなくなる。

しかし、そこまでエンリルが重要で、神話の筋書きに破綻が起きないのなら、エンリルをそのまま残して、エアに代わってこの風神にアプスー殺しを行なわせ、マルドゥクをエンリルの子にして、地上の実権を継承する形でマルドゥクに天地創造を行なわせたほうが神話の内容はもっとすっきりしてくる。

この場合、エンリルは戦士、マルドゥクも火神で軍神の要素が強いから、『エヌマ・エリシュ』の内容は好戦的で、どちらかというとヒッタイトの『クマルビ神話』やヘシオドスの『神統記』に近くなる。それに伴って、エアの役割は大幅に縮小し、一介の純粋な水神の地位に止まることになろう。

そうはならずに、エンリルを切り捨て、エア父子を現存する原典通りに温存したのはそれなりの理由があったからに違いない。『ハンムラピ法典』（中田一郎訳）の冒頭では、神々の王アヌ（＝アヌム）と「天地の主で、全土の運命を決定する」エンリルが、エンリル権（王権）をエアの長子マルドゥクに移譲すると高らかに宣言されている。この宣言が『エヌマ・エリシュ』に反映されていると見るのが現在のアッシリア学者のほぼ一致した意見である(7)。

バビロン王ハンムラピは、前一七五〇年頃にバビロンを統一してメソポタミア北部に一大王国を築き上げる。それに伴ってバビロンの地方神で、農業神・太陽神（＝火神）にすぎなかったマルドゥクが「水」と「風」まで上乗せして勢力を伸ばし始める。

ボテロは、この政治的変化がメソポタミアの神学構造を変えたと言っている(8)。ニップル市の守護神からバビロンの主神、「諸国の主」に上り詰めて「全土の運命を決定」していたエンリルがハンムラピを象徴するマルドゥクに全権を譲り渡した格好だ。

しかし、単なる政治的変化だけでなく、地理的風土も神話の変容に大きく関わっているように思える。バビロン市がユーフラテス川に接した水の都なら、エアを守護神と仰ぐエリドゥ市もチグリス・ユーフラテスの河口にあって、ペルシア湾に接した水の都である。

バビロン市とエリドゥ市は、同じ水の都という地理的風土で共通している。そうであるなら、あくまで推測の域を出ないが、マルドゥクを風の子にしてエンリルとつなげるよりも、水の子にしてエアと血縁関係を結ばせたほうが無理はなくなる。

『エヌマ・エリシュ』は、もともとアプスー（淡水）とティアマト（塩水）を始祖とする「水の神統記」である。だから、風神父子より水神父子を主役にしたほうが違和感はなく、どちらかといえば「水の神統記」にふさわしいのだ。

この選択によって『エヌマ・エリシュ』の内容は、風神エンリルの持つ好戦的な神話から水神エアの持ち味である穏やかな恵みの神話へ切り換わる。それにともなって、『エヌマ・エリシュ』は、天上の覇権をめぐる戦闘的なヒッタイト神話やギリシア神話とは一線を画して、チグリス・ユーフラテス川の恩恵に浴した水の神話、バビロン文化にふさわしい独自の水の叙事詩に踏みとどまることになるのである。

j　水の息子マルドゥクの天地創造

実際、マルドゥクは、ティアマトとの一騎打ちで、風を武器として縦横無尽に使っている。まず、網を広げてそのなかにティアマトを閉じ込める。それから、ティアマトの開いた口に悪風を次々と送り込み、腹をふくらませる。続けて矢を放つと、矢は腹を裂き、内臓を切り裂き、心臓を射抜く。さらに三叉の鉾《ほこ》で頭骸骨を打ち砕き、血管を切ってその血を北風に運ばせる。

次にティアマトの肉塊を二つに切り裂き、その半分を固定して「天」として張り巡らす。こうして出来上がったのが天の宮殿エ・シャラ大神殿で、エアの住まいアプスー（天上の水）に見合う建造物だった。マルドゥクは、アヌ、エンリル、エアの三主神をそれぞれの取得地、天、空、アプスーに住まわせる。さらに十二宮の星座を置き、年月を定め、太陽の出入りに門を作り、ティアマトの体の内側に月神を輝かせる。

残りの半分の肉塊からマルドゥクは、大地を作り出す。続けて、ティアマトの頭を固定し山を築く。彼女の両目でユーフラテス川とチグリス川を作り、彼女の水分で雲を作り、乳房のところに山を築いて泉を掘り抜く。彼女の尻尾を天の「最高の結び目」につないで天地を堅固に固める。こうしてマルドゥクは、天地創造を行ない、至上権を確立する。

天地創造の後、マルドゥクは、キングから取り上げた「天命のタブレット」をアヌに進呈し、六〇〇柱の神々のうち半分を天の守りに、残りの半分を地に住み着かせる。これでアヌンナキ（あらゆる神々）の居住地と順位が確定するのである。

天地創造がティアマト（塩水）の肉塊を素材にして行われたにせよ、天と地が海（塩水）から創られる、それも淡水の神エアの息子マルドゥクによって創られたことだけは、確認しておかなければならない。メソポタミア神話では、原初と天地の創造主たち（アプスー、ティアマト、マルドゥク）はもとより、神々を含めてすべての被創造物は、「水」を創造の原点にして生成発展していくことになるのである。

事実、『エヌマ・エリシュ』の最終章で、マルドゥクが神々から呼ばれる五十の別名には、「水」に関係したものが多い。ざっと拾い出しただけでもこうなる（以下の数字は別名の順位）。
一、マルドゥク（草場と水場を設け、彼の武器「洪水」で暴虐者を捕える）。
一五、トゥトゥ（清浄を維持する）。
二四、エンビルル（井戸をうがち、地下水を分かち、繁栄を授ける）。

二五、エパドゥン（川の増水の主。天と地の用水路管理者）。
二六、グガル（灌漑事業長官）。
二七、ヘガル（地上に雨を注ぐ）。
二八、シルシル（海を超える）。
三二、アギルマ（水の上に地を創造する）。
四五、キンマ（大洪水の嵐のように神々が恐れる）。
五〇、ネビル（海を渡る）。

他の別名は、天地創造や至上権を称えた名称、四大（火神＝戦士、風神＝「諸国の主」など）、呪術に関わるものが多い。ゼウスのような天神ならいざ知らず、純血の水の息子がこのように神々の世界の覇権を握るのは、世界の神話をざっと見渡しても、それほど例を見ないのではないか。マルドゥクは、天神で最高神のアヌを差し置いて、いわば超・最高神の水神として天地創造を断行し、天神の居住地まで決めている。「水」が「天」を超えているのだ。

しかも、天神アヌは、元をただせばマルドゥクの祖父だし、アヌの妻でエアの母にあたるナンムは、原初の海の女神だから、「天」は夫婦そろって「水」ということになる。メソポタミア神話では、「天」（アヌ）と「地」（マルドゥク）と「地下」（エア）が「水」で覆い尽くされている。

マルドゥクが「天命のタブレット」をアヌに進呈して、祖父を最高神としてあらゆる神々（アヌンナキ）に認知させたのは、メソポタミアで祖先信仰の風習が浸透していたからだとしか思えない。「水」は、それほど万物の源と考えられていたのだ。それだけに父親のエアのほうは、純粋に水神だけの役割に限定されている。それなら、メソポタミア人は、水神の役割をどう考えていたのか。エア像を見てみよう。

(2) 水神エア＝エンキの役割

a 人類創造神話

エアは、エリドゥ市の守護神であった。エリドゥ市に隣接したウル市の神殿遺跡ドゥブラマクには、エアの図像が残されている。水神が一個の瓶を持ち、瓶からは二条の水が流れて大地に注ぎ、魚がその流れを泳いでいる。エアは、地下水の神だから、二条の水が象徴しているチグリス・ユーフラテス川の水源の神と考えられていたのだ(9)。

しかし、普通一般の神話大事典に記載されているエア像は魚である。魚のエアは、文化英雄的な色彩の強い怪魚のオアンネスと同一視されることがある。また、オアンネスは、水神エアの使者という説もある。

『エヌマ・エリシュ』でもエアは、マルドゥクが天地創造をしたときに重要な役割を演じている。水神エアが人類創造の担い手になっている。人を創ろうと父親に持ちかけるのは息子のマルドゥクほうである。神々の賦役を免除して、人間に重い労働を担わせようという心積もりなのだ。

エアは、マルドゥクの指示通りに神々を呼び集め、キングを縛り、その血管を切って人類を創る。「血をまとめて骨を作り、最初の人間を創ろう」（第六粘土板）という創造主の提案が水神エアによって実行に移されるわけだ。人類創造の経緯に少し違いはあるが、エアが創造の担い手になる点では、『アトラ・ハシース物語』も同じである。

この物語は、洪水神話を中心に展開されるが、その前段に人類創造の伝説がもう少し詳しく盛り込まれている。ここでもやはり水神エアが人間を創造するよう出産の女神たちベーレト・イリー（「全神々の女王」の意）に命じている。物語の細部は必ずしも明確ではないが、出産の女神たちは全部で十四柱いて、ニントゥが彼女たちを束ねているような構成に読める。

ニントゥは、別名をニンフルサグといい、『エンキとニンフルサグ』という作品では、エンキ（＝エア）の妻になっており大地の女神である。ニントゥは、エンキの命令に謙虚にこう応じる。本来、人類の創造は、すべてを洗い清める水神エンキ（＝エア）にしかできない業だが、粘土を与えてくれれば何とか作ってみせましょうと。

エンキは神を一人殺し、その肉と血で粘土を捏ね合わせ、神の精霊をそこに吹き込むように命じる。ニントゥはエンキに助けられながら呪文を唱え、十四片の粘土を半分ずつ左右に置き、その間にレンガを積みあげる。十四柱の出産の女神たちが集まる。ニントゥは月を数えながら座っている。こうして第十か月目に七柱の女神たちが男を、他の七柱の女神たちが女を出産する。

つまり、メソポタミアの人類創造神話は、水神と大地の女神の夫婦が協力して、土塊を水で捏ね合わせ、そこに神の肉と血と精霊を加えて、母胎の胎児のように、あるいはレンガを積み上げて家を新築するときのように十か月間待てば、出産・誕生するという発想である。

『エンキとニンマフ』という作品でもエンキの母ニンマフが、主神たちは仕事を免除されているというのに、それ以外の神々は労役に追い立てられている、何とかならないかと息子に直訴する。エンキは、あれこれ考えて粘土で人間の鋳型を創って見せる(10)。

また『人間の創造』という七十一行足らずの短い別の物語では、「いったい何を創ろうとしているのか」(五味亮訳)というアン、エンリル、ウトゥ、エンキの四大神の問いかけにアヌンナキ(あらゆる神々)が二柱のラムガ神(木工神)を殺して、その血で人間を創ろうとしていると応じ、母神アルルがこの計画を実行に移す。

以上がメソポタミアの人類誕生の神話である。作品によって殺された神や大地母神などに多少の違いはあるものの、水神エンキ(＝エア)が人類誕生を主導している点は共通している。また、大地母神(ニントゥ、アルル)が粘土で人を創る、あるいは人は大地から生まれるとするイメージの元型も世界の人類創造神話の先駆けになるものだろう。

聖書のアダム(ヘブライ語で「土」の意)は、土から創られる。ギリシア神話でも人類最初の女パンドラは、土を捏ねて創られ、デウカリオン神話でも人は母なる大地の胎内にある石から産まれる。中国でも女媧が黄土から人を創っている。

b　人類救済と洪水神話

それだけでなく、水神は、洪水の禍から人類を救っている。『アトラ・ハシース物語』で風神エンリルは、人類の騒音に平穏を乱され、疫病を嵐のようにこの世に撒き散らす。病苦、熱病、ペストが蔓延する。神々の集会が開かれ、水神エンキ（＝エア）は、神を一人殺して人間を創り、緒国民に繁栄をもたらして豊潤・豊作を赦したとして非難される。

神々は、エンキを呪詛で縛り、さらに洪水を産めと迫る（第二部第七欄）。エンキは断り、逆に国土に伝令たちを送って、「お前たちの神々を崇拝するな、お前たちの女神たちに祈るな」（第一部第七、八欄）と人々を煽動し、騒動を広げる。この物語では、神々の世界でアヌとアダドは天界、エンリルは下界に君臨し、エンキは海の閂を守っている。神々がその閂を折ってしまう。地上に洪水が押し寄せる。

エンキは、アトラ・ハシースが信奉している神だった。洪水が押し寄せる前にエンキは、アトラ・ハシースに「草の壁よ、わたしの言葉すべてをよく聴け」（第三部、第一欄）で始まる神託を伝える。『ギルガメシュ叙事詩』（第十一の書板）でも踏襲されている有名な神託である。

エンキは、神々の秘密を人間に直接伝えるわけにはいかないので、アトラ・ハシースが聴こうが聴くまいが彼の家の壁に向かって内心を吐露したのである。人を創った水神が人類を救うために「知恵」を絞っている。オデュッセウスが海難から身を守るために「知恵」を駆使するのと同じである。柔軟な「水」のイメージが柔軟な「知」を呼ぶのだ。これは、「水」がもたらす観念連合の神話的な特質といってよい。

上の引用文の後、エンキは、七番目の夜に洪水が襲って来るから、家を壊して小船を作れとアトラ・ハシースに伝える。言われた通り、アトラ・ハシースは、作った小船に「きれいな動物たち、肥った動物たち、天界の翼をもつ動物たち、家畜、野生の生き物たち」（第三部、第二欄）をのせる。しかし、『アトラ・ハシース物語』は、完本として残っているわけではないので、物語の展開は、その後、「七日七晩のあいだ氾濫と嵐、洪水が襲った」（第三部、第四欄）で尽きている。

『エヌマ・エリシュ』で「洪水」は水の息子マルドゥクが天地創造のために活用する武器の一つだった。しかし、『アトラ・ハシース物語』で水神エンキは、洪水を産むのは自分ではなく、エンリルの仕事だと神々に抗議している。事実、海の門をへし折るのは、風神で戦士のエンリルの意見に賛同する神々であって、エンキは、ポセイドンと違って人間を海難で苦しめるようなまねは一切していない。

『アトラ・ハシース物語』は、過剰な労役に苦しむイギギ（イギグともいう。天の神々の総称）が神々の顧問官である大神エンリルに不満を訴える場面から始まる。七柱の大神アヌンナキが自分たちに重い仕事を課したといって抗議しているのだ。エンリルは、天界からアヌを、水界からエンキを呼び、神々の集会が開かれる。アヌとエンリルは、それぞれ意見を述べるが、集会の結論は、結局、エンキが提案した上述の人類創造に落ち着く。

エンキが人類を創造しなければ、イギギは、重い労苦に耐え続けなければならない。その人類を騒々しいという理由だけで、エンリルの言う通り「洪水」で滅ぼせば、イギギは、再び元の賦役に戻らなければならない。だから、「洪水」からアトラ・ハシースを守り、人類を救済したエンキの知恵は、結果的にイギギだけでなく、エンリルをも救ったことになる。

物語の冒頭でイギギが労務に苦しんでエンリルに宣戦を布告している以上、エンキが人類救済の行動に出なければ、エンリルの運命は、どうなったか分からない。事実、エンリルは、イギギの強い抗議に涙を流し、自力で解決できないからこそアヌとエンキを呼んで神々の集会を開き、意見を求めたのである。

洪水の場面は、『アトラ・ハシース物語』より『ギルガメシュ叙事詩』（矢島文夫訳）のほうが細部は詳しい。『ギルガメシュ叙事詩』で主人公のギルガメシュに洪水の話をするのは、ウトナピシュティムだが、本文中、彼は一度だけアトラ・ハシース（「賢き者」の意）の別名で呼ばれている（第十一の書板）。したがって、洪水伝説の全貌を捉えるには、『ギルガメシュ叙事詩』の挿話を『ア

ギルガメシュ

トラ・ハシース物語』のなかに組み込んで読み直したほうがシュメール・アッカド伝説の全体的な流れがもっとはっきりしてくる。

ウトナピシュティム（＝アトラ・ハシース）が話す挿話とはこうである。昔々、神々は、ユーフラテスの河岸にあったシュルッパクという古都に住んでいた。神々は、偉大な神々に頼んで洪水を起こさせ、人類を破滅に追いやろうとした。

エア（＝エンキ）は、それを知ってウトナピシュティムに神々の秘事を伝え、船を造ってすべての生き物の種子を積み込むように命じる。ウトナピシュティムは、七日かけて船を建造し、そこに家族、財宝、すべての生き物、食べ物を乗せる。洪水が押し寄せ、六日間、船は洪水に翻弄される。

ここまでの筋書きは、両作品ともまったく同じである。以後の話は、『ギルガメシュ叙事詩』にしかない。

七日目に船はニシル山に漂着する。その日、ウトナピシュティムは鳩を放ったが、休む場所が見つからず、舞い戻ってくる。燕を飛ばしたが、これもやっぱり戻ってくる。最後に大烏を放つと、水が引いていたので、帰って来なかった。聖書の「ノアの洪水」で踏襲された有名な場面だが、『創世記』に出てくる鳥は烏と鳩だけで、燕は出て来ない。

その後、ウトナピシュティムは、船から下りて山頂で神々に犠牲を捧げる。神々が続々と集まって来る。洪水を起こしたエンリルだけは、人間や生き物が生き残ったことに不満で、誰が神々の秘事を漏らしたのかを知りたがる。

そこでエアがエンリルにこう逆襲する。なぜ考えもなしに洪水を起こすようなまねをしたのか。

人間を減らしたければ、洪水ではなく飢饉など別の方法を使うべきだった。神々の秘事をアトラ・ハシース（ここのくだりでこの別名が初めて使われる。第十一の書板）に教えたのは自分ではない。自分の夢を草の壁に向かって吐露していたら、彼がその夢を聞き分けたまでのことだ。

エンリルは納得し、ウトナピシュティムと彼の妻の手を取って一緒に船に入り、二人を祝福して神々とし、遥かなる地に住まわせる。『ギルガメシュ叙事詩』では、このように不死を得て神々の一員になったウトナピシュティムが不死を求めるギルガメシュに自らの体験を聴かせる挿話として洪水伝説が使われている。

メソポタミアには、もう一つ『洪水伝説』（五味亮訳）と題された短い断片的な作品が残されている。内容は『アトラ・ハシース物語』や『ギルガメシュ叙事詩』とほとんど同じだが、アトラ・ハシース、ウトナピシュティムに対応する主人公の名はジウスドゥラ（「永遠に続く生命」の意）で、彼は王と呼ばれ聖油を注ぐ神官である。そして、ジウスドゥラが不死を得て住む「遥かなる地」は、海を渡ったディルムンの山とされている。

c　文化英雄としての水神エア

ディルムンの国は、水神エア（＝エンキ）と縁が深い。『エンキとニンフルサグ』という二八〇行足らずの作品は、この南の国を舞台にしている。ディルムンは、清らかな国だったが、水がなかった。

エンキは、この国に妻のニンフルサグ（＝大地の女神ニントゥ）と娘のニンスィキルを連れてやって来て町を築く。それから、娘の質問に答える形で、エンキは、ディルムンに「苦い水」（塩水）の代わりに「甘い水」（淡水）を引いたと述べる。海水で浸されていたディルムン沿岸の沼沢地を穀倉地帯に変えたのだ。

その後、エンキは妻と寝て、ニンサルを産ませる。ニンサルとは「青野菜の貴婦人」という意味である。続いて、エンキは娘のニンサルに手を出し、ニンクルラを産ませる。ニンクルラは「繊維植物の貴婦人」という意味である。さらに、ニンクルラにまで浮気心を起こして、ウットゥを産ませる。ウットゥは「機織りの女神」として知られる。

世界の神話では、普通、男の水神は、どういうわけか浮気者が多い。ポセイドンの愛人は八十人を下らないし、黄河に住む中国の河伯は、年毎の祭礼に美しい娘たちを人身御供に要求するほど好色だった。

この作品では、エンキが無辜の国を初めて訪れ、始祖として血族の女たちを孕ませ、子孫を増やしていく天地創造神話の形式を取っているが、この水神は息子のマルドゥクのように天と地を創造したわけではない。ディルムンの国を徹底的に改革しただけだ。

エンキは、ディルムンの国に淡水を引いた治水事業の推進者、農地で青野菜を育てた農業技術者であり、荒廃していた大地に繊維植物を繁茂させ、機織りの技術を導入した文化の創建者、文化英雄なのである。エンキが妻、娘、孫に次々と手を出し、子供を産ませているのは、じつは新しい技術を次々に導入した功績の言い換えにすぎない。

ディルムンは、現在ペルシア湾西部の群島バーレーンと特定されているようだが、聖書学者のなかにはこの地を『創世記』に描かれているエデンの園と考えた人もいた。最初にこれを言い出したのはクレーマーである(11)。

エデンの語は、シュメール語の「荒野」(*edin*)、ヘブライ語の「無上の喜び」(*eden*)と重なる。ディルムンがこの二つの意味を併せ持った土地柄であることは、次の引用文を読めば分かる。

「エンキがニンスィキルといる場所は清らかである。ディルムンでは、カラスが叫び声をあげることはなく、雄鶏が叫び声を発することもない。ライオンが餌食の生き物を殺すこともなく、狼も仔羊も略奪したりはしない。犬はまだ仔山羊を見守ることを知らないし、穀物を食い荒らす豚も知られていない」。

この地に甘い水を引けば、かつての「荒野」は人間に豊穣を、「無上の喜び」をもたらす清らかな国に一変する。水神エンキはそれをした。加えて、洪水の難を逃れて人類を絶滅の危機から救った聖者ジウスドゥラ(「永遠に続く生命」の意)をディルムンの山に住まわせ、この地に人類の生命が絶えることなく永続することを願ったのがエンキだったのである。

d　生命の水

『イナンナの冥界下り』(五味亮訳)でもエンキ(＝エア)は、同じような役割を演じている。この作品では、愛と豊穣の女神イナンナが無謀にも冥界へ下る。冥界へ下る理由は語られていないが、七つの大門を潜り抜けてイナンナは、玉座に座る冥界の女王エレシュキガルと出会う。エレシュキガルは直ちに死の判決を下し、イナンナの死体は釘付けにされる。

イナンナの使者ニンシュブルが冥界を昇って、大神エンリルとナンナルに窮状を訴えるが、埒が明かない。エンキに涙ながらに事情を説明すると、死体に「生命の水」と「生命の食物」を振り掛け、死体をもらい受けて来るように教えられる。祭儀に携わる泣き女と歌手が冥界へ派遣され、エレシュキガルが病気で寝ている間にエンキの言われた通りにすると、イナンナが息を吹き返し立ち上がる。

イナンナが無事に冥界を昇って行くには、自分の代理人を冥界に預けなければならない。イナンナは、悪霊のガルラ霊たちを連れて地上へ昇っていく。ガルラ霊たちは、二人の人間を代理人に推薦するが、イナンナは首を縦に振らない。喪服を着て、イナンナに哀悼の意を表していたからである。

悪霊たちは、三番目にイナンナの夫ドゥムジと出会う。ドゥムジは、喪服の代わりにきらびやかな服を身につけ、フルートや笛を吹いてこの世の生活を満喫していた。イナンナは、怒りに駆られて、直ちに夫を冥界へ連れて行くよう悪霊たちに命じる。

ドゥムジは、イナンナの兄で太陽神のウトゥに助けを求め、逃げ回る。姉のゲシュティンアンナが、その間、弟の身を案じてドゥムジを探し回る。ドゥムジは、羊小屋でガルラ霊に捕まり、斧やナイフで体をさんざん痛めつけられる。

最後の断片は欠文ではっきりしないが、イナンナは、ドゥムジと姉にこう言い渡す。ドゥムジが半年元気な間は姉が倒れ伏し、姉が半年元気な間はドゥムジが倒れ伏せと。こうしてイナンナは、ドゥムジのほうを最初に自分の身代わりとして冥界の女王エレシュキガルに譲り渡す。

冥界とこの世を半年ずつ往復するドゥムジは、地中で芽を出し地上で開花する植物神の元型として、フリュギアのアッティス、シリア・ユダヤ系のタンムズ、ギリシア神話のアドニスを生んでいく。

しかし、それはそれとして「水」に限定して話を進めれば、イナンナは愛の女神であって、愛の女神を水神エンキが冥界から救出しなければ、この世の愛がすべて止まり、人類は絶滅の危機に瀕する。人類を創造し、人類を洪水から救ったエンキが手をこまねいたまま、人類を絶滅へ追いやるわけにはいかないのである。

水の神エア（エンキ）とズー鳥

水神エンキは、イナンナの死体に「生命の水」を振り掛けるように命じる。生命の源である水には、神々や人間を再生させる力があるのだ。「生命の水」は、イナンナの死体をよみがえらせただけではない。愛の女神をこの世に復活させることで、人類全体をよみがえらせる。

エンキの「生命の水」が聖書の有名な「生命の水」の概念に影響を与えたことは明らかだろう。聖書の場合、第一章で言及したように「生命の水」は、信仰と同義語だった。イエスは、サマリアの女を信仰へ導くために、「生命の水」を喩えに使って優しく諭すように言う。

「わたしが与える水は、その人の内で泉となり、永遠の命にいたる水が湧き出る」(『ヨハネによる福音書』、四)。

わたしが与える水は、ただの水とは違う。「生命の水」なのだ。この水を飲めば、「永遠の命」である信仰を得て人は再生し、復活する。イエスは、普遍の父なるメシアの宗教を知らないまま、人生の辛酸をなめ続けるサマリアの女にそう語りかける。

現在でもキリスト教の洗礼の儀式には「生命の水」の概念が一貫して流れている。この入信の儀式では、司祭から額に聖水を振り掛けられてキリスト教徒が誕生する。人は「生命の水」である聖水を浴びて信仰を得、新しく再生・復活してキリスト教徒として出発する。

キリスト教の「生命の水」には、信仰の問題が前面に出て来るが、その底部に流れている根源の発想を見据えれば、愛の女神イナンナを蘇生させ、人類全体をよみがえらせたエンキの「生命の水」とそれほど違いがあるわけではないのである。

『悪霊に対する呪文』(五味亮訳)という短い作品でも、人間に味方するエンキ(=エア)の姿勢は変わらない。この作品では、ウドゥグ霊、ガルラ霊などの悪霊が深夜、道路や荒野を徘徊し、人間に憑りついてさまざまな病気を撒き散らす描写から始まる。エンキの子で呪術師のアサルヒヒ(マルドゥクの別名)が父親に窮状を訴え、治療法を尋ねる。

エンキは、壺のなかに水を入れ、そこにタマリスクとサボン草を投げ込んでから病人にその水を振り掛ければ体内に宿っている悪霊を追い払えると教える。五味亮の訳注によれば、シュメール語

で医者のことを *a-zu* といい、「水を知っている人」の意味だという。水神エンキ父子は、治療師、呪術師として悪霊を退治し、病気まで治してくれるのだ。

これも広く大きく言えば、「水」の持つ再生力を謳いあげたものだろう。その点でイナンナを生き返らせた「生命の水」と異なるところはない。「生命の水」の概念は、聖書に取り込まれて有名になった。

水の再生力に焦点を合わせれば、第四章で言及したアイルランド神話の「健康の泉」が戦死者や負傷者をよみがえらせて再び戦場へ送り出した例からも分かるように、霊的な水が超自然の効力を持ち、死者を復活させたり、病人を治療したり、人を若返らせたりするのは、世界の宗教や神話・民話に広く見られる現象である。その意味でメソポタミア人が「生命の水」の概念を「水」のイメージの根源的な粗型として神話のなかに定着させていたのは、やはり注目に値する。

e　不死神話

エンキ（＝エア）の手腕は、こうした悪霊払いに止まらず、神々の末席に賢者を加えようとまでしている。アダパは、エアを守護神とする抜きん出た賢者で、水の王国エリドゥ市の神殿を管理していた。ボテロによれば、エリドゥ市の神殿にまつられていた水神エアの元々の意味は「水のなかの住居」である。

『アダパ物語』（杉勇訳）という作品では、主人公のアダパがあるとき漁に出る。ところが南風にあおられて漂流し、南風の翼を折ってしまう。七日の間、南風が吹かないので、最高神アヌが怒ってアダパを連れて来いと厳命する。

そこでアダパの守護神である、水神エアが知恵を授ける。アヌのところへ行ったら御馳走を振舞われるだろうが、何が出て来ても絶対口にするな。そうすれば、アヌは、神々の料理を出さざるをえなくなる。それを食べれば不死が得られるというのである。ところがアヌは、エアの策略を察知して、始めからアダパに神々の料理を振る舞う。アダパは食べない。このためアダパは、永遠の生命を与えられなかった。

アダパは、アヌとエアの意見の対立に巻き込まれ、翻弄される。守護神のエアは、アダパを神々の一員に加えようとする。神々の料理を食べさせて、不死を与えようとするのだから、結果的にはそうなる。しかし、最高神アヌはこれを許さない。エアの策略はアヌに見透かされ、アダパは死すべき人間の条件を受け入れなければならない。

これが『アダパ物語』の教訓なのだが、裏を返せばアダパが抜きん出た賢者でなければ、守護神のエアが神々の一員に加えようなどと画策するはずはない。エアは、ジウスドゥラに不死を与え成功するが、アダパの一件では失敗する。しかし、神々のなかで人間の側に立とうとする姿勢は一貫している。

聖書の『創世記』に登場するアダムの祖型は、賢者アダパだといわれている。音声的に考えても、アダムとアダパはじつに近いし、内容的にいっても、ヘビに唆《そそのか》されて禁断の木の実を食べたおかげでエデンの園から追放され、原罪という人間の条件を受け入れざるをえなかったアダムは、神々の料理を食べなかったおかげで同じように人間に甘んじなければならなかったアダパとどうしてもだぶってくるのだ。

以上、エア・マルドゥク父子の水神像を中心にして、メソポタミア人の「水」に寄せる想いを神話のなかで追って来た。この想いは、他国の神話と比べて図抜けているといってよい。「水」の威力が比較的強いケルト神話ですら、水神が神々の世界の実権を掌握するのは、神族のトゥアタ・デー・ダナンが人間に地上の世界を譲り渡して、「水」と深く関わる異界に閉じこもった後のことである。

しかし、海神マナナーンは、神々の実権を異界で一時的に掌握したにせよ、あくまで外様の水神である。また、オイングスは、最高神ダグダと川の母神ボインの血を引く正統的な淡水の息子だが、壮年に達していない。

ギリシア神話でもオケアノスは、ティタン神族の長子になっているが、神々の実権を握るのは、最初はクロノス、最終的にゼウスでいずれも末弟である。長子より末弟が強いのは、母権性の名残であるとJ・J・バッハオーフェンは、『母権論』のなかで述べており、水神オケアノスは、体好く長子に祭りあげられたような印象を受ける(12)。

f　メソポタミアの水の祭儀

神話に限らず、祭儀のなかでもメソポタミアでは、「水」が大きな比重を占めている。断片的だが、『バビロンの新年祭』（後藤光一郎訳）という秘伝が残っている。エ・サギラ神殿で行われていた主神マルドゥクの祭儀である。この新年祭は、ニサンの月（三月—四月）に十二日間かけて催される。第一日と第六日以降の祭事が欠損のため不明だが、現在まで伝えられているそれ以外の祭日は、すべて大祭司の沐浴から始まる。例えばこうだ。

「正月の第二日、夜がもうあと一ベール（二時間）というとき、大祭司は起きて河の水で沐浴する」

第四日目に「水の神統記」である『エヌマ・エリシュ』（天地創造物語）が始めから終わりまで大祭司によって朗詠される。第五日目にマルドゥクの息子で知恵の神ナブが新年祭に参加するためバビロンの町を訪れるが、その祭儀のあらましは秘伝に残っている。

その日、大祭司は、祓い清めの祭司を呼んで神殿を清める。チグリス川とユーフラテス川の水が神殿に撒かれ、香炉とたいまつが振り動かされ、ドラムがうち鳴らされる。神殿にあるナブの部屋も同じように清められる。それから、羊が殺され、その死体で神殿が清められる。その後、祓い清めの祭司が死体を川まで運び、西の方向へ流される。祭司はそのまま荒野へ行き、新年祭が終わるまでバビロンに戻って来ることができない。

大祭司は、神殿のこの清めの儀式を決して見てはならない。もし見たら、清浄でなくなる。神殿を実際に清めるのは神々だからで、祓い清めの祭司たちは、神々の代理人に過ぎない。そんなわけで、祭司たちは、祭りが終わるまで荒野にとどまって、人前に姿をさらしてはならないのである。

第七日目以降には、天命の決定、神々の行列などの行事があり、ナブだけでなく神々が続々とエ・サギラ神殿に集まって来る。バビロン王が神々の行列の案内役をかって出る。神々はエ・サギラ神殿を出て、市を練り歩き、ユーフラテス川を船で溯ってアキートゥ神殿へ赴き、祭りの最終日まで逗留する。バビロン市はユーフラテス川が貫流する水の都で、エ・サギラ神殿は川の東側にあったのである。

ソポタミアでは、「水」が祭儀や神話で群を抜いて重視されていることを見てきた。これは、後のイスラーム世界でも一貫しているように思える。預言者ムハンマドは、言行録『ハディース』のなかで古代メソポタミアの宇宙創世神話を引き継ぐかのようにこう語る。

「いと高き神の言葉。我らは水からあらゆるものを作った。これでも信仰しないのか。汝ら考えても見るがよい。汝らが飲んでいる水、あれは汝らが雲から降らせるのか。それとも我らが降らせてやるのか。こちらがその気になれば、辛くて飲めないようなものにしてしまうこともできように。それなのになぜ有難いとは思わぬか」(13)。

メソポタミアの人々にとって「水」は、天地と地下を支配する万物の源だったのである。

[注]

(1) ジャン・シュヴァリエ他著、金光仁三郎他訳、『世界シンボル大事典』、大修館書店、一九九六、「胚、胎児」の項目。
(2) イヴ・ボンヌフォワ編、金光仁三郎主幹、『世界神話大事典』、大修館書店、二〇〇一、二四一—二五三頁。
(3) ニロット・C・チョウドリー著、森本達雄訳、『ヒンドゥー教』、みすず書房、一九九六、二九二頁。

（4）クルート・ビッテル著、大村幸広・吉田大輔訳、『ヒッタイト王国の発見』、山本書店、一九九一、一四〇頁。
（5）注（4）の上掲書、一六七頁。
（6）ヤコブセン著、山室静他訳、『古代オリエントの神話と思想』、社会思想社、一九七八、二一〇頁。
（7）中田一郎訳、『ハンムラビ「法典」』、りとん、一九九九、一一二頁。
（8）ジャン・ボテロ著、松島栄子訳、『メソポタミア』、法政大学出版局、一九九八、三二一頁。
（9）L・ウーリー著、森岡妙子訳、『カルデア人のウル』、みすず書房、一九八六、三二三頁。
（10）注（2）の上掲書、一八八頁。
（11）Kramer, S. N. *From the Tablet of Sumer*, pp. 170ff
（12）J・J・バッハオーフェン著、岡道男、河上倫逸監訳、『母権論』、みすず書房、一九九一、一一一頁。
（13）牧野信也訳、『ハディース』、上巻、「水の契約」、中央公論社、一九九三、六二一頁。

第六章　ユーラシア大陸にメソポタミア神話の余波を追う

(1) 水の神話素――エア・マルドゥク父子の事跡

これまでメソポタミア神話の全体像に留意しながら、神話の主流に位置する水神エア・マルドゥク父子の事跡と役割を追うことで、「水」のもたらす根源的なイメージの祖形を追ってきた。

他の文化圏に及ぼしたメソポタミア神話の影響を考えるときに、水の神話のなかでもとくに「洪水神話」は、その衝撃的なイメージのためか世界中に分布している。この場合、「洪水神話」だけを取り上げても、それが物語として世界中に伝わったのか、それとも天変地異の自然現象が突発的または持続的に地球の一部または全体を覆い、人類の生活環境を変えて、世界各地に「洪水神話」が自然発生的に生まれたのか、判断がし難くなる。「洪水神話」はメソポタミアの、それも水の神話の一部にすぎない。

そうであるなら、水の神話の全体像を作り上げている水神エア・マルドゥク父子の事跡と役割がどこまで世界中に波及し、または波及しなかったのか、その境界線を見極める必要がある。言い換えれば、物語として伝播したのなら、「洪水神話」に付着していた他のいくつもの水の神話素がどこで振り落とされ、どこまで「洪水神話」とともに生き延びたのかを検証する必要がある。その見極めが物語として伝播したかどうかの決め手になる。

自然現象の変異から「洪水神話」が世界各地に生まれたのなら、この神話に付着したメソポタミアの他の水の神話素は各文化圏に存在しないか、たとえ存在しても、メソポタミア神話とは異質の、その文化圏固有のもの、いわゆるユング派のいう元型（*Archetype*）としてしか存在していないはずである。

この場合、水の神話素とは、水神エア・マルドゥク父子が行なった事績と役割ということになろう。マルドゥクに関しては、この創造主が断行した天地創造神話のなかの「天上覇権神話」（ヒッタイト・フルリの「クマルビ神話」も加味する）、「竜退治」（創造主または英雄のマルドゥクが竜のティアマトを退治する）がこれに当たろう。

しかし、ある文化圏に「天上覇権神話」だけが残っている場合、それで直ちにメソポタミア神話が伝播したとは即断できない。王権がその地域で強く、交代劇がそれなりに激しければ、天上覇権の物語が芽生え、神話として生き残る可能性もないわけではなかろう。

『エヌマ・エリシュ』（天地創造物語）に発して、ヒッタイトの『クマルビ神話』を経由し、ヘシオドスの『神統記』にいたる「天上覇権神話」の伝播の様態は、第三章で取り上げた。中国にも黄帝の「天上覇権神話」がある。東洋のこの物語は、はたしてインド・ヨーロッパ語族に流出した西欧の「天上覇権神話」と関連があるのか。

黄帝系神話には他にさまざまな神話素が絡んでいる。そうした問題点も含めて中国関連の神話は、一括して第九章で扱いたい。また、ユーラシアの神話で、竜は「水」だけでなく「大地」も象徴しているので、本書では「天上覇権神話」だけを取り上げようと思う。

水神エアに関しては、「不死神話」(『アダパ物語』と『ギルガメシュ叙事詩』の二系列)、「人類創造神話」、「洪水神話」、「文化英雄神話」、「生命の水の神話」(「水の再生神話」)がこれに当たる。各神話素の内容は、すでに第五章で詳述した。

一口に「文化英雄神話」といっても、軍神もいれば、トリックスターもいて定義が曖昧である。「水の再生神話」についても同じことで、誰でもどこでも水を飲み、水を使用している以上、「生命の水」の概念に話を限定しなければ、イメージが多様で自己増殖の可能性が強く、伝播の有無は確認できない。

水神エアの役割を考えた場合、上の神話素に共通して流れているのは、エアが神でありながら、一貫して人間に味方する姿勢である。エアは、最初の人間を創造したおかげで(「人類創造神話」)、人類を愛し、愛するあまり人類を洪水から救い(「人間に味方する神」)、登場するほとんどどの局面でも文化を広げ(「文化英雄神話」)、神々や人間たちに及んだ死や悪病などを聖水で払いのけ(「生命の水の神話」)、死すべき賢者を不死なる神々の末席に加えようとする。この試みは、ウトナピシュティム（＝アトラ・ハシース）のときには成功するが、アダパのときには失敗する（「不死神話」）。

こうした姿勢が少しでも見えなければ、異伝を追ってもそれほど意味があるとは思えない。文化英雄や水の再生力などの神話素は、一つのイメージがそれぞれ多様な意味を持って祖形とは違った形で拡散する確率が高い。だから、伝播の有無を確認するには、「人間に味方する神」の姿勢がそのイメージにあるのかないのかを見届ける必要がある。

メソポタミアの水の神話が世界各地に伝播したのなら、「洪水神話」に限らず、上に挙げた水の神話素がたとえ変質・拡散し、少しずつその数を減らしていったにせよ、神話群の束として他国の異文に残っている可能性が高い。とくにメソポタミアと地理的に近い文化圏ではその可能性が強かったはずで、文化圏が遠くなればなるほど、神話群は変質し単数化して、衝撃力のある水の神話素だけが生き残っていく事態が予想される。それが「洪水神話」や「不死神話」だったのかもしれない。

神話群は、基本的に口承でしか伝わっていないはずだから、その過程で消滅してしまう物語もあったろう。また神話にならず、それこそ無数に存在する世界各地の民話のなかに発掘されないまま、埋もれてしまった異伝もあるかもしれない。ここでは各文化圏の神話だけを対象にし、メソポタミアに近い文化圏の検証から始めたい。メソポタミアという場合、シュメール・アッカドに限定せず、ヒッタイト・フルリも含めて考察の対象にしている。

差し当たり、プロメテウスが水神エアの事跡を踏襲しているように思われるので、ギリシアの

「不死神話」から異伝の有無を検討してみたい。

(2) プロメテウス神話——ギリシアの場合

a エア神話群からプロメテウス神話群へ——メソポタミア・ギリシア神話の類縁性

最初にギリシアのプロメテウス神話群に触れる。プロメテウス神話群は、一言で言えば、メソポタミアのエア神話群を最も高度に変容させた異文といってよく、ヘシオドスやアイスキュロスといった天才たちの手で、エア神話群の残映をとどめぬほど変質した文学作品の最高傑作である。それだけに他の文化圏に移植した神話がどういう変容をこうむるのか、変質の高さと変容の大きさを見極める最良のモデルケースになる。

プロメテウス神話群として残っている現存する作品は、ヘシオドスの『神統記』と『仕事と日々』、アイスキュロスの『縛られたプロメテウス』、アポロドロスの『ギリシア神話』、それにローマまで入れればオウィディウスの『転身物語』までである。アイスキュロスは、現存する作品以外に『縛《いまし》めを解かれたプロメテウス』、『火を運ぶプロメテウス』も書いて三部作の構成にしているが、後の二作は残っていない。

このうちヘシオドスの二つの作品は、「不死神話」と「人類創造神話」を扱っている。アポロドロスとオウィディウスの作品は、デウカリオン伝説と呼ばれる「洪水神話」に触れている。

アイスキュロスの現存する悲劇は、これから細部にわたって検討するが、メソポタミアのエア神話群の底流にある「人間に味方しすぎた神」はどうなるかという問題を扱っている。その意味で「恵みの神」を主題にして独自の境地を切り開いた悲劇といえる。

メソポタミアで「不死神話」、「生命の水の神話」、「人類創造神話」、「洪水神話」は、水神エアの事跡に属している。エアはマルドゥクの父親で、ギリシア神話ではプロメテウスがエアの事跡を引き継いでいるように見える。

プロメテウス神話が火の神話であることは誰でも知っている。しかし、水の神話群に入ることは意外と知られていない。ましてプロメテウスが、ヘシオドスからアイスキュロス、アポロドロスの作品にいたるまで、メソポタミアの水神エア（＝エンキ）をギリシア風に潤色した神像であり、プロメテウス神話群がエア神話群のきわめて独創的なヴァリアントであると指摘した例は寡聞にして知らない。それをこれから「不死神話」、「人類創造神話」、「洪水神話」など細部に入って検討していきたい。

b　プロメテウス神話——ヘシオドスとアイスキュロスの場合

プロメテウスの系図は次のようになっている。ヘシオドスの『神統記』によれば、神オケアノスは、海の女神で妹のテテュスを妻にし、水の妖精クリュメネ（オケアニス）をもうける。

クリュメネは、イアペトス（天空神クロノスと大地の神ガイアの息子）と結婚し、アトラス、プロメテウス、エピメテウス、メノイティオスの四柱の男神を作る。ヘシオドスの『神統記』では、プロメテウスは明らかに水の系図に属している。

しかし、アイスキュロスは、水の妖精クリュメネの代わりに掟の女神テミスをプロメテウスの母に設定している。テミスは、ウラノス（天）とガイア（地）の娘である。このため、プロメテウス神話は、ヘシオドスのほうがアイスキュロスの作品よりメソポタミアの水の神話に近い。水神エアは、水の血筋を引く最高神アヌと海の女神ナンムの子だからである。

それだけではない。ヘシオドスの『神統記』は、メソポタミアの神統記『エヌマ・エリシュ』（天地創造物語）に対応しているが、そこでは、始祖のティアマト（塩水）とアプスー（淡水）から数えて四代目（最高神アヌ）、五代目（エア）、六代目（マルドゥク）までが純粋に水の系譜に入る。

それではなぜアイスキュロスは、水の妖精クリュメネの代りに大地の娘テミスをプロメテウスの母に設定したのか。つまり、ヘシオドスが大筋においてメソポタミアのエア神話群から踏襲していたプロメテウス神話群の主たる神話素を、なぜ大胆に変更するような改作をおこなったのか。大地の娘テミスをプロメテウスの母にすれば、メソポタミアから伝えられてきた水の神話は一挙に崩れ去る。

山頂が舞台になっているということもあるだろう。大地とつながる山頂は、水よりプロメテウスの舞台にふさわしい。しかし、それはあくまで表面的な理由で、作品を読めば改作の意図がおのずから明らかになってくる。

『縛られたプロメテウス』は、最高神ゼウスが旧世代のティタン神族と十年にわたる死闘を演じ、クロノスから世界の統治権を奪って、オリュンポスに新体制を確立した直後の物語である。劇はゼウスの部下であるクラトス（権力）とビア（暴力）が巨人プロメテウスを引っ立てて山頂の巌にはりつけにする場面から始まる。ゼウスの息子で鍛冶師のヘファイストスもしぶしぶ二人に従っている。プロメテウスに枷をかける任務を負っているのだ。

ゼウスは、なぜプロメテウスにこのようなむごい刑罰を課したのか。ゼウスは王座に即くや、神々にそれぞれ統治の範囲を定めてやったが、人間にはなんの考慮も払わず、むしろ人類を滅ぼして新しい種族を創ろうと考えた。神々のなかで誰一人この考えに反対する者はなかったのに、プロメテウスだけがあえて逆らった。「あまりにも人間どもを愛しすぎていた」（一二三行、呉茂一訳以下同）からで、「神であるのに、神々の憤りにも一向ひるまず、人間どもに正当以上のもてなしを与えた」（三〇行）ためだった。

これは、神でありながら、神々の秘事を人間に教えて、神々の怒りをかい、人類に恩寵をもたらしたエアの役割とまったく同じである。プロメテウスは、エアの「人間に味方する神」の役割を踏襲しているのだ。

プロメテウスは、人類を救っただけでなく、無知の状態にあった人間どもにさまざまな生きる術を教えてやった。これは、「知恵の神」エアの役割と同じである。悲惨な未来の運命を予見できるようになると、恐くて生きていけないので、盲目の希望だけを授けてやった。天界から技術の源で

プロメテウスへの刑罰

ある火を盗んでやった。時刻や数や文字を教え、野生の獣の飼い方、馬車や船の作り方、医術、占い、金属の利用、要するに人間の持つ文化（技術）の一切を伝授してやった。

これは、エアが治水事業を推進し、農業技術を教え、繊維植物を繁茂させ、機織りの技術を広め、医術に尽くした「文化英雄神話」の役割と同工異曲である。

プロメテウスは、ガイア（大地）の娘で母のテミスからかねがね「力において勝り、かつ暴力をふるう者ではなくて、計略で敵を制する者こそが勝利を得ようと教わっていた」（二一〇行以下）。テミスは大地の女神であるばかりか、公正と掟の神でもある。プロメテウスは、母親から公正と掟、知恵を継承している。水神エアは言うまでもなく「知恵の神」である。

ゼウスとティタン神族との至上権をめぐる死闘の際にも、プロメテウスは母から授かった知恵を駆使してティタン一族に最善の策を立ててやったのだが、彼らは「巧智にたけた計略をさげすみ、力で難なく勝ちを得ようと考えた」(二〇八行)。

自分の計略に耳を貸そうとしないティタン族に嫌気が差して、プロメテウスは、母と一緒にゼウスの味方につくほかないと判断した。そこでクロノスを一味徒党もろともタルタロスの奈落に幽閉する秘策をゼウスに教え、ゼウスはそれを実行した。そんな恩を受けているというのに、ゼウスはその返礼に自分を山頂に縛りつけた。

アイスキュロスは、テミスをプロメテウスの母にすることで、劇中に公正と掟の原理を導入した。ティタン神族は、力に頼るばかりで正義と順法を無視している。ゼウスは、至上権を確立するや暴君的な僭主になりはてている。

「そもそも僭主というやつらには、味方を信用できないという病がつきものなのだ」(二二一行)。ドラマツルギーの観点からすれば、公正の原理を新たに導入したアイスキュロスの視点に狂いはない。しかし、その公正さは、「鋭い刃を持った言葉」(三一〇行)で吐き続ける原理主義に貫かれている。それは神々のなかで孤立を強いられ、山頂で孤独を訴えるプロメテウス的な舞台状況にふさわしい。

劇の冒頭でプロメテウスの悲憤慷慨を受けとめてくれるのは、コロス役の水の妖精たちオケアニデスと彼女らの父で河神のオケアノスである。アイスキュロスは、水の妖精クリュメネの代りに大地と公正の神テミスを主人公の母に抜擢しておきながら、ヘシオドスがメソポタミア神話から着想を得た「水の神話」の伝統を忠実に踏襲しようとしている。

もっと具体的に言えば、日頃「海底の洞の奥」に住み、山頂には似合わないオケアニデスを「翼のある車」に乗せ、「風の息吹」に運ばせてわざわざ山頂まで連れて来ている（一三〇行以下）。

また、ヘシオドスは、至上権をめぐるゼウスとティタン神族との争いにオケアノスを加えていないのに、アイスキュロスは、オケアノスとの対話でプロメテウスにこう言わせている。

「うらやましいことだな。あなたが咎めも受けずにいるとは。私の企みのすべてに与り、大それたことをやっておきながら」（三三〇行）。

オケアノスは、プロメテウスの企みのすべてに関わったことで、劇中のアイデンティティーを保証される。「水」を通してオケアノスとプロメテウスは、強い絆で結ばれているのだ。それどころかアイスキュロスは、オケアノスにこう言わせている。

「わしには御身の不幸が他事とは思われぬ。これは必ず血のつながりというものが、是が非でもこうならせるに違いあるまい。血縁を別にしても、御身よりもっと私が大切に思っている者はほかにないのだ」（二八九行以下）。

オケアノスもテミスもクロノスも、ウラノス（天）とガイア（地）から生まれたティタン一族である。だから、アイスキュロスがプロメテウスをテミスの子に設定しても、オケアノスから見れば、プロメテウスは自分の甥ということになり、血縁を重視した上の引用文は相変わらず生きている。

しかしながら、ガイア（大地）―テミス（大地と公正）―プロメテウスの線上で血縁を考えれば、おのずから「大地」が浮き彫りにされてくるので、ことさら水神オケアノスとその娘たちを舞台に登場させる必然性はなくなる。

アイスキュロスがプロメテウスをヘシオドスと同じようにクリュメネ（オケアニデス）の子にしておけばどうなるか。従来通りオケアノス（河神）―クリュメネ（水の妖精）―プロメテウスと水の血縁、それも水の直系性が強調されることになる。

プロメテウスは、オケアノスの孫に当たるから、オケアノスとその娘たちの登場に不自然さはない。その代りプロメテウスがテミスから受け継ぐはずの公正な性格は弱体化する。

アイスキュロスは、テミスを劇中に登用してプロメテウスに過激な公正の性格を担わせながら、同時に上に述べた水の神話の系譜も崩そうとしていない。だからこそ、オケアノスとオケアニデスをのっけから舞台に登場させ、プロメテウスの硬直した公正さ、「巧智にたけた計略」を「水」の持つ柔軟さで優しく寛大に受けとめさせようとしているのだろう。

オケアノスは、プロメテウスの過激さを批判しながら、その過激さを血縁の温もりで包み込もうとしている。オケアニデスもその点は変わらない。この試みは成功している。改変したとはいえ、水の神話は、相変わらずアイスキュロスの作品のなかで生きているのである。

ヘシオドスの『神統記』では、プロメテウスの弟エピメテウスが人類最初の女パンドラと結婚し、娘のピュラーをもうける。この娘がプロメテウスの息子デウカリオンと結婚する。デウカリオン夫妻は、大洪水の惨劇を体験し、生き残って人類の始祖になる。

したがって、「洪水神話」と「人類創造神話」が、プロメテウスの水の系譜、水の神話群の一つとして語られていることが分かる。それだけではない。「水神」、「知恵の神」、「不死神話」、「文化英雄神話」、「人間に味方する神」までプロメテウス神話群に集中している。プロメテウス神話群がエア神話群の独創的なヴァリアントであると言ったのはこのためである。

ギリシア神話は、メソポタミア神話の「水」を「火」に代えたまでのことで、「火」の個所に「水」を置き直してアイスキュロスの作品を再読すれば、メソポタミア人が書きもしなければ知りもしなかった水神エアの後日譚になる。

人間を愛しすぎたエアは、メソポタミア神話ではあくまで恵みの神にとどまるが、ギリシア神話では、アイスキュロスが、人間を愛しすぎたおかげで、火を盗んだプロメテウスを、その罪で黒海の北のスキティアの裾野の果てにある岩山に縛りつけるからだ。

C　プロメテウス劇の舞台――ハッティ・カフカスの狩猟神話からギリシア神話へ

それならなぜヘシオドスやアイスキュロスは、水神であるはずのプロメテウスを「火」の盗人に仕立てたのか。とくにアイスキュロスは、その罪でスキティアの岩山に縛るような神話を創り出したのか。プロメテウスの苦行の場所をスキティアの岩山に特定したのはアイスキュロスが最初である。ヘシオドスは、『神統記』でも『仕事と日々』でもスキティアの地名を一切出していない。『神統記』では、ここの件はこうなっている。

「ゼウスは、策に長けたプロメテウスを縛りつけた。桎梏、すなわち冷酷な縄目でもって。桎桎梏を太い柱のまん中に打ちこまれたのだ。そして、彼に翼長い鷲をけしかけられた。この鷲は、彼の不滅の肝臓を日ごと喰ったが、肝臓は同じ分量だけ生え出すのだった。夜のまに翼長い鳥が昼のまに喰ったのと同じ分量だけ。その鳥を足首優しいアルクメネの雄々しい息子ヘラクレスが退治した。イアペトスの息子（プロメテウス）の酷い苦悶を払い、苦痛から彼を救ったのだ」（五二一—五二八行、廣川洋一訳）。

これにはアイスキュロスの舞台設定の問題がからんでくる。とりあえずメソポタミアから離れて、この問題から検討してみよう。

カフカス山脈に住む山岳住民の間には、こんな狩猟神話が残っている。岩山に逆さ吊りにされた狩人の物語で、グルジアで雨乞いの儀式のときに朗誦されていた神話である。シャラシジェが採取し、イヴ・ボンヌフォワ編『世界神話大事典』（大修館書店）に収録されている神話なので、拙訳をそのまま要約してみる。

神話の主人公は、狩人のペトキルと飼い犬のクルシャで、この犬は摩訶不思議な動物だった。鷹の子供で、奇形に生まれたために、鷹が自分の巣から投げ落としたのである。地面に落ちた鷹の子供は、狩人に拾われ育てられる。もともと鷹の翼を持ち、その唇は金色、吠え声は雷鳴と間違われた。

狩人はダリ女神の寵愛を受けていた。ところが狩人は女神を裏切ってしまった。女神は残酷に復讐する。ある冬の夜、狩人は犬と一緒に白鹿を追い、切り立った山頂に辿り着く。狩人は、白鹿めがけて矢を射ろうとした。そのとき、山が足元から崩れ落ちる。狩人は奈落の底まで真っ逆さま、靴底が枝に引っ掛かって、宙吊り状態になる。

こうして逆さ吊りのまま、数日間、ひもじさと喉の渇きに苦しめられる。付き添っていた犬が主人に「私を殺して食べてください」と申し出る。狩人は、渋々クルシャに別れを告げ、弓と矢を薪代わりにして火を点け、犬を丸焼きにする。しかし、狩人は、なかなか犬を食べる覚悟がつかない。

村人たちが狩人を助けにやってくる。ところがロープを投げるたびに、山が普段の高さを超えて盛り上がっていく。夜が明ける頃、疲れきった狩人は、谷底に身を投げ、山の麓の岩にぶつかって、バラバラに砕け散る。

この話は、どちらかというと神話より民話に近い。しかし、岩山に宙づりにされた男の物語が狩猟神話として残り、それが雨乞いの儀式とつながっている点は、注目しておいてよい。シャラシジェによれば、カフカス民族（グルジア人、アブハーズ人、チェルケス人、ウビフ人、オセット人）の間には、この話の異文が二〇〇編以上あるという。次のグルジア神話は、その異文の一つでもっとプロメテウス神話に近い。重要なのでやはりシャラシジェから借用する。

アミラニは、狩人とダリ女神との秘められた恋から生まれた。ところが狩人の妻にことが露見し、ダリ女神は、浮世の世界に別れを告げなければならなくなる。別れる前に女神は、男に自分の腹を切開してくれと頼む。女神の腹から赤子を取り出したが、月足らずであったため、引き続き雄牛と雌牛のなかに赤子を入れて、妊娠期間をまっとうする。

泉のほとりに置き去りにされた赤子は、老人から洗礼を授かることになるのだが、この老人が他でもない神だった。赤子はそれから農夫に拾われ、実子と一緒に育てられる。幼年期のアミラニは逞しかった。青年に達しても、アミラニは二人の義理の兄弟と一緒に世界を駆け回り、怪物、巨人、竜を退治して数々の手柄をあげる。アミラニは兄弟とも別れて、さらに殺戮の旅を続ける。そして、とうとう自分にふさわしい敵をすべて殺してしまったことに気づくのである。

そこで彼は、ごく自然に神に挑戦するようになる。神は戦いを避け、アミラニに一種のスポーツ競技を課す。競技が終わると、アミラニは金属製の杭につながれる。杭の根っこは、地の底に達していたという。

それから神は山を揺さぶり、アミラニは岩の瓦礫の下敷きになる。岩の瓦礫はドームのようになっていて、下界から遮断された彼は、完全に孤立してしまう。そこに鷹の子供で有翼の犬、クルシャが現われる。

クルシャは、一年間、昼となく夜となく鎖の輪を舐め続ける。鎖が擦り切れ、アミラニが解放されようとした瞬間に、鍛冶師たちが鍛冶場に押し入り、三度鉄床を叩いた。すると、たちまちアミラニの鎖は、元通り固く結ばれ、英雄は捕らわれの身に落ちた。有翼の犬は、翌年までまた同じ仕事を続けたという。

アミラニ神話には、前の狩猟神話に棄児神話やヘラクレス風の英雄譚、鍛冶神話が加わる。だからといって、ギリシアの影響と即断するのは早計だろう。アッカドには棄児神話の最古のものとして「サルゴン伝説」があるし、ヘラクレス風の英雄譚や鍛冶神話ならマルドゥクの武勇のなかにすでに組み込まれている。

アイスキュロスがプロメテウスを鎖で縛りつけた岩山は、前にも述べたように黒海の北、スキティアの裾野の果てにある。悲劇のこの舞台が具体的にどこの岩山か作者によって特定されているわけではないが、カフカス山脈に住む山岳住民の居住地とほぼ完全に符合する。

この符合が偶然とは考えにくい。それならどちらが時期的に早いのか。つまり、カフカスの狩猟神話がまずあって、この神話からアイスキュロスは着想を得たのか。それともギリシア神話に触発されて、カフカス山脈に狩猟神話が芽生えたのか。

メソポタミアにも狩猟神話がなかったわけではない。ハッティ語とアッカド語で残っている『狩人のケッシ』（矢島文夫訳）という物語である。

狩の名人ケッシは、愛する母親と二人暮らしをしていた。毎朝早起きして山に出かけ、鹿などの獲物をぶらさげては家に帰って来る。ケッシは、毎夜、その獲物を神々の祭壇に捧げる信心深い狩人でもあった。

ところが、若者はある美しい娘と恋に落ちる。娘の名はシンタリメニといい、七人姉妹の末娘であった。以来、若者の心は娘へ移り、狩りにも気が入らない。母親は心配になって、「神様は、日々の供物もなくなってお腹を空かしているではないか」と息子を叱りつける。ケッシは母の言葉に目を覚まされた。槍をつかみ、猟犬を呼び集めると再び狩りに出かけた。

山に入っても獲物が現われない。動物たちは、皆巣のなかに隠れてしまって、どんなに狩りに精を出してもくたびれもうけであった。ケッシは三か月の間、山のなかを歩きまわったが徒労であった。神々のことを忘れたケッシに神々は、目もくれなくなったのだ。疲れ果てたケッシは、山のなかで眠りに落ち夢を見る。

夢のなかに山の精霊たちが現われ、自分たちの領地に侵入したケッシを見つけると、がつがつ食べてしまおうとした。山にはまた死者の霊たちもいて、そのなかにケッシの父親の霊もいた。父親の霊は、息子を救おうとして一計を案じ、山の精霊たちに「外套を盗めば、寒さに震えてとっとと山を下り、家にあわてて逃げ帰るだろうさ」と誘いをかける。山の精霊たちは、その誘いにまんまと乗った。こうしてケッシは、翌朝、寒さに震えながら山を下りることができた。

それから数日たってケッシは、一連の不思議な夢に悩まされる。その一つは、手を縛られ、足に鎖をまかれた夢だった。ケッシは狩りに出かけようとするが、家を出ると扉のそばに竜と鳥身女面のハーピーがいる。

恐ろしくなったケッシは、母に夢のことを打ち明ける。いろいろ夢を見たが、どの夢もまた山へ行けば、精霊たちにがつがつ食べられることを暗示している。どうしたらよいだろうと。母親は、怖がることはない、もう一度山へお行きと言って、青い羊毛の束を息子に渡す。羊毛の束には魔法がかけられていて、どんな危害からも守ってくれるという。ケッシは、この束を肌身離さず、また狩りにいそしむことができるようになった。

『狩人のケッシ』とカフカス山脈の二つの狩猟神話との間には、いくつかの共通点がある。第一点は、夢にせよ現実にせよ、いずれの神話でも狩人が山頂で鎖につながれることである。第二点は、狩人が自分を寵愛してくれていた女神または神々を裏切ることである。カフカスの狩人は、ダリ女神を裏切るし、アミラニは、おのれの力に慢心して神々に挑戦するようになる。ケッシも若い娘に恋をして、神々に供物を怠るようになる。

したがって、三つの狩猟神話の骨子なり構造、コードは、神々を裏切ったから山頂に鎖で縛られるか逆さ吊りにされるという点である。カフカス地方で狩猟神話が長い間雨乞いの儀式に朗誦されていたのも理由のないことではない。女神を裏切った狩人の物語を朗誦し、罪を悔い改めたことを神々に示して、雨を乞い、地上に豊穣を祈願しているのである。

カフカス地方のおびただしい狩猟神話が時代とともに変質していったにせよ、古層の部分でハッティ神話の『狩人のケッシ』を踏襲していることはほぼ間違いなかろう。そうなると、カフカスの狩猟神話は、ヘシオドスやアイスキュロスが著作を発表する以前から存在していた可能性が高い。

アイスキュロス（前五二五―四五六年）が悲劇を書き始めた頃の黒海北岸の一帯には、すでにギリシアの植民都市ができていた。E・J・オーウェンズによれば、前六世紀にはドニエプル川東岸の三角州にオルビア市が建設され、初期の交易地に取って代わっている（『古代ギリシア・ローマの都市』）。前五世紀には、黒海北部のアゾフ海入口のケルチ半島とタマン半島のギリシア植民都市が連合してボスポロス王国をつくっている。

歴史上、最初にこの地域に姿を現わしたのはインド・ヨーロッパ語族のキンメリア人だったが、前八世紀に同族のスキタイ人によって土地を逐われ、小アジアに移動している。すでにホメロスは、黒海北方に遊牧のキンメリア人が住んでいたことを書き留めている。

キンメリア人を駆逐したスキタイ人は、ドン川・ドナウ川沿岸を中心に王国（前七〇〇―二〇〇年）を築く。その勢力範囲は、ほぼ東ヨーロッパ全域にわたっていた。ヘロドトス（前四八四頃―四二五年頃）によれば、スキタイ人の生業は、王族、農耕、遊牧に分かれており、王族スキタイ人は、他のスキタイ人を奴隷と見なして一定の貢を上納させていた。

オルビア市に居住し、ギリシア人と接触していたのは、農耕スキタイ人であった（ヘロドトス、『歴史』、巻四、一一―二〇）。その後、同じインド・ヨーロッパ語族のサウロマタイ人が前三世紀の後半にスキタイ人を駆逐し、その領土を併合する。

スキタイ人とは、後のオセット人のことで、オセット人やサウロマタイ人などのインド・ヨーロッパ語族が四世紀にフン族に追われてカフカス山脈に避難する。だから、上に述べたカフカス山脈の狩猟神話をスキタイ人なり古代のグルジア人がすでに持っていて、それがギリシア文化圏に広く伝播しアイスキュロスに着想を与えた可能性は捨て切れない。

もっともアイスキュロスは、自作の舞台を初めてスキティアに設定したまでの話で、プロメテウス神話をギリシアに定着させたのはヘシオドスが最初である。そうだとすれば、ヘシオドスが直接ハッティ神話『狩人のケッシ』から着想を得て鎖につながれたプロメテウス像を創り、後にアイスキュロスがカフカス地方の狩猟神話を耳にして、スキティアを舞台に選んだという可能性も残る。

d　ヘシオドスの出生と小アジアへの関心

ヘシオドスの生存年代は、はっきり確定しているわけではないが、前七五〇―六八〇年と推定されている。父親は、小アジア北部アイオリアのキュメで海上貿易と農業を兼業にする人だった。小アジアには前一〇〇〇年紀にギリシア人が進出し、北部、中部、南部にそれぞれアイオリス人、イオニア人、ドーリス人が定着している。

ヘシオドスの父親がアイオリアに住んでいた頃の小アジアは、バビロニア文化を継承した新アッシリア帝国時代（前九〇〇頃―前六一二年頃）にあった。新アッシリア帝国は、前六一二年にインド・ヨーロッパ語族のメディア人に首都のニネヴェを占拠されて崩壊する。

大局的に見ると、この崩壊劇、文明の衝突は小アジアの古代世界でインド・ヨーロッパ語族がセム緒族を決定的に打ち破った点で、象徴的な事件といってよい。インド・ヨーロッパ語族は、当初、バルカン半島、カルパティア山脈、南ロシアあたりに居住していたが、民族大移動の第一波は、前二〇〇〇年頃にイラン高原への南下から始まる。アーリア民族がインドに侵入したのは前一五〇〇年頃と考えられている。

第二波は、前一〇〇〇年頃に起こり、小アジアではヒッタイト人が王国をつくってシュメール・アッカド文明を大幅に採り入れている。ギリシア人・ローマ人が南下したのもこの頃といわれている。

スキタイ人もたびたび小アジアに南下を繰り返した。イランのメディア王国やアッシリアに侵入しているだけではない。その後、イランから小アジアにかけてペルシア帝国を築いたアケメネス王朝とも軋轢を繰り返したことは、ヘロドトスが『歴史』に詳しく書き留めている。

しかし、セム諸族は、インド・ヨーロッパ語族の一方的な南下に耐えていたわけではない。グルジア人の祖先は、はっきり確定したわけではないが、今のところオリエント民族というのが有力だから、そうだとすれば、黒海北岸へ民族的にも集団で進出していたことになる。

へシオドス一家は小アジアを生活の舞台にしていたが、後に本土のボイオティアに戻っている。へシオドスがどちらで生まれたのかは、はっきり分かっていない。ボイオティア生まれという説が強いようだが、確証までは取れていない。

どちらで生まれたにせよ、一家の小アジアでの生活が大なり小なり『神統記』や『仕事と日々』の創作に影響を与えたことは確実だろう。両作品には、メソポタミア神話の痕跡、言い換えるとヒッタイト・フルリの神話も含めて水神エア・マルドゥク父子の事績の痕跡が強く残っている。バビロン文化を色濃く留めた新アッシリア帝国の風土は、へシオドスにとって直接・間接を問わずメソポタミア神話から鼓舞され、新しい神話を創造するのに最適の土壌であったといっても過言ではないのである。

問題は、『神統記』のなかでゼウスは策に長けたプロメテウスを縛りつけるが、このイメージはへシオドス独自のものなのか、それともハッティ神話の『狩人のケッシ』から直接影響を得たのか、あるいは黒海北岸カフカスの狩猟神話から派生したのかという点である。

正直言って明確な答えは出てこない。『神統記』と『仕事と日々』の創作年代が前七〇〇年前後と推定され、スキタイ人も同じ頃に黒海沿岸に進出し、王国を創ったことを考え合わせると、やはりハッティ・カフカスの狩猟神話派生説は捨て切れない。

この場合、ギリシアへ伝播する以前にハッティからカフカスへ狩猟神話が浸透していたことが前提になる。へシオドスがギリシア本土で両作品を創作したとしても、かつて一家が暮らした小アジアに関心を抱き続け、普通一般のギリシア人以上に黒海沿岸の動向にメソポタミア神話と変らぬ目配りをしていた可能性はあるからである。

無論、プロメテウスを縛りつけるイメージは、ヘシオドスの独創か、そうでなければハッティ神話だけの影響で、アイスキュロスがそのイメージを引き継いでスキティアの岩山に特定し、それが黒海北岸のカフカス地方へ輸出されて、プロメテウス神話が狩猟神話の数多い異伝としてとくにカフカス山岳住民の間に温存されてきたという伝播の道も考えられる。

その逆に、ヘシオドスがすでに黒海沿岸に分布していたハッティ・カフカスの狩猟神話の古層の物語をメソポタミアのエア神話群と結びつけ、水の神話を火の神話に創り直したものが、のちにアイスキュロスの手で悲劇となって結実し、それがギリシア神話に定着したという線も可能性としては無視できない。

ヘシオドスは、プロメテウス神話を水神エアの「不死神話」から創っている。古代人が洋の東西を問わず「不死神話」に並々ならぬ関心を抱いたことは、ユーラシア大陸全域に分布している多様な異伝を見ても分かる。

引き続き、プロメテウス神話群とエア神話群の類縁性を「不死神話」、「人類創造神話」、「洪水神話」の細部に入って検討し、同時に三つの神話の異伝をユーラシア大陸に追うことでメソポタミア神話の余波とエア・マルドゥク父子の行方を確かめる作業にかかりたい。

(3) 不死神話＝『アダパ物語』の系譜

a ヨーロッパの宗教・思想の潮流——エア・マルドゥク父子は何をもたらしたか

狙いは二つある。一つは、ギリシア神話の火神プロメテウスがメソポタミア神話の水神エアの異伝であることを細部にわたって論証すること。もう一つは、「不死神話」がメソポタミアのエア神話群を発生源としてユーラシア大陸全域に流布したことを明らかにすること、以上の二点である。

プロメテウス神話群とエア神話群の類縁性については、前節で詳しく述べた通りである。残された課題は、二つの神話群を構成する「不死神話」、「人類創造神話」、「洪水神話」の細部に入って、その類縁性を検証する作業である。この検証からプロメテウス像がエア像を踏襲しているばかりか、聖書のアダムとエヴァの楽園神話も、エア神話群の異伝であることが明らかにされよう。ここでは、「不死神話」だけが扱われている。

しかし、エア神話群から「不死神話」を抽出して、その異伝だけをユーラシア大陸全域に追うつもりはない。「不死神話」は、水神エア・マルドゥク父子が行った事跡の一つにすぎない。本書の狙いは、水神エア・マルドゥク父子のすべての事跡をユーラシア大陸の異伝に追うことにある。そこから見えてくるのは、一神教と多神教、西洋と東洋との根源的な発想の違いである。

広く大雑把に言えば、西欧社会の宗教・思想の潮流のなかで最高神、マルドゥク（シュメール・アッカド神話）──→テシュブ（ヒッタイト神話）──→バアル（ウガリト神話）──→ゼウス（ギリシア神話）、ヤハウェ（旧約聖書）の系譜が次第に雷神・天空神として純化され定着していく。

その経緯、変遷は、竜退治の異伝を追うことである程度明らかにされよう。その過程で神話の混沌性、雑居状態が篩にかけられていく。神話とは、多様な神々の生態学である。神話の拠って立つ基盤は、多神教のなかにある。

キリスト教、とくに聖書では、神話の雑居状態が篩にかけられ、天空神たるヤハウェだけを最高神、唯一神として定着させようとした。多様な神々が混在する神話は、天空神を唯一神と仰ぐ宗教に収斂されていく。

極言すれば、一神教は、神話を否定したところでしか成り立たない。天空神たるヤハウェは、天空に隠れて見えない、絶対的な存在になった。隠れた神は、見える神々をことごとく断罪して、神々の息の根をとめようとした。神々の生活圏、神話の拠って立つ基盤は、執拗な攻撃にさらされ続けた。それが旧約聖書でくどいほど語られている偶像礼拝否定の真意である。

ウガリト神話の最高神バアルは、とくに偶像礼拝の代表的・典型的な神として唾棄された。本来、バアルは嵐神・雷神だから、天空神である。しかし、山の神でもあるから、大地の神にも変容する。大地の神バアルは、シュメール・アッカド神話の大地母神で、愛の女神イシュタルの影響を受けて収穫、豊穣、多産の神になった。もっと具体的に言うと、イシュタルの植物再生神話、穀物起源神話を引き継いだ。天空神ヤハウェは、バアルのこの豊穣、多産性を嫌った。天空神バアルの要素だけを巧みに摂取して、大地の神バアルの要素をことごとく切り捨てようとした。ヤハウェとバアルの対立は、天と地、宗教と神話、一神教と多神教の対立でもある。

これまで「水の神話」に焦点を絞って書いて来ているので、この問題は、「大地の神話」を扱うときに改めて取り上げるつもりでいる(1)。

「不死神話」は、メソポタミア神話のなかでは水神エアの事跡であるから、「水の神話」に属している。「水の神話」の領域でも天空神の絶対化は、ヨーロッパの古代社会で着々と進んでいく。その典型がギリシア神話にある。ゼウスとプロメテウスの対立がそれである。

小アジアの異伝から見ていくと、ゼウスは、マルドゥク、テシュブを起源とする最高神、嵐神、雷神、戦争神の系譜に属し、プロメテウスは、水神エアから創られている。エアは、本質的に戦闘神のゼウスと違って、恵みの神、人間を愛するあまり人間に恩寵を与え続けた知恵の神、水の神である。

エア・マルドゥク父子は、メソポタミア神話では互いに助け合う仲だが、ギリシア神話になると、この父子から派生した最高神ゼウスと知恵の神プロメテウスは、反目し対立する。その端的な事例が誰でも知っているプロメテウスをスキティアの岩山に縛りつける有名な事件で、これを主導したのは、最高神ゼウスである。

プロメテウスは、天界で覇権を握ったゼウスの新体制に異を立てた。人間どもを嫌うゼウスの意向を逆なでするように、「火」に象徴される天界のさまざまな技術を盗んで、地上の人間たちにそれらを分け与えた。人間を愛しすぎるほど愛していたからである。その罪でプロメテウスは岩山に縛りつけられた。

ギリシア神話では、天空神ゼウスが水神エアの血を引くプロメテウスを断罪する。結果的に戦う天空神の絶対化が進み、人間に恩寵をもたらす水神エアの系譜・役割が大幅に後退する。もともとギリシア神話は、多神教の世界だから、天空神の絶対化が進んだからといって、天界の覇権をゼウスが握っただけのことで、プロメテウスを始め、他の神々の生存権は確保されている。

最高神ゼウスがプロメテウスを岩山に縛りつけた行為は、マルドゥクが父親のエアを断罪したようなものだろう。竜退治の側面からマルドゥクとエア、ゼウスとプロメテウスの関係を追ってみると、ギリシア神話がメソポタミア神話を土台にしながら、天空神の絶対化を進めていくさまがもっとはっきりしてくる。

マルドゥクは竜退治（ティアマト退治）をしているが、父親のエアは息子の竜退治を助けている。ゼウスも竜退治（テュポン退治）をしているが、プロメテウスはこれに加わらず、かえって人間を愛しすぎた罪で岩山に縛り付けられ、鷲に肝臓を日ごと食い荒される。

ヘシオドスの『神統記』によれば、その鷲をヘラクレスが退治して、プロメテウスを苦痛から救っている（五二五行以下）。ヘラクレスは、ゼウスの血を引く半神半人の英雄で、竜退治（ヒュドラ退治）もしている。

ギリシア神話では竜退治をする最高神ゼウスが天界の実権を掌握し、それを引き継ぐ形で、同じように竜退治をする英雄ヘラクレスがゼウスの息子として地上で縦横無尽の活躍をする。ヘシオドスは、なぜ鷲を退治して、プロメテウスの苦痛を和らげる役割をヘラクレスに割り振ったのか。

ヘシオドスは、明らかにエア・マルドゥク父子の竜退治を念頭に置いて『神統記』を書いている。ゼウスとプロメテウスの関係は、プロメテウスが岩山に縛りつけられることで、決定的なひび割れが生じた。ヘシオドスは、この対立関係を修復して、互いに助け合うエア・マルドゥク父子の関係を何とか温存させ、継承しようとしている。それには、最高神と同じ竜退治をした実子のヘラクレスにプロメテウスを助けさせるのが、一番良い。

ヘラクレスは、ゼウスの身代わりになってプロメテウスを助けている。ヘラクレスが助けるのは、プロメテウスを叩き、竜退治をして天空神の絶対化を進めていく父神ゼウスの補塡行為といってよい。要するに、マルドゥクがゼウスとヘラクレス父子に二分されているのだ。

彼ら三柱の神々は、竜退治をする点で共通している。マルドゥクに当たるゼウスは、エアに当たるプロメテウスを叩いて最高神の地位を不動にし、竜退治に象徴される力の支配を推し進める。その一方でプロメテウスの救済を同じ竜退治をしたヘラクレスに委ねて、ヘシオドスは、エア・マルドゥク父子の協力関係を継承しようとしている。結果的にギリシア神話では、最高神の雷神が知恵と恵みの水神を排除していく。

だから、多神教のギリシア神話であれ、一神教の聖書であれ、古代ヨーロッパの精神世界が天空神を絶対視する方向へ大きく舵を切ったとだけは言えるだろう。ヤハウェはバアルを唾棄し、「大地の神話」は息の根をとめられる。ゼウスはプロメテウスを断罪し、「火と水の神話」に暗雲が垂れこめ始める。

古代社会の近代化と歩調を合わせるように天空神の絶対化が進んでいく過程で、ヨーロッパ世界は次第に神話を失い、生きる拠りどころを唯一神の神学に求め始める。その意味で、神々がまだ生きていたギリシアの多神教の世界で、プロメテウスが天空神ゼウスに抹殺されようとしたことは、ヨーロッパの未来を予兆する象徴的な事件といってよい。

これに対して恵みの神エアは、東洋のほうで生き延びる。エアは、インドに入ってヴィシュヌになり、中国に輸出されて禹に化ける。エアがヴィシュヌに変容していく経緯は、竜退治の異伝をユーラシア大陸全域に追うことで明らかにされよう。これは、仏教の解脱思想の根幹に関わる問題なので、インドの「洪水神話」と「人類創造神話」に触れるときに、また取り上げるつもりでいる。中国の水の神話については九章で一括して論じることになろう。

いずれにせよ、水神エアの系譜が西洋で断罪され、東洋で生き延びたことは、エアの事跡である「不死神話」の命運を左右する決定的な出来事といってよい。西洋の精神世界は、人間の不死を許さず、東洋は、仏教の解脱思想や神仙思想で人間の不死を許容し、不死へいたるかぼそい道を模索し始めるからである。

これは、ある意味で東洋の精神世界において恵みの神エアの事跡が許容された結果といってよい。それでは、水神エアの「不死神話」は、洋の東西でどのように受容されたのか。細部に入って見てみよう。

b　不死神話＝『アダパ物語』の系譜

もう一度繰り返すが、発生源にある水神エアの「不死神話」（『アダパ物語』）は、こうなっている。

『アダパ物語』では、主人公のアダパがあるとき漁に出る。ところが南風にあおられて漂流し、南風の翼を折ってしまう。七日の間、南風が吹かないので、最高神アヌが怒ってアダパを連れて来いと厳命する。

そこでアダパの守護神であるエアが知恵を授ける。アヌのところへ行ったら、御馳走を振る舞われるだろうが、何が出て来ても絶対口にするな。そうすれば、アヌは、神々の料理を出さざるをえなくなる。それを食べれば、不死が得られるというのである。

ところがアヌは、エアの策略を察知して始めからアダパに神々の料理を振る舞う。アダパは食べない。このためアダパは、永遠の生命を与えられなかった。

ヘシオドスの『神統記』で上のくだりに対応する個所は、こうなっている。

神々と人間どもが諍《いさか》いをしていたときのこと、プロメテウスは、ゼウスの心を欺こうとして大きな牝牛を切り裂き、肉と脂肪に富んだ臓物を牝牛の胃袋に包んで、ゼウスの前に置いた。一方、人間どもの前には、牝牛の白い骨を脂肪に包んで置いた。

不滅の智を持つゼウスは、なんと不公平な分け方をしたものかと、プロメテウスを咎める。策に長けたプロメテウスは、二つの分け前のうち好きな方を御選び下さいと、穏やかな微笑を浮かべて答える。

ゼウスは、事の次第を察知し、企みに気付いて人間どもに禍を図られ、それが後に果たされることになった。最高神は、怒りに燃えて脂肪に包まれた牝牛の白い骨のほうを選んだ。このときから人間は、不死の神々のために祭壇で白い骨を燃やすようになった。

ゼウスは、その後プロメテウスの小賢しい術策を忘れず、地上に暮らす死すべき人間どもに火を与えようとしなかった。しかし、プロメテウスは、ゼウスの裏をかいて天上の火をウイキョウの茎に入れて盗み、人間どもに渡した。

上の二つの文を読み比べれば、『神統記』のここのくだりが『アダパ物語』の異文であることは、明らかだろう。最高神アヌと水神エアが人間に不死を与えるべきか否かをめぐって知恵比べをしている。同じように最高神ゼウスと水神プロメテウス（火を盗むこの神を水神の系図に入れたのは、ギリシアではヘシオドスが最初である）が不死の神々と死すべき人間どもを区別するか否かをめぐって知恵比べをしている。

メソポタミア神話では、この知恵比べに食べ物が使われ、神々の料理を食べるか食べないかが不死と死の分かれ道になっている。ギリシア神話でも同じように食べ物が使われ、牝牛の肉と臓物を選ぶかそれとも白い骨のほうを取るかが神々と人間どもを峻別する分かれ道になっている。

水神エアは、メソポタミア神話では一貫して人間に恵みをもたらす知恵の神で、賢者のアダパに不死を与え、神々の末席に加えようとして知恵を絞る。もっと具体的に言うと、最初に出て来る料理は口にするな、最後に出て来る神々の料理だけを食べれば不死を得、神になれると、アダパに知恵を授ける。

ところが、最高神アヌは、エアの策略を察知し、エアの裏をかいて初めからアダパに神々の料理を振る舞い、人間アダパが神になること、永遠の生命を得ることを許さない。

プロメテウスも策に長けた知恵の神で、天界から火を盗んで地上に火の恵みをもたらすほど人間世界を愛している。食べ物の一件では、料理を振る舞うのは、メソポタミア神話では最高神アヌ、ギリシア神話ではプロメテウス、料理を振る舞われるのは、メソポタミア神話では人間アダパ、ギリシア神話では最高神ゼウスで、二つの神話の間には、料理を振る舞う側と食べる側に平常の対応関係（最高神アヌ＝ゼウス、知恵の水神エア＝プロメテウス、アダパ＝人間ども）と違ったずれが見られる。

しかし、料理を振る舞う側に回ったプロメテウスがエアと同じように知恵を絞って、食べる側に回ったゼウスの前に最高神が選びやすいように、わざわざうまそうな牝牛の肉と臓物を並べ、人間どもの前にまずそうな白い骨を置いたのに、ゼウスは、最高神としてのプライドを傷つけられて怒りがこみ上げてきたものの、プロメテウスの小賢しい術策を見抜いて、白い骨のほうを選ぶ。おかげで食欲をそそる肉と臓物を食べることになった人間どもは、死すべき宿命を甘受せざるをえなくなる。ゼウスは、最高神アヌと同じように、人間どもが神々になること、永遠の生命を得ることを許さない。

ゼウスは、なぜわざわざ食べられそうにない白い骨のほうを選んだのか。骨は固く不変だが、肉と臓物は柔らかく変質する。骨は永遠に残るが、肉はたちどころに腐敗する。死者を埋葬しても、骨は永続するが、肉体は腐敗して大地に帰り、大地の一部になる。

象徴的にいえば、不変の骨は、不滅の霊と結びつきやすい。霊は不死だが、肉体は滅びる。だからこそ、ギリシアでは、ヘシオドスが書き留めているように、不死の神々のために牝牛を生け贄にしてその白い骨を燃やす風習が定着していたのだろう。自分の肉体が滅びることも忘れて、牝牛の美味な肉と臓物を食べることになった人間どもは、その瞬間に死すべき人間の条件を甘受せざるをえなくなった。

プロメテウスは、人間どもの前にわざわざ白い骨を選びやすいように置いた。それだけでなく、人間に火を与え、腐りやすい生肉を火で料理して長持ちさせようとしたその行為は、死すべき人間の肉体を少しでも白い骨のように不滅の霊へ、不死の神々へ近づけたいという叶わぬ願いを暗示している。その意味で、人間アダパに不死を与えようと尽力した水神エアの行為とまったく変わりはないのである。

聖書のエデンの園の話も、メソポタミアの『アダパ物語』を下敷きにしているように思える。アダムとエヴァの楽園追放には、同じ「不死神話」が底流にある。アダムは、音声的に賢者アダパから派生した名前である。

『創世記』によれば、エデンの園には見て美しく、食べてよいあらゆる木が生え、中央に生命の木と善悪を知る木が生えていた。神は、アダムにどの木からでも好きなときに取って食べてよいが、善悪の木に生えている果実を食べると死ぬことになるから、取ってはならないと命じる。その後、神は、アダムのあばら骨からエヴァを創り、人類最初の男女を夫婦にさせる。

そこへ野の生き物のうちで最も狡猾なヘビが現われ、中央の木の実を食べても死ぬことはない、かえって目が開け、神のように善悪を知る者になれるとエヴァに囁く。エヴァは、善悪の木の実を食べ、夫にも与える。木の実を食べる前、二人は、裸でも恥ずかしくなかったが、食べた後、裸でいることが分かって、二人は、いちじくの葉を腰に巻きつける。

神が現われなぜ食べたのかと尋ねると、女は、ヘビに騙されて食べましたと答える。そこで神は、ヘビを野の生き物のうち最も呪われた獣にする。ヘビは、永遠に地を這い、ちりを食べる獣になる。人も呪われ、永遠に地から苦しんで食物を取るようになる。人はちりから創られたのだから、ちりに帰る。生命の木の実を取って食べ、永遠に生きる恐れがあるので、エデンの園から人を追放し、神は、ケルビムと炎の剣を園の東に置いて、「生命の木」の道を守らせる（『創世記』二、三）。

一神教の世界では、多神教の世界と違って、メソポタミア神話の最高神アヌとエア、ギリシア神話の最高神ゼウスとプロメテウスが火花を散らしたような神々の暗闘、知恵比べはない。最高神だけが存在すればよいのであって、エアやプロメテウスに対応する神は、当然のことながら舞台から姿を消している。

代りに登場するのがヘビである。しかし、ヘビは、人間を死の淵へ誘惑する。人間になんとか不死を与えようとするエアやプロメテウスとそこが決定的に異なる。

逆に、聖書の神は、木の実を食べさえしなければという条件付きで、初めに不死を人間に保証している。これを象徴しているのがエデンの園に生えている「生命の木」である。この場合の「生命」とは、永遠の生命のことであって、「生命の木」とは、人間に「不死」を保障している永遠の生命の木のことなのである。

だから、最初から人間に不死を与える気などなく、不死の神々と死すべき人間との越え難い一線に固執する最高神アヌやゼウスと聖書の記述は、そこが決定的に異なる。

しかし、人間は神との約束を破って善悪の木の実を食べ、「生命の木」の生える永遠の園、不死の楽園から永久に追放されて、ちりに帰る死すべき宿命を甘受せざるをえないのだから、結果的に聖書の神もアヌやゼウスと同じように人間が神になること、永遠の生命を得ることを許さない。

聖書もメソポタミア神話やギリシア神話と変わらず、死と不死の選別を食べ物でする点は同じである。食べ物は、不死神話では取り替えが自由に利く変換項なのだ。メソポタミア神話における神々の料理は、ギリシア神話では牝牛の骨と肉、聖書では善悪の木の実に変わる。

エデンの園、アダムとエヴァ

善悪の木を「不死神話」に導入したのは、聖書の特徴といってよいだろう。アダムとエヴァは、善悪の木の実を食べさえしなければ、善と悪の違いを知らずに済んだ。ということは、木の実を食べて悪を知ってしまったから、善のなんたるかも知るようになった。

男と女は、互いに裸でいることが恥ずかしくなる。それが人間の初めて体験する原罪の感覚である。人間は、原罪を犯したことで、神の楽園を追われ、永遠に死すべき宿命に縛り付けられることになる。聖書では、原罪の概念が不死を選ぶか死へ追い立てられるか、分かれ道の道標として効果的に使われているのである。

ギリシア神話と聖書の話は、メソポタミアから見て西の「不死神話」に当たるが、東の方に目を転じても、明らかに『アダパ物語』の異伝と思えそうな「不死神話」がヴェトナム、インドネシア、そして遠く沖縄、日本にまで広がっている。ヴェトナムの起源神話としては、こういう話が残っている。

時の初めに玉皇上帝は、人間に永遠の生命を与えようと望まれた。上帝は、人間世界に伝令を送ってこう伝えさせる。老年に達すれば、人間は自分で皮を脱いで若返る。しかし、ヘビは脱皮せずに死ぬだろうと。ところが、伝令は、誤ってヘビの巣に落ちてしまった。ヘビたちに脅されて、伝令は、上帝の命令とまったく逆さまなことを伝えてしまう。つまり、ヘビは脱皮して不死を得るが、人間は老いれば死ぬと。このため伝令は玉皇上帝の怒りをかい、天界を追われて、糞虫の姿にされ、地上に追放されてしまう(2)。

玉皇上帝は、中国道教の最高神だから、この起源神話は、中国の影響を受けている。前一一一年に漢の武帝が南越王国を滅ぼして、九郡を設置したのが中国人による最初のヴェトナム侵攻である。以後、多少の切れ目はあるものの、中国の直接支配は、紀元後九三八年にゴ・グエン（呉権）が独立を確保するまで続く。

この起源神話には、聖書の影響も見て取れよう。ヘビが登場し、聖書のヘビがエヴァを唆《そそのか》して善悪の木の実を食べさせ、結果的に人類最初の夫婦を不死の楽園から死の淵へ突き落としたように、ヴェトナムのヘビも伝令を脅して、天界の意向とは反対のことを言わせ、結果的に人類の運命を不死から死へ変えてしまうからである。

死か不死かという選択の問題に、ヘビと人間が並列・同等に扱われているのは、ヴェトナム神話の新機軸といってよいだろう。脱皮するヘビの様態が永遠の再生、不死のシンボルに使われているのだ。そこが聖書のヘビと大きく異なる。

しかし、脱皮して若返るのは、本来人間ではなくヘビのほうだから、玉皇上帝の意向とは裏腹に自然の定めに従って、再生を繰り返すヘビが最終的に不死を得る。このように土壇場でどんでん返しが行われ、人間が不運にも死を選ばざるをえなくなる筋書きは、『アダパ物語』以来、どこの「不死神話」でも共通している。世界のさまざまな「不死神話」をメソポタミア神話、とくに『アダパ物語』の異伝とする根拠も、こうしたどんでん返し、逆転の論理が一貫して流れているためだ。

このどんでん返しは、『ギルガメシュ叙事詩』の最終章でも使われている。主人公のギルガメシュが若返りの草を採取して水浴びしていたところ、ヘビに草を食べられて、探し求めていた「永遠の不死」を失う場面があるからである。ヘビがギルガメシュに勝って、土壇場で「不死」を掠め取っているわけである。

聖書のヘビも、おそらく『ギルガメシュ叙事詩』のヘビと無縁ではないだろう。聖書のヘビは、エヴァに善悪の木の実を食べなさいと誘惑して、人類の命運を「不死」から「死」へ塗り替える。

ヘビは、どんなに地を這う動物と蔑まされようと、エヴァを誘惑する時点では、「不死」を保証された楽園の動物である。エヴァは、ヘビの誘惑に負けて「不死」の状態を失うのだから、ギルガメシュと同じようにヘビに敗北したことになる。

そうなると、ヴェトナムのヘビは、聖書のヘビを経由してというより、メソポタミアから直接、伝播したと考えたほうが地理的には、むしろすっきりする。脱皮するヘビを再生の動物と捉える象徴概念が、太古の時代にイスラエルからヴェトナムまで広く伝播・定着していた可能性が強いからだ。

インドネシア・ニアス島の「不死神話」でも、ヴェトナム神話で一度は姿を消した食べ物が再びよみがえる。大昔、ある神が大地を創っていたが、その仕事が終わると召使いがいろいろな食物を九つの皿に盛って、神の前に差し出した。神は、バナナの盛られた皿を取り、子海老の入った皿を投げ捨てた。するとヘビが子海老を拾って食べてしまう。神は、腐るバナナを食べたために、その子孫である人間は長生きできなくなる。ヘビは、何度も皮を脱いで若くなる海老を食べたおかげで、いつまでも生きていられるようになる(3)。

北ボルネオのズスン族の神話も同じような展開になっている。世界創造を終えたケンハリンガンという神が、「誰か自分の皮を脱ぐことができるかね。それができたらわしはその者をいつまでも死なないことにしてやろう」と問いかける。その言葉を聞いたのはヘビだけだったので、「私ができます」と答えると、ヘビだけが不死を得た。人間は神の言葉を聴き損ねたので、死ななければならなくなった(4)。

日本の神話学者（松村、吉田、中沢）がよく引用するインドネシア・ボソ族の神話も、同じ変形群に属している。

「はじめ人間は、神が縄に結んで天空からつりおろしてくれるバナナの実を食べて、いつまでも命をつないでいたが、あるときバナナの代りに石が降ってきたので、食うことのできない石などは用がないと神に向かって怒った。

するとは神は、石を引っ込めてまたバナナをおろしてやったが、そのあとで「石を受け取っておけば、人間の寿命は、石のように堅く永く続くはずであったのに、これを斥けて、バナナの実を望んだために、人の命は、今後バナナの実のように短く朽ち果てるぞ」と告げた。それ以来、人間の寿命が短くなって、死が生じるようになった」(5)。

ヴェトナムからインドネシアへ移行する過程で、「不死神話」が微妙に変化していく様が分かる。最初は不死と死の対立項がヘビと人間の対立項と対応し、その対立が脱皮するかしないかという周期的に繰り返される再生のシンボルで説明されていた（ヴェトナム、ズスン族）。

そこに食べ物が導入されたことで、同じように脱皮する子海老が、ヘビに上乗せされて再生力を持つ不死の魚介類として補填され始める。それに呼応する形で、おいしくても腐るバナナがその地方の特産物として登場し、死を呼ぶ食べ物となって「皮を脱いで若返る」子海老の対立項になる（ニアス島）。

しかし、腐るバナナが新しい死の対立項に選ばれたことで、今度は腐らない石が新しい不死の対立項となってバナナと拮抗し始める。それに伴って、脱皮するヘビや子海老は神話から消え、死と不死の対立軸が脱皮するかしないかではなく、柔らかさと硬さ、腐るか腐らないかの問題に移行し始める（ボソ族）。

ボソ族の神話は、死と不死の対立軸を柔らかくて腐る肉と硬くて食べられそうにない骨で説明しようとしたギリシア神話に再び舞い戻った内容だ。

吉田敦彦氏は、『水の神話』のなかで、ネフスキーが採取した沖縄・宮古島の不死神話を取り上げている。それによれば、月の神と天の神の思し召しによって、人間には、スデ水（蘇生の水）を浴びせて常世の命を、心根の悪いヘビには、スニ水（死の水）を浴びせて死が宿命付けられていた。ところが、一匹のヘビがスデ水の桶に素早く入って、蘇生の水を浴びてしまったために、やむなく人間にはスニ水を浴びせることになった。おかげでヘビは、脱皮して若返ることができるようになり、逆に人間は死の宿命を背負うことになったという(6)。

宮古島の「不死神話」にも、『アダパ物語』の逆転の論理が一貫して流れている。同時にメソポタミアの水の神話素に当たる「水の再生神話」、とくに「生命の水」の概念が、沖縄で復活したことは注目されてよい。冥界に下ったおかげで、死を宣告されたイシュタルの死体に水神エンキ（＝エア）の薦めで使者が「生命の水」を振り掛けたところ、愛の女神が蘇生したという神話である。メソポタミア神話のなかで、エンキの「生命の水」は、イシュタルの蘇生にとどまらず、悪霊に取りつかれた人間の病を治すためにも使われている（『悪霊に対する呪文』）。

メソポタミアの不死神話は、エア（＝エンキ）神話群に属する水の神話の一つである。これがギリシアに移植されてプロメテウス神話群の一齣になり、水の神話の内実をとどめながら表向きは、火の神話に衣更えしている。エンキの「生命の水」は、また聖書に飛び火して主に「サマリアの女」の挿話に残った。このため、エデンの園の「不死神話」、人類の原罪神話とは無縁なところで生き延びる結果になった。

ヴェトナム、インドネシアでは、「不死神話」がヘビの脱皮型神話になり、琉球神話は、この脱皮型神話を踏襲した形だが、メソポタミアから見て東方のヴェトナム、インドネシアで消え、西方、とくに聖書で生き伸びていたエンキの「生命の水」が再び「不死神話」のなかで「蘇生の水」（スデ水）になって、沖縄でよみがえっている。そこが面白い。

沖縄に「ニライカナイ」という言葉がある。「海の彼岸から人間世界に神々が訪れ、豊穣や幸などをもたらしてくれる」というのが通常の定義である。外間守善氏によれば、「ニ」とは「根」のことで中心を示す名詞、「ラ」とは地理的空間を表す接尾辞、「イ」とは方を表す接尾辞で、「ニライ」とは「我々が来た根源のある方」というように解釈できるという(7)。

そうなると、海の彼岸に世界の根源、宇宙の中心が位置し、そこに神々が住んでいるということになる。沖縄本島南部には、斎場御嶽（セーファーウタキ）という拝所があり、琉球最高の聖域とされている。祭礼のときには、白装束をまとった「ユタ」と呼ばれる巫女が、海に臨んでいるところで海上に浮かぶ久高山の方向へ祈りを捧げる。久高山は、琉球創造の神にまつわる島で、「ニライカナイ」の世界観が今なお強く残っている島だという。

海は、神々の住む聖なる空間、根源の地からこの世に流れ出る水は、聖と俗をつなぐ聖水なのだ。スデ水（蘇生の水）は、沖縄独自の世界観に裏打ちされた聖水で、メソポタミアの「生命の水」が伝播したとは考えにくい。結果的に意味内容が重複しているのは、聖水の概念がそれだけ世界で普遍的・一般的だったと思ったほうがよいだろう。

日本の「不死神話」では、「水」が捨てられる。代わってボソ族と同じように石が選ばれ、食べ物が消えて女性たちが新たな変換項として現われる。女性の登場は「不死神話」の新機軸といってよい。

『古事記』上巻七によれば、山上に降り立った天つ神アマツヒタカヒコホノニニギノミコト（天津日高日子番能邇邇藝命）が、山の神オオヤマツミノカミ（大山津見神）の娘コノハナノサクヤヒメ（木花之佐久夜毘売）を見初め、山の神に結婚を申し込む。ところが山の神は、二人の娘を差し出したため、アマツヒタカヒコホノニニギノミコトは、醜い姉イワナガヒメ（石長比売）を送り返し、美しい妹のコノハナノサクヤヒメと一夜の交わりを結ぶ。その名の通り、姉のほうは醜女だが、石のような永遠の不死を象徴している。妹のほうは美女で、木の花の咲くように栄華を表しているが、寿命ははかない。こうして天つ神の血統を引く御子たちの寿命は、桜の花のように短くなったという。

ここにも『アダパ物語』のどんでん返し、逆転の論理が相変わらず流れている。しかし、この話の伝播が、インドネシア・琉球経由とは考えにくい。むしろ、一般に言われているように、文字文化や稲作技術と一緒に大陸から到来した可能性のほうが高い。だが、インド・中国・朝鮮に『アダパ物語』の異伝と思える神話は、知見の及ぶかぎり存在していない。

(4) 不死神話Ⅱ──『アトラ・ハシース物語』、『ギルガメシュ叙事詩』の系譜

メソポタミアの不死神話には、『アダパ物語』と『ギルガメシュ叙事詩』の二系統がある。『アダパ物語』の内容と異伝の様態は上に述べた通りだが、『ギルガメシュ叙事詩』の「不死神話」はこうなっている。

叙事詩の主人公ギルガメシュは、親友エンキドゥの死に衝撃を受け、不死を得て神々の末席に加えられたウトナピシュティム（＝アトラ・ハシース）に生命と死のことをききたいと思い、海を超え、山の通路をくぐり抜ける。山の名はマーシュ山といい、頂上は「天の岸」に届き、ふもとは冥界に達している。マーシュ山が天と冥界を結ぶ宇宙軸として捉えられている。こうした宇宙山のイメージを通して天に不死、冥界に死があることが暗示されているのだ。

しかし、山の通路の暗闇は深く、光も射さない。この天（＝光）と冥界（＝暗闇）の分かれ道を一二ベール（一ベール＝約一〇キロ）過ぎたところで、光の楽園とめぐりあう。そこでは紅玉石でできた石の木々が果実を実らせ、青玉石が青葉をつけている。

主人公は、この楽園で太陽神シャマシュと出会う。太陽神は、「お前の求める生命は見つからないだろう」と主人公を突き放す。ギルガメシュは、「わが眼に太陽を見させよ。光のあるところ、暗黒は引き下がる」と訴える。太陽が永遠の生命の象徴になっているのだ。途中、ギルガメシュは

いろいろな人と出会って、シャマシュと同じようなことを言われるが、最後にとうとうウトナピシュティム（「生命を見た者」の意）とめぐりあうことになる。

ウトナピシュティムは、守護神エアから神々の秘事を明かされ、「大洪水」から助かった顚末を語る。神々が大神、とくに風神エンリルに頼んで洪水を起こさせ、人類を破滅に追いやろうとしたのだ。これが有名な洪水神話で、すでに詳述した通りである。水神エアがこれをいち早く察知して、人間のなかの最大の賢者ウトナピシュティムを大洪水から救い出そうとしたのだ。

洪水を逃れた賢者は、永遠の生命を得る。そして、不死を求めて自分に会いに来たギルガメシュに六日六晩眠らずにいて、永遠の生命が得られるかどうか試してみよと試練を課す。さらに試練を無事に果たした主人公にバラのようなトゲを持つ若返りの草が海底に生えていることを教える。海に潜って特別の草を採取した主人公が泉で水浴びをしていたところ、ヘビに草を食べられてしまう。ギルガメシュは、失望のうちに故郷のウルクへ帰る。

聖書の楽園追放神話には『アダパ物語』だけでなく、『ギルガメシュ叙事詩』の影響も見て取れる。善悪の木の実を食べて、人間が死すべき宿命を背負い込まざるをえなくなるところは、食べ物で「死」か「不死」のどちらかを選別させる『アダパ物語』の影響だが、ヘビの介入は、前にも述べた通り、『ギルガメシュ叙事詩』から採ったものだろう。エヴァは、ヘビに唆されて「死」を呼び込むが、ギルガメシュも若返りの草をヘビに食べられて「不死」から見放される。

洋の東西を問わず、「不死神話」になぜこうもヘビが登場してくるのか。ヴェトナム、インドネシアの「不死神話」では、ヘビは脱皮を繰り返すので、「不死」と結びつくと象徴的な答えを素直に物語のなかに組みこんでいる。

『ギルガメシュ叙事詩』の「不死神話」に『アダパ物語』の逆転の論理は、見て取れない。しかし、『アダパ物語』が上に述べたような東西世界に広がりを持っている以上、ギルガメシュが暗黒のなかに光、死のなかに永遠の生命を求めてさまよい、ウトナピシュティムに導かれて不死の境地に辿り着こうとする『ギルガメシュ叙事詩』の挿話が影響力を及ぼさなかったとは考えにくい。

実際、ギルガメシュの「不死神話」は、アジアの内陸部に浸透し、もっとはるかに深化した形でヒンズー教や仏教の解脱思想、チベットの『死者の書』、中国の神仙思想を生み出す発生源になっていたのではないかと思う。例えば、チベットの『死者の書』にはこんなくだりがある。

「ああ、激しい貪欲のために私が輪廻しさまよっているときに、すべての対象を正しく観察する知恵の明るい光の道へと、アミターバ如来がお導きくださいますように。女尊パーンダラヴァーシニーが背後から支えてくださり、恐ろしいバルドゥ（中有）の難関を超えさせてくださいますようにお祈りいたします。正しく完全な仏の境地にお連れくださいますように」（川崎信定訳、第一巻）。

チベット密教では、生き物の輪廻転生の過程に中有（チベット語でバルドゥ）という概念を設定する。バルドゥ（中有）とは、死後、次の生に生まれ変わるまでの中間の状態をいう。しかし、中有の最初の三段階は、むしろ生前の修行段階である。死後の四十九日間も中有の期間にあり、この期間も三段階の修法に分かれる。生前と死後の六つの修法段階を合わせて「ナーローパの六法」という。

上の引用文は、死後の最初の修法段階チカエ・バルドゥ（死の瞬間の中有）から採ったもので、チカエ・バルドゥとは、死者が死の瞬間に最初の光とめぐりあうダルマ・カーヤ（法身）の段階のことをいう。

『死者の書』にある「ナーローパの六法」は、「誰も超えたことのない」（第九の書板）マーシュ山の通路を主人公が一人超えていく『ギルガメシュ叙事詩』の描写に近い。

「一ベール過ぎると、暗闇は深くそこには光がない」（第九の書板）。

この言葉が一〇ベールまで一〇回リフレーンのように繰り返され、一一ベールすぎると太陽の光線が射し、一二ベールすぎると光があり、楽園が開ける。そこに太陽神シャマシュや不死を得たウトナピシュティムがいる。ウトナシュティムとは、メソポタミアの他の物語ではアトラ・ハシースの別名で水神エアの神官、海を渡った「遥かなる地」ディルムンの山で神々の末席に加えられ、不死の生活を送っている賢者である。

釈迦が解脱して梵我一如の心境に辿り着いたのは、太陽神ヴィシュヌとの合一を得心した結果である。ギルガメシュも「生命を見た」ウトナピシュティムに導かれて、「永遠の生命」を象徴する太陽神シャマシュから不死を得ようとした。ヴィシュヌとシャマシュは、同じ太陽神ということで対応する。その旅の軌跡は、ヴィシュヌとの合一をめざす仏教やヒンズー教のヨーガ行者の解脱とそれほど変わらない。

ヒンズー教、仏教、密教の解脱思想の根底には、不死神話があるのであって、これは中国の神仙思想の場合も同じである。『列子』「湯問第五」には、渤海の東のほう何億万里も離れたはるか遠い彼方に蓬莱山など五つの神山があり、そこに黄金や宝石で造られた仙宮が建ち、仙人たちが住んでいることが語られている。前漢の武帝や秦の始皇帝は、こうした神山へ不老不死の仙薬を求めて遠征隊を送った。

実際、『史記』「秦始皇帝本紀」には、方士徐市（＝徐福）が始皇帝に対して、東海に蓬莱、方丈、瀛州《えいしゅう》の神山に仙人が住んでいると上書し、神山めざして船出したことが語られている。

劉向の撰とされる『列仙伝』には七十余人、葛洪の作とされる『神仙伝』には九十余人の仙人たちが列記されている。二〇〇歳、三〇〇歳の長寿の仙人などはざらにいて、彭祖《ほうそ》などは、八〇〇余年生き永らえた後に昇仙している。彭祖は、肉桂や霊芝を常食にして、道家の養生法である導引行気の法に熟達していた。

彭祖

仙人たちは、その他、松の実、ショウブ、ニラの根、カブラ、ヒマワリといった植物から雲母、水晶、さては金丹といった鉱物まで服用する。植物は枯れるが鉱物は枯れない。枯れないほうが不死に役立つと考えるのは当たり前のことで、この連鎖反応から鉱物のなかで最も純粋な金丹（＝黄金）が珍重されることになる。

ケルトの異界は、「不老不死の国」と呼ばれる神々の桃源郷だが、人間が「不老不死の国」へまぎれこめば、灰と化すというのがケルト神話の教訓である（『フェヴァルの息子ブランの航海と冒険』）。不老不死は、神々にだけ与えられた特権のはずなのに、人間は、不老不死を願わずにはいられない。そこから不死神話が世界中にあふれかえることになる。こうした不死神話は、アフリカやアメリカ大陸にもある。

『ギルガメシュ叙事詩』からインド・チベットの解脱思想を経て、中国の神仙思想にいたる「不死神話」には、ある一貫した論理が流れている。それは、心の旅であれ空間の旅であれ、修行を通して死のなかに永遠の生命、不死を求める姿勢である。

本来、こうした旅は現実には不可能なことで、不可能だからこそ宗教になる。つまり、不可能を成就して解脱した釈迦は、仏になって仏教が生まれ、中国では神仙思想が道教と結びつくことになる。釈迦は、行者とは違い、輪廻転生を最も完成された解脱を通して実現したからこそ、仏教の開祖になった。老子は、「天命を受けるほどの神通力と未来の透視力」を具えていたからこそ、「あまたの仙人に師事され」」、「道（タオ）の主」になった（『神仙伝』、巻一、「老子」）。

仏教であれ道教であれ、ここではこれ以上言及する積もりもなければ、その任でもない。比較神話学の見地から、メソポタミアに発した「不死神話」の異伝の道筋を追って行くと、どうしても仏教の解脱思想や道教の神仙思想を回避するわけにはいかないというだけのことである。

メソポタミアを起源とする「不死神話」については、もう一つ「生命の水」の概念がある。「生命の水」は、水神エアが管轄する聖水で、殺された女神イナンナは、この聖水でよみがえった。「生命の水」は、聖書に波及しただけでなく、私の見るところ、インド神話で甘露、霊水の訳語を当てられているアムリタ（=神酒ソーマ）にも痕跡を残している。アジアにおける「生命の水」の神話は、八章の後半と九章で改めて取り上げたいと思う。

[注]

（1）拙著、『ラシーヌの悲劇』、中央大学出版部、一九八八、四七五—五二二頁。
（2）イヴ・ボンヌフォワ編、金光仁三郎主幹、『世界神話大事典』、大修館書店、二〇〇一、一〇八一頁。
（3）松村武雄編、『インドネシア・ヴェトナムの神話伝説—世界神話伝説体系一五』、名著普及会。一九七九改訂版、二七頁。
（4）注（3）の上掲書、二八頁。
（5）松村武雄著、『日本神話の研究』第三巻、培風館。
（6）吉田敦彦著、『水の神話』、青土社、一九九九、一〇—一七頁。
（7）外間守善著、『沖縄の歴史と文化』、中公新書。

第七章　人類創造と洪水神話（ヨーロッパ編）

（1）メソポタミアからギリシア神話へ――パンドラとデウカリオン神話

メソポタミア神話で人間を創造し、人類を洪水から救済するのは水神エアの事跡であった。第五章で述べたようにメソポタミアでは、「人類創造神話」、「洪水神話」、「不死神話（アトラ・ハシース、ギルガメシュ型）」は、連続した円環のなかで物語られている。

水神エア（＝エンキ）が大地母神（ニントゥ、アルルなど）と力を合わせ、出産女神たち（ベーレト・イリー）の助けを借りて土塊を水で捏ね合わせ、そこに殺された神の血と肉と精霊を加えて十か月待てば人間が誕生するという発想である（「人類創造神話」）。

風神エンリルは、神を殺して人間を創造したエアの所業を非難し、地上に洪水を広げて人類を破滅に追いやろうとした。水神エアは、賢者のアトラ・ハシース夫婦（＝ウトナピシュティム、ジウスドゥラ）を洪水から救い、夫婦に不死を与えて「遥かなる地」ディルムンの山に住まわせる（「洪水神話」、「不死神話（アトラ・ハシース、ギルガメシュ型）」）。

これが『アトラ・ハシース物語』、『ギルガメシュ叙事詩』、『洪水伝説』などで語られている「人類創造神話」、「洪水神話」、「不死神話（アトラ・ハシース、ギルガメシュ型）」の大意である。

ギリシア神話でも作者は異なるものの、「不死神話（アダパ型）」、「人類創造神話」、「洪水神話」は同じ円環のなかで物語られている。そう映るのは、メソポタミア神話で水神エアが三つの物語を主導していたのとまったく同じ役割を、ギリシア神話でプロメテウスが担っているからである。

ヘシオドスの『神統記』で「人類創造神話」に当たるパンドラ誕生の話は、人間に不死を与えるか否かをめぐってゼウスとプロメテウスが知恵比べをする「不死神話（アダパ型）」の後に置かれている。

ゼウスが人類最初の女パンドラの創造に踏み切ったのは、知恵に長けたプロメテウスが最高神の裏をかいて火をウイキョウの茎に入れ、天界から盗み出したからだった。ゼウスは激怒する。人間に不死を与えようとしたばかりか、火など天界のさまざまな技術を人間世界に教えこもうとしたプロメテウスの所業をゼウスは許容できなかったのである。最高神は盗まれた火の代償として人間世界に禍を送る。禍の元凶が最初の女パンドラである（「不死神話（アダパ型）」、「人類創造神話」）。

パンドラから「人を破滅させる女たちの種族」（『神統記』、五九〇行以下）が生まれ、彼女たちは、男たちと結婚しても忌まわしい貧乏には見向きもせず、「裕福とだけ連れ合って」、「死すべき身の人間どもに大きな禍」をもたらす。

ゼウスは、鍛冶神ヘファイストスに命じて、「土を水で捏ね、これに人間の声と体力を注いで」（ヘシオドス、松平千秋訳『仕事と日々』、六〇行、以下同）、パンドラを創っている。メソポタミア神話の「神の血と肉と精霊」がギリシア神話で「人間の声と体力」に変わっただけのことだ。

最初の女は、女神アテナに似せて、麗しく愛らしい乙女に創らせ、黄金のアプロディテには、「魅惑の色気と……恋の苦しみ」を、ヘルメスには「犬の心と不実の性」を植えつけよと命じている。女の美しさは、禍を呼ぶ罠なのだ。

ゼウスは、パンドラをプロメテウスの弟エピメテウスに贈って、二人を結婚させている。プロメテウスがゼウスからの贈り物は禍をもたらすので決して受け取ってはならぬと弟に忠告しておいたのに、エピメテウスは、うっかり忘れて彼女を貰い受けてしまったのである。プロメテウスは「前もって考える者」、エピメテウスは「後から考える者」という意味で、この双子の兄弟は「先見の明」と「愚鈍」をそれぞれ象徴している(1)。

ヘシオドスの『仕事と日々』によれば、パンドラが生まれる前にもこの地上には人間の種族が住んでいた。彼らは、「あらゆる煩いを免れ、苦しい労働もなく、人間に死をもたらす病苦も知らずに」（九〇行以下）暮らしていた。これは、後に述べる黄金時代の理想郷の描写である。ところが、パンドラが甕の大蓋を開けて、その中身をまき散らしてしまった。甕のなかには希望だけが残り、「数知れぬ災厄が人間界に跳梁するようになった」。以後、人間はさまざまな苦難を背負い込むことになる。

ヘシオドスは、水と土から人間を創造する役割をゼウスの命を受けたヘファイストスに割り振った。これに対して、アポロドロスのほうは、その役割をプロメテウスに帰している。ヘファイストスは、ただプロメテウスをカフカス山頂に縛り付けただけだ（高津春繁訳『ギリシア神話』一、七―二、以下同）。鍛冶神のこの役割は、アイスキュロスの『縛られたプロメテウス』とまったく同じである。

パンドラを襲うサテュロス

これは、ギリシアの古層の神話で人類最初の創造者がプロメテウスに帰せられていたことを物語ろう。メソポタミア神話がギリシア神話に深く浸透していたことを考え合わせれば、そう判断せざるをえない。古層の神話では、火神プロメテウスが水と土から人類を創った水神エアの異伝と受けとめられていたのだ。

もっと詳しく言うと、ヘシオドスは、パンドラ誕生以前の人間を「黄金の種族」、「銀の種族」、「青銅の種族」、半神と呼ばれる「英雄の種族」の四つの時代に分けている。彼は、今の世の五番目の時代を人間の別の種族、「鉄の種族」の時代と呼んでいる。「黄金の種族」と「銀の種族」はオリュンポスに住む神々が創り、「青銅の種族」はゼウスが創っている（『仕事と日々』）。

黄金時代はクロノスの時代で、ゼウスが覇権を握ると黄金時代は幕を閉じる。「銀の種族」は、神々に敬意を払わなかったためにゼウスに滅ぼされる。続く青銅時代は、人々が殺し合いを演じる末世の時代で、このため「青銅の種族」は、冥府へ送りこまれる。ゼウスは、「青銅の種族」の代わりに新しい人間の種族を創り出そうと考えた。これがパンドラ誕生の話である。

ヘシオドスは、黄金と銀の種族の人間たちをオリュンポスの神々が創ったと言っているが、具体的にどの神々が創ったのかは特定していない。これに対してアポロドロスは、「プロメテウスは水と土から人間を象り、ゼウスに秘してウイキョウの茎のなかに火を隠して彼らに与えた」とはっきり述べている。火を盗む以前の人類創造をプロメテウスに特定しているのだ。

したがって、黄金と銀の種族の人間たちを創った神々とはプロメテウス（と他の神々）のことを指していることになる。ヘシオドスとアポロドロスは、別のことを言っているわけではないのだ。ギリシア神話では人類創造が都合二回行われているだけのことだ。

プロメテウスが火を盗む以前の人類創造、黄金、銀の種族といった最初の人間たちは、プロメテウスが主導するオリュンポスの神々が創っている。プロメテウスが火を盗んだ以降の人類創造、青銅の種族だけでなく、英雄の種族以降の時代は、ゼウスが人類創造を主導し、パンドラが新しい人類の始祖になる。最初の人間たちは男だけの世界である。新しい人類の時代からパンドラが生まれたことで女たちが加わる。

この後、アポロドロスは、プロメテウス兄弟の血を引くデウカリオン神話を次のように語り始める。新しい人類の時代の到来、ギリシアの「起源神話」を述べているのだ。

「プロメテウスに一子デウカリオンが生まれた。彼はプティアの地に君臨してエピメテウスとパンドラの娘ピュラーを娶った。パンドラは神々が象った最初の女である。ゼウスが青銅時代の人間を滅ぼそうとしたときに、プロメテウスの言によってデウカリオンは一つの箱船を建造し、必需品を積み込んでピュラーとともに乗り込んだ。ゼウスが空から大雨を降らしてヘラスの大部分の地を洪水で覆ったので、近くの高山に遁れた少数の者を除いて、すべての人間は滅んでしまった……

デウカリオンは、九日九夜箱船に乗って海上を漂い、パルナッソス山に流れ着いた。そこで雨がやんだので、箱船から降りてゼウスに犠牲を捧げた。ゼウスは……望みのものを選ぶように言った。彼は人間が生じることを選んだ。そこでゼウスの言葉によって石を拾って投げたところ、デウカリオンの石は男、ピュラーの石は女となった。デウカリオンはピュラーによってまずヘレーンを生んだ……

ヘレーンは、ギリシア人と呼ばれていた人々を自分の名をとって「ヘレーン」（ギリシア人）と名づけた」。

プロメテウスを水神エア、デウカリオンを賢者ウトナピシュティム（＝アトラ・ハシース、ジウスドゥラ）、最高神ゼウスを地の支配者エンリルと天の支配者アンの合体と考えて、この文を読み直せば、そのままメソポタミアの「洪水神話」が再現する。

強いて細部の違いを挙げるとすれば、九日九夜の海上漂流がメソポタミアでは六日六夜、パルナッソス山がニシル山になっているぐらいなものだ。大きな違いといえば、メソポタミアでは賢者ウトナピシュティムに「不死」を与え、神々の末席に加えて「洪水神話」を最終的に「不死神話」と結びつけたのに対して、ギリシアではデウカリオンの実子をヘレーンと名乗らせ、「洪水神話」をギリシア人の「起源神話」と合体させているところだろう。

ギリシア人の男女が石から生まれたのは、岩から生まれたウルリクムミの誕生を踏襲した結果だろう。ヒッタイトの『クマルビ神話』でウルリクムミの産婆役を務めるのは大地母神だから、石や岩から生まれる異常な出生も、大地からの誕生と考えれば素直に納得できる。あるいは、シュメール・アッカド神話で水神エアが主導する「人類創造」のときに、出産女神たちが捏ねた十四片の粘土の間にレンガを積み上げるので、この石をレンガの言い換えと考えてもよい。

パンドラもギリシアの大地を水で捏ねて創られており、要するに、ギリシアでは「起源神話」を大地から人類が誕生することで統一しようとしているのだ。そこにプロメテウス兄弟の純潔の血をからめて「人類創造神話」を完了させる。

メソポタミアでは殺された神の血と肉と精霊を粘土に混ぜ合わせる。ギリシアではプロメテウス兄弟の神の血筋を粘土で創った女と混交させて新しい人間の始祖たちができあがる。神と女の聖婚を主軸にした「起源神話」を創り出そうとしているのである。しかも石を投げてギリシア人の男女を創っているのは、プロメテウス兄弟の血を引くデウカリオンとピュラーだから、「人類創造」を主導しているのは、要するにプロメテウスなのである。

メソポタミア神話で水神エアが「人類創造神話」、「洪水神話」、「不死神話」で主役を演じ、それとまったく同じ役割をプロメテウスがギリシア神話で担っている。しかも、エアとプロメテウスは、共に「人間に味方する神」である。もはやプロメテウスが水神エアであることは疑う余地がなかろう。

（2）聖書――楽園神話とノアの洪水神話

聖書の『創世記』でも「人類創造」、「不死神話」、「洪水神話」は配列こそ違えメソポタミアやギリシア神話と変わらず、連続した同じ円環のなかで物語られている。しかし、エアやプロメテウスに当たる神はいない。人間を創るのもヤハウェ、「不死神話」の主導権を握るのもヤハウェ、洪水を起こし、洪水からノアを救い出すのもヤハウェである。一神教にエアやプロメテウスは不要なのだ。

聖書ではエアの事跡がことごとくヤハウェに吸収される。それどころか洪水を起こした風神エンリルや竜退治（ティアマト殺し）をしたマルドゥクの事跡すらヤハウェが吸収して、唯一絶対の神権を不動のものにする。

ヤハウェは、人類最初の男女を神の形に似せて土のちりで創り、命の息をその鼻に吹き入れている（『創世記』二）。さらに詳しく、男が眠っているときにあばら骨の一つを取り、その場所を肉でふさいだ後、女は男のあばら骨で創られたと述べている（同上 二）。

これがアダムとエヴァを最初に創った聖書の「人類創造神話」である。神の「命の息」は、メソポタミア神話の「殺された神の血と肉と精霊」、ギリシア神話でパンドラを創造したときの「人間の声と体力」を変えただけのことで、人が土で創られるところは三つの神話に共通している。

聖書の新機軸といえば、土で創ったエヴァの誕生にあばら骨を加えたことだが、それを除けばエヴァはパンドラなのだ。二度繰り返されるギリシア神話の「人類創造」と違って、聖書の場合はメソポタミア神話と同じように一度で完結する。ギリシア神話におけるパンドラ以降の新しい人類の時代、これが聖書の「人類創造」の物語であって、それ以前の話は切り捨てられている。プロメテウスの切り開いた黄金、銀、青銅時代を体よく除去しようとしているかに映る。

エデンの園の神話は、黄金時代の理想郷の痕跡をとどめている。というより、聖書とギリシア神話の楽園は、『ギルガメシュ叙事詩』でジウスドゥラ（＝アトラ・ハシース）が洪水から逃れ、不死を得て住む理想郷、ディルムンの地の描写に近い。

エデンの園の中央には「生命の木」が生えている。ジウスドゥラは、「永遠に続く生命」という意味である。アトラ・ハシース（「賢き者」の意）がジウスドゥラの別名で呼ばれるようになったのは、賢者が永遠の生命、不死を得たからだ。

エデンの園の「生命の木」も、メソポタミア神話の影響を受けて、同じように不死を象徴している。エデンの園は不死の楽園、神々の楽園なのだ。アダムとエヴァは、「生命の木」の果実を食べてさえいれば死なずにすんだ。極端に言えば、多神教の神話の残映を留めて、二人は神々の末席に加えられていたのである。ところが、エヴァがヘビに唆されて善悪の木の実を食べたおかげで悪を知り、人類は永遠に原罪を背負い込んで楽園を追われ、死ぬべき宿命を甘受せざるを得なくなった。神々から人間への降下である。人類最初の女エヴァがパンドラと同じように人間世界に禍をもたらす。

(3) ギリシア神話と聖書——人類創造神話の類縁性

なぜ聖書でもギリシア神話でも人類最初の女が禍を呼ぶのか。男権的な古代社会の反映といえばそれまでだが、そうではなく、それならなぜ人類最初の人間が禍を呼ぶのかと問い直してもよい。これは物語の構造上の問題が大きく左右しているのだ。

メソポタミアの「不死神話」が二系列あることは第七章で述べた。最初の『アダパ物語』は、死か不死かの選択に賢者が「死」を選ばざるを得ない物語になっている。賢者アダパに「死」を選択させるのは最高神アヌで、物語を主導しているのはあくまで最高神である。

これに対して『アトラ・ハシース物語』と『ギルガメシュ叙事詩』は、賢者や英雄が「不死」を求めて洪水の後、「不死」を得ようとする物語である。アトラ・ハシースは、実際に「不死」を得、ギルガメシュは「不死」を得ることに失敗する。しかし、アトラ・ハシースもギルガメシュも「不死」を求める賢者や英雄であることに変わりはない。物語を主導しているのは、「不死」を求める人間、つまり賢者や英雄であって、神ではない。

『アダパ物語』は、最高神の視点が優先するから人間の「死」に力点がおかれ、『アトラ・ハシース物語』、『ギルガメシュ叙事詩』は、人間の視点が優先するから賢者の「不死」に物語の力点が置かれている。

メソポタミアの「人類創造神話」、「洪水神話」は、後者の物語のなかで語られており、『アダパ物語』は後者の物語とは切り離された独立した物語になっている。

ところがギリシア神話にせよ聖書にせよ、『アダパ物語』を下敷きにした異伝のほうを、「人類創造神話」、「洪水神話」など後者の物語の一連の流れのなかに組み込んでいる。

ギリシア神話の配列は、最初の「人類創造神話」（パンドラ誕生以前の黄金、銀の時代、プロメテウスが創造主）、「不死神話」（アダパ型）、二度目の「人類創造神話」（青銅の時代とパンドラ誕生以後の時代、ゼウスが創造主）、「洪水神話」（デウカリオン神話）、「起源神話」（始祖ヘレーンの話）の順になっている。作者は違うが、物語の流れを追えば、この順序になる。

聖書の配列は、「人類創造神話」（アダムとエヴァの誕生、楽園神話）、「不死神話」（アダパ型、楽園追放の物語、人類が原罪を背負う）、最初の「起源神話」（カインとその末裔の物語）、「洪水神話」（ノアの話）、二度目の「起源神話」（ノアの末裔の物語）の順である。

ギリシア神話で繰り返されている二度の「人類創造」を一度に切り詰めれば、聖書とほとんど同じ配列になる。ギリシア神話も聖書も「人類創造」、「洪水神話」、「不死神話」（アトラ・ハシース、ギルガメシュ型）の流れで描いたメソポタミア神話と違った構造に切り替えられているのだ。

物語の流れは、これによって構造的にどう変化を余儀なくされたのか。人間が創造された後、人類が死すべき宿命、禍を背負い込まざるを得なくなるからには、その前段階で禍のない「不死」の状態、またはそれに近い状態がどういう環境、どういう時代だったかを描きこまなければ物語として成り立たない。それがギリシア神話の黄金時代、聖書の楽園神話である。

ギリシア神話が人類をパンドラ以前の旧世代（黄金、銀、青銅時代）とパンドラ以後の新世代に二分したいわれがこれで分かる。しかし、旧世代の始まりを黄金時代、至福の理想郷に描いても、女のいない男だけの世界に限っては、いずれは殺伐とした末世の時代、青銅時代が到来せざるを得ない。

オウィディウスは、『転身物語』のなかでこの青銅時代をリュカオン（狼王）が統治する人肉嗜食の時代に描き、この悪癖を洗い清めるためにデウカリオンの「洪水神話」をその後に置いた。物語の流れのなかにアダパ型の「不死神話」を導入すれば、どうしても人間の「不死」より「死」のほうに力点を置かざるをえなくなる。アダパは賢者でありながら、永遠の生命、「不死」を与えられず、並の人間と同じように「死」を受容せざるを得ないからである。

そこに断層が生まれ、境界線が敷かれて「死」は人間世界に最大の禍をもたらす元凶と受けとめられるようになる。人類の多産を保障してくれるのは、どう転んでも男より女のほうだから、人類最初の女が人間世界に初めて「死」を呼びこんだ原罪、元凶を背負い込まざるを得なくなる。パンドラとエヴァのイメージの原型は、こうして生まれた。

聖書とギリシア神話がアトラ・ハシース、ギルガメシュ型の「不死神話」を導入していたら、「死」より「不死」に力点が置かれることになる以上、それに続く「起源神話」は、「不死」を得た賢者の物語、それも類まれな個人の物語にならざるを得なかったろう。

神のような賢者は、いつまでも続くはずがないから、人類の「起源神話」として成立させるには、「愚鈍」なり「大衆性」の要素を注入して神と人間との溝を飛び越え、人間世界に近づけてやらなければいけない。ギリシアの起源神話で「愚鈍」を象徴しているのがエピメテウス、「大衆性」、「多数性」を表しているのがデウカリオン夫婦の投げた「石」である。「石」から多数のギリシア人が生まれるからである。

聖書では「愚鈍」、「多数性」の代わりに「罪」の概念を用いて「起源神話」を創り出そうとした。アダムとエヴァの夫婦から最初にカインとアベルが生まれた。カインは、エヴァの原罪を背負わされて罪人として弟アベルを殺し、故郷を追われて地上をさすらう者になる（『創世記』四）。カインの子孫レメクも復讐心が嵩じて若者を殺す。

聖書では、ノア以前の時代にエヴァ、カイン、レメクと三世代にわたって堕罪の構成を取っている。これが最初の「起源神話」である。しかし、「起源神話」をこれで完結させれば、イスラエルの末裔は、選民どころか呪われた民の烙印を捺されかねない。呪われたカインの末裔はケニ人が背負うことになった。ケニ人とは、同じヤハウェを信仰していた遊牧民族である。

エピメデウスは、「愚鈍」といえども神である。この「愚鈍」は、他の神々と比べて「愚鈍」というだけの話で、裏返して言えば、愚鈍な神が愚鈍な人間社会に下って人類の始祖になれる証である。エピメデウスを「愚鈍」と言うのは神々であって、人間どもが判定しているわけではない。エピメデウスの「愚鈍」は、清廉潔白な唯一絶対の神から汚れと背中合わせにある人間どもを峻別した聖書における「原罪」の概念とさほど変わりはないのだ。

ギリシア人の始祖ヘレーンは、パンドラ（土）の孫とはいえ、プロメテウス兄弟という神々の血筋も引いている。だから、「起源神話」を一度で完結させても事足りる。しかし、アダムとエヴァにヤハウェの血は混入していない。神の血が混じっていないだけ、エピメデウスの「愚鈍」やパンドラの「不実な性」だけではおさまらず、原罪の烙印を捺されたカインとレメクは、禍へ向かってもっと過激に暴走する。それが二人の殺害行為、堕罪である。これは、アダパ型の「不死神話」、楽園追放神話を導入した結果であって、「死」がもたらす禍を背負わざるを得なくなった人間の末路、極限のイメージといえる。

呪われた民でなく、選民としての「起源神話」を作り上げるには、物語の流れをもう一度立て直さなければならない。アダムは一三〇歳になったとき、エヴァとの間に男の子をもうけ、セトと名づけた。『創世記』（五）では、この思いがけない誕生をきっかけにアダムの血を引くセトの系図が語られる。セトから数えて九代目がノアである。「起源神話」を二度語ろうとしているのだ。そうしなければ、呪われたカインの末裔を人類救済の名目で洪水から救い出さざるを得ず、これでは物語が破綻する。

ノアとその家族を洪水から救い出すためには、ノアは選良でなければならない。ノアは、メソポタミア神話の賢者アトラ・ハシースなのである。しかし、アトラ・ハシースの物語は、「不死神話」であって「起源神話」ではない。この物語は、賢者が「不死」を得て神になる。それで話は完結する。だが、人間を脱して神に昇った賢者の物語は、一個人の奇跡的な物語、神の物語にはなりえても、人類の「起源神話」にはなりえない。人類の「起源神話」には「大衆性」、「多数性」の導入が不可欠である。だからこそデウカリオン神話は、どこにでも転がっている「石」を導入して「多数性」とつなげた。

一神教の聖書では、ノアがアトラ・ハシースのような神になることはありえない。ヤハウェだけが唯一の神であって、ノアに「不死」を与えた途端に一神教の神学構造は崩れ去る。だが、ノアには神の血筋を引きながら、神から人間に下ったデウカリオンのような徳がある。

ノアがデウカリオンなら、カインの末裔の時代は、ギリシア神話の青銅時代、人間同士が殺し合いを演じ、悪徳がはびこった末世の時代に対応する。カインの語源は、「鍛冶師」という意味で、ギリシアの青銅時代にいかにもふさわしい。

『創世記』にはメソポタミア神話だけでなく、ギリシア神話の影響も見て取れるのだ。つまり、ギリシア神話が「人類創造」を二度にわたって行っているのと同じように、『創世記』も「起源神話」を二度繰り返す。「起源神話」というのは「人類創造神話」を発展させたものだから、二つの神話は、話の展開次第で同じものになる。

もう一度上述したギリシア神話と聖書の配列の順序を見ていただきたい。ギリシア神話の最初の「人類創造神話」（パンドラ誕生以前の黄金、銀、青銅時代、プロメテウスが創造主）を楽園神話の黄金時代と末世神話の青銅時代の二つに分け、前者の黄金時代だけを聖書における「人類創造」とエデンの楽園の時代（アダムとエヴァの誕生）とし、後者の青銅時代、末世神話のほうを「不死神話」（アダパ型、楽園追放神話）の後に組み込んで、カインの末世の時代とだぶらせ、これを遊牧

箱船から鳩を放つノア

民族ケニ人の「起源神話」と考えれば、そのまま聖書の配列とまったく同じ順序になる。

聖書とギリシア神話との間で物語の流れに多少のずれが見られるのは、聖書の作者がヤハウェとゼウス、エヴァとパンドラを対応関係に置いて、聖書の「人類創造」（アダムとエヴァの誕生）をギリシア神話の新しい二度目の「人類創造」（パンドラ誕生以降、ゼウスが創造主）から始めているためだ。一神教の聖書がプロメテウスの主導する最初の「人類創造」を採用すれば、多神教を容認したことになってしまう。物語の構造上のずれは、宗教の質の違いからも説明できるのである。

ノアの洪水神話（『創世記』六、七、八）がメソポタミアの洪水神話を踏襲していることは周知のことなのでここでは繰り返さない。ノアにはセム、ハム、ヤフェトの三人の息子がいた。ヤハウェはノアと契約を結ぶ。ノアは妻子や嫁たちと一緒に主の言われた通り箱船に乗り、洪水から救われる。『創世記』では、全世界の人々がノアの三人の息子たちから出て広がったと記され（九）、続いてノアの子孫の系図が詳細に語られる（十）。セムから数えて九代目がアブラハムである。これが聖書の二度目の「起源神話」である。

ノアの徳は、アトラ・ハシースが「不死」を得て神々の末席に加えられたほどの神的な徳ではない。あくまでも人間的な徳である。デウカリオンがエピメデウスとパンドラの娘ピュラーを娶って人間臭い「愚鈍」と土から生まれた「大衆性」を引き受けたように、ノアもカインがおちいった原罪の罠、悪徳の暴走をいましめとしながら、にもかかわらずほどよい原罪を背負い込む。それが全世界の人々の始祖となり、「起源神話」の成立する必須の条件だからである。

原罪とは、神のような「不死」になれない「死」の烙印、死すべき人間の宿命のことを指しているのであって、神（プロメテウス）から生まれたデウカリオンと違って、泥（アダムとエヴァ）の血を引くノアは、もともとほどよい原罪、人間の条件を背負わされている。その点でデウカリオンが「石」（＝泥）を投げて多数の人間を創り出し、神の血を引く実子ヘレーンを「大衆」の頭に立て、そのなかに埋没させてギリシア人（＝「ヘレーン」）の「起源神話」を創り上げたのとは違って、ノアの場合はそのまま全人類の始祖になりえたのである。

（4）インドの「人類創造」と「洪水神話」

インド神話でも「人類創造」、「不死神話」、「洪水神話」は、同じ円環のなかで語られている。それは、三つの神話の主役を担うヤマ、ヤミー、マヌが兄妹の関係にあることからも分かる。『リグ・ヴェーダ』（一〇・一七）や『ブリバドデーヴァータ』（六・一六二―七・七）によれば、サラニューは、鍛冶神トゥヴァシュトリの娘で、父親によって太陽神ヴィヴァスヴァッド（スーリヤの別名）と結婚させられ、ヤマとヤミーの双生の男女をもうけている。鍛冶神トゥヴァシュトリは、娘が最初の人間ヤマとヤミーを産んだので、人類の始祖と呼ばれている。

多少のずれはあるものの、「人類創造」の大役を鍛冶神（鍛冶師）が担う点でインド神話は、ギリシア神話や聖書と同じである。トゥヴァシュトリは、ギリシア神話の鍛冶神へファイストスや、聖書のカイン（「鍛冶師」の意）とへその緒がつながっているのだ。

その後、サラニューは自分と瓜二つの女性を産んで姿を消すが、そうと知らずに太陽神ヴィヴァスヴァッドは、この女性と交わってマヌをもうけている。マヌは、『シャタパタ・ブラフマーナ』では「洪水神話」の主役を担うことになる。

もっとも異文はいろいろあって、プラーナ神話では太陽神スーリヤがヴィシュヴァカルマンの娘サンジュニャーと結婚し、マヌ、ヤマ、ヤミーの順で三人の子をもうけている。マヌが最高神ブラフマーと河神サラスヴァティーの子という説もある。ここでは最古の宗教文献である『リグ・ヴェーダ』に沿って話を進めたい。

『リグ・ヴェーダ』には一群の「対話讃歌」があって、その一つに「ヤマとヤミーとの対話」(一〇・一〇)という「人類創造神話」を扱った讃歌がある。ヤミーは、人類の繁栄を願って兄のヤマに近親相姦を迫る。

「われは友(ヤマ)を友情に返り来たらしめんと願う。たとい彼は多くの空間、海を越えて去りたりとも。指導者は父のため孫を生むべきなり、地上において遠く未来をおもんばかりて」。

これに対してヤマは、神々が監視している以上、妹を異族の女のように妻にめとることはできないと言って躊躇する。ヤミーが神々は人類の始祖ヤマの後裔を求めていると反論すると、ヤマは、自分の遠い始祖は、天界の水に住むガンダルヴァとアプサラスで、始祖は天則を踏み外したことがない最高の血縁者だと応じる。

ヤミーは、祖父のトゥヴァシュトリこそ「一切を造る」創造者(鍛冶神)で、祖父は胎内にいたときから自分たちを夫婦として認めていたと切り返す。ヤマは、ミトラとヴァルナの制定した掟は高大で、自分はひたすらそれを守る立場にあるので、そんなに激しい情熱を持っているのなら、他所へ行って夫を選べ、姉妹を犯す者を人は悪漢と呼ぶと言ってあくまで突っぱねる。

ヤマとヤミーのやりとりは、『リグ・ヴェーダ』では平行線をたどり、妹の執拗な誘いも不首尾に終わる。兄は妹との近親相姦を乗り越えることができない。しかし、乗り越えなければ、人類は存在せず、存在しなければ、後で述べるマヌの「洪水神話」において人類が水害で絶滅することも

アプサラス　クメール美術（アンコール・ワット）

ないのだから、人類の始祖であるヤマとヤミーは、『リグ・ヴェーダ』の欄外では夫婦になって子孫を増やしているのだ。近親相姦は、どこの古代社会でもそれほどタブーになっていたと考えたほうがよさそうである。

「人類創造神話」でその始祖を兄妹とするかぎり、近親相姦は避けて通れない。兄のヤマはあくまで妹との近親相姦を回避しようとしているが、近親相姦を正面から見据え、これを「人類創造神話」の主題にしたのは、ユーラシア大陸の文献では『リグ・ヴェーダ』が最古ではないのか。メソポタミア神話も聖書もギリシア神話も近親相姦を暗示こそすれ、まともに正面から扱っているわけではない。東南アジアには突出して兄妹の「人類創造神話」が多くなる。こうした現象も兄妹の近親相姦を一歩進めて描写した『リグ・ヴェーダ』を抜きにしては語れまい。

しかしながら、『リグ・ヴェーダ』では、どういうわけか人類の始祖ヤマを直ちに「死者の王」にしてしまっている。「ヤマ（死者の王）の歌」（一〇・一四）にはこうある。

「ヤマはわれらのため最初に道を見出せり。この牧場（楽土、死界）は奪い取らるべきにあらず。われらの古き祖先が去り行きしところ。そこに後生（子孫）は、自己の道に従って赴く（一〇・一四・二）。行け、行け、太古の道によって、われらの古き祖先が去り行きしところへ。祖先と合同せよ、ヤマと合同せよ、祭祀・善行の果報と合体せよ、最高天（ヤマの居所）において（七・八）」。

「不死」なる神々の視点から見れば、人の一生などは一時だけのはかない命なのだから、その短い生涯のうち肝心な人類創造の一齣、近親相姦の物語だけにスポットを当て、後は省略して直ちに

「死者の王」の描写に移っても、そのほうがかえって死後まで続く永続的な「不死」の生涯と思え、だからこそ死者の王ヤマは、神々の末席に加えられたのだと理解することも可能になろう。

　実際、『リグ・ヴェーダ』でヤマが「死者の王」として君臨する世界は、最高天の楽土であって、冥界ではない。ヤマが恐ろしい閻魔《えんま》王になって、冥界で死者を審判するようになるのは仏教神話以降のことである。このように天界から地獄へ下った原因の一端には、『リグ・ヴェーダ』の近親相姦の描写が影を落としているような気がして仕方がない。

　一方、イラン神話の原典である『アヴェスタ』ではヤマはイマになって、「洪水神話」の主役を担っている。もっともイランの「洪水神話」は、相当な変形をこうむっている。そもそも「洪水」という言葉すら使われていない。「洪水」に代わって使われている言葉が「冬」である。

「そこでアフラ・マズダーはイマに仰せられた。ウィーワフワントの息子たる美しきイマよ、悪しき具象世界に冬が来るであろう、そして（それは）激しく恐ろしい冬であろう」（岡田明憲訳『アヴェスタ』「ウィーデーウ・ダート」二―二二）。

　冬が襲来する以前のイマは、黄金時代の帝王として描かれている。イマは、「真昼に太陽の道を通り、光明界に赴いた。彼はこの大地を黄金の矢によって打ち、鞭にて撫でた」（二―一四、一八）。こうしてイマは、大地を三分の二（二―一五）、さらに三分の三（二―一九）と拡大していく。「大地は、大小の家畜や人間や犬や鳥、赤く輝ける火に満ちた」（二―一六）。

　ところが光明に満ちた大地に真冬が訪れる。最高神アフラ・マズダーは、イマにこう命じる。

「ここでイマよ、三分の一の動物だけが逃げることができるであろう……ここで汝は、各辺の長さが一チャルトゥ（約二マイル）の四角形の城砦を造れ。そこに、この大地の最も偉大にして、かつ最善の、しかも最も美しき、すべての男女の種子、すべての畜類の種子、すべての植物の種子、すべての食物の種子を集め来たれ」（二―二三、二五、二七、二八）。

イマの造る「城砦」をアトラ・ハシースの「小船」、ノアやデウカリオンの「箱船」と考えれば、そこに選ばれた男女が住むか乗り、動物、植物、食物の種子を積み込む点はメソポタミア・ギリシア神話・聖書と同じである。『アヴェスタ』のイマ神話は、メソポタミアから伝播した「洪水神話」の異伝に違いない。

アーリア人とイラン人は、枝分かれしたばかりのインド・ヨーロッパ語族なので、『リグ・ヴェーダ』でヤマを「人類創造神話」、『アヴェスタ』でイマを「洪水神話」の主人公にしたことは、ヤマとイマが人類の始祖である以上、「人類創造神話」と「洪水神話」が束になって同じ円環のなかでメソポタミアからインド・ヨーロッパ語族へ伝播した証になる。

インドの「洪水神話」も似たような話で、主役はヤマではなくマヌになっている。ここでは、メソポタミアの水神エアが、インドのヴィシュヌ神に変容していく異伝の様態を最終的に確認したい。

『シャタパタ・ブラーフマナ』によれば、朝のみそぎに賢者のマヌが使う水のなかに一匹の魚が入っていた。この小魚は、大きな魚に食べられそうだから何とかして下さいとマヌに助けを求めた。その代わり、大洪水が起きたときには必ず命を救うとマヌに訴えたのである。

マヌは水の入った壺に入れて小魚を飼うことにした。ところが小魚はどんどん大きくなる。そこで池に、続いて湖に放したが、それでも大きくなる。そこでマヌは、とうとう海に放してやることにした。

すると魚はこう予言して消える。七日後に大洪水が押し寄せる。そのときのために船を用意し、あらゆる種子と七人の聖仙をその船に乗せなさいというのである。

言われた通り船に乗り込むと、はたして七日目に大洪水が起こった。予言通り魚が現れた。見ると、大きな角を生やしている。マヌは角を船に縛りつけた。魚はそのまま船を引いて北の山（ヒマラヤ）まで運んだ。マヌはそこで船から降りて、水の引くのを待った。その間、マヌを除いて、人類がことごとく洪水のために滅びた。

洪水が引くと、一人取り残されたマヌは、祭儀と苦行を行って子孫繁栄のために神々に祈りを捧げる。

一年経つと、一人の女が水中から現れ、ミトラとヴァルナの両神に「自分はマヌの娘です」と名乗りをあげた。女はマヌとも会った。「おまえは誰か」と、マヌはたずねた。「私はあなたの娘です」と、女は同じ答えを繰り返した。こうして二人は一緒に住み、たえず苦行を続けた。魚はマヌに『ヴェーダ』も手渡した。『ヴェーダ』は知恵の書だから、魚は神聖な知識をすべてマヌに伝授したわけである。娘はマヌの子を産み、こうしてその子孫が地上を満たすようになった。

「人類創造神話」と「不死神話」は、この物語で省略されている。マヌは「人間」という意味で、その点でヤマと同じ人類の始祖の役割を担っており、「洪水神話」から人類の「起源神話」へいたる流れは、聖書やギリシア神話と同じである。

マヌは同時に賢者で、この賢者を洪水から救い出すために魚（サンスクリット語で「マツヤ」）

がその前に洪水の襲来を告げる。メソポタミア神話で賢者のアトラ・ハシースにこれから押し寄せる洪水の惨劇を伝え、神々の秘事を漏らすのは水神エアだから、インド神話の魚は、エアと同じ役割を果たしていることになる。

インド神話では、本来神が果たすような大役をなぜ魚に課したのか。マツヤ（魚）がヴィシュヌ神の化身（アヴァターラ）だからである。ヴィシュヌは全部で二十二種の化身をしたといわれる。ヴィシュヌ神がこのように何度も化身を繰り返すのは、『バガヴァッド・ギーター』で説かれているように善を守り、悪を滅ぼし、この世に正義（ダルマ）を打ち立てるためである。

ヴィシュヌは、天と地をつなぐ創造神である。地に潤いをもたらすために天の恩典を地に運ぶ。これがヴィシュヌの神としての役割なのである。そのためにヴィシュヌは、仏陀のような大聖人、でなければ、『マハーバーラタ』の主人公クリシュナや『ラーマーヤナ』の主人公ラーマのような聖王に化身して地に降りてくる。

ヴィシュヌは、魚以外に亀、猪、獅子といったいろいろな動物に化ける。亀に化けたときには、マンダラ山を背負って海中にもぐり、乳海を掻き回す受軸になって、世界創造に貢献した。猪になったときには、大地を自分の牙で支え、魔族から大地を守った。獅子に変身したときは、魔族のヒラニヤカシプを退治するためだった。

「洪水伝説」は水の神話だから、魚が登場しても別に違和感はない。しかし、魚が賢者を救う話が物語の骨子、インパクトの強いイメージとしてインド神話に定着したのは、メソポタミアで水神エアが怪魚のオアンネス、でなければオアンネスの守護神として喧伝されていたからではなかったのか(2)。

ベロッソス（前三四〇―前二七〇頃）は、バビロンの神官を務めた人である。彼はギリシア語で著わした『バビロニア誌』でこの怪魚に触れてこう述べている。

「バビロニアでは、多くの人々が異国からやって来てカルデアに定住し、そこで彼らは家畜のような粗野な生活を送っていた。最初の年に……紅海から摩訶不思議な怪物が現れて、湖岸をうろつき回った。オアンネスという怪物だった。全身は魚のようで、頭の下にはもう一つ別の頭が付いており、人間の足に似ていた。

この生き物は何一つ食物を口にせず、人間に混じって生活し、彼らに文字や学問、それにありとあらゆる技術、例えば町の建設やら神殿の造営、さらに法律や幾何学を伝授した。また、穀物の栽培や果物の作り方も教えた。要するに、文明生活の手の内をすべて人間に教えた。だから、その後、目新しいものなどもう人間にはなくなってしまったのである。

日が沈む頃、怪物のオアンネスは、水のなかで何日か過ごそうと海に潜った。水陸両性の怪物だったからである。その後、似たような別の生き物が現れた」。

オアンネスは全部で七匹いたとベロッソスは、この後で書き留めている。フランスのメソポタミア考古学者、ジャン・ボテロは、この七匹のオアンネスを『エラの神話』に出てくる「七匹のアプカッル」という聖なる鯉に結びつけている。

ルーヴル美術館には、魚人間のアプカッルを描いた彫板が残っている。アプカッルがアッシリアに木材を運ぶ遠征隊を指揮している絵である。アプカッルは、アッシリア時代に「ウンマーヌ」という称号を与えられていたとボテロは言う。アッカド語で「ウンマーヌ」といえば、ひとかどの重要人物を指し、賢者や文人、また、それぞれの職業で熟達した専門家などの総称だったらしい(3)。こうなると、ウンマーヌとオアンネスとの役割はまったく変わらない。オアンネスは怪魚だが、「文字や学問、それにありとあらゆる技術」、文明生活に必要なすべてのものを人間に教えている。

これに対してウンマーヌは人間だが、人間社会のなかでひとかどの重要人物、つまり王とまではいかないものの、王を補佐する宰相、賢人、文人を指し、明らかに文明推進の役割を担っている。オアンネスは姿形こそ魚だが、世界中どこの神話にも顔を出す文化英雄なのである。

人間社会の重要人物ウンマーヌを神々の世界に対応させると、ウンマーヌの称号に最もふさわしい神はどの神になるか。水神エアは人間社会の賢人に当たる知恵の神である。治水事業を推進し、農業技術を教え、繊維植物を繁茂させ、機織の技術を導入し、医術に尽くした文化英雄である。

神々の順位でいえば、アン、エンリルに次ぐ三番目の地位にいて、常に最高神を補佐する役割に徹している。マルドゥクが天上覇権の戦いに挑んだときも、父のエアは、息子を最高神にさせるためにマルドゥクを助けている。水神エアは、文字通り神々の世界におけるかけがえのないウンマーヌなのだ。

怪魚のオアンネスは、聖なる鯉(アプカッル)にたとえられただけでなく、人間にも変身している。『アダパ物語』は「不死神話」の代表的な作品で、主人公の名アダパはじつはあだ名で本当の名はウアンナ、つまりオアンネスだということがセロイコス朝の文献から分かったとボテロは報告している。アダパは、水神エアを守護神と仰ぐ抜きん出た賢者、水の都エリドゥ市の神殿を管理していた神官である。

人間社会で水の神官アダパが怪魚のオアンネスで、水神エアを補佐する賢者、ウンマーヌの称号にふさわしい重要人物なら、神々の世界で最高神を補佐する知恵の神エアが単にウンマーヌにとどまらず、怪魚のオアンネスにたとえられても不思議はなかろう。

一歩譲って、水神エアがオアンネスでなかったとしても、エアを守護神と仰ぐ神官アダパの本名がオアンネスであった以上、水神エアが神官アダパと怪魚オアンネスの守護神と思われていたことは明らかなのだ。実際、水神エアは、チグリス・ユーフラテスの水源と考えられていた（ウーリー）。それだけでなく、アメリカの世界神話・伝説大事典などではエアを怪魚のオアンネスと特定している(4)。

水神エアが怪魚のオアンネス、または怪魚の守護神なら、「洪水神話」がメソポタミアからインドへ伝わる過程で、水神エアが賢者のアトラ・ハシースに洪水の襲来を予告したのと同じように、魚に化身（アヴァターラ）したヴィシュヌ神が賢者のマヌに洪水の到来を予告しても不思議はなかろう。賢者のアトラ・ハシースが賢者のマヌに変身したように、魚を介して知恵と恵みの神エアは、天の恩典を地に運んでこの世に潤いをもたらすヴィシュヌ神に変容を遂げた。マヌは、アトラ・ハシースであると同時に、聖書のノア、ギリシア神話のデウカリオンなのである。

(5) インド神話――「生命の水」の神話、メソポタミアの水神エアからヴィシュヌ神へ

メソポタミアの水神エアがインドのヴィシュヌ神に変容していく経緯は、竜退治の異伝に触れた箇所でもある程度明らかにされている。エアの息子マルドゥクが、竜のティアマトを退治して天界の実権を握る。この話がインドへ入って、水をふさぐ悪竜ヴリトラを軍神インドラが退治して水を開放し、宇宙の秩序が回復される。

このとき、ヴィシュヌ神が、インドラのかけがえのない友として軍神の竜退治を助けている。エアが、父として実子マルドゥクのティアマト征伐を助けているのと同じである。エア・マルドゥクの父子関係が、ヴィシュヌ・インドラの友情関係に変わっただけの話である。竜退治の異伝でも、洪水神話の異伝と同じように水神エアはヴィシュヌ神に変身している。

竜退治のときにヴィシュヌ神は、親友インドラをどう助けたのか。インドラが竜退治の決意を固めるのは、父を殺して神々の間で孤立を深めていたときである。『リグ・ヴェーダ』は、このときの状況をこう述べている。

「しかして母は水牛(インドラ)のあとを見送れり、あれらの神々は、息子よ、汝を見放すといいいて。そのときインドラはヴリトラを殺さんとしていえり、友なるヴィシュヌよ、いと広く闊歩せよと」(「インドラの出生」四、一八、一一、辻直四郎訳、以下同)。

『リグ・ヴェーダ』では、もともとヴィシュヌ神の記述は少なく、インドラをどう助けたのか具体的に記述されているわけではない。『リグ・ヴェーダ』は、ヴィシュヌ神がヒンズー教の最高神に上りつめる以前の原初の香りをとどめている。

それだけにインドラ・ヴィシュヌの友情関係の描写でヴィシュヌの記述が極端に少なく、インドラの武勇だけが強調されているのは、メソポタミア神話、なかでも『エヌマ・エリシュ』（天地創造物語）でインドラに対応するマルドゥクが主役として縦横無尽の武勇を披露し、ヴィシュヌに対応する水神エアが実子マルドゥクの補佐役として控えめな役割に徹しているのを反映しているためではないのか。『リグ・ヴェーダ』では、「友なるヴィシュヌ」にインドラが助けを求めた上の引用文の直後に次の文章が現れる。

亀に変身したヴィシュヌ神

「（インドラの言葉）困厄のゆえに……神々のなかにわれは憐憫者を見出さざりき。われはわが妻の尊敬せられざるを見たり。そのとき鷲はわれに蜜（ソーマ）をもたらせり」（「インドラの出生」四、一八、一三）。

インドラがソーマ（神酒）を愛好していたことは、『リグ・ヴェーダ』（「インドラの歌」）を通読しただけで分かる。上の引用文は、ヴィシュヌが親友インドラを励まし、活力を与えるために天界の蜜(神酒ソーマ)を鷲に届けさせたように読める。『リグ・ヴェーダ』(『ヴィシュヌの歌』)にはこうある。

「彼（ヴィシュヌ）の三歩は蜜に満ち、尽くることなく、自己の本性に従って陶酔す。彼は独りして三界を支えたり。天をも地をも一切万物をも」（その一、四）。

「われ願わくは、彼（ヴィシュヌ）のこのいとしき領土に達せんことを、神の崇むる者たちのところに。そこにこそ潤歩の神（ヴィシュヌ）の親縁（関連）はあれ。ヴィシュヌの最高歩（最高天）には蜜の泉あり」（その一、五）。

神酒ソーマは、『リグ・ヴェーダ』「インドラの出生」の章でも「ヴィシュヌの歌」の章でも「蜜」と呼ばれている。したがって、ヴィシュヌの天界の領土にある「蜜の泉」とは、「神酒ソーマの泉」に他ならない。神酒ソーマは、ヴェーダ期にはマドラ（蜜）ともアムリタ（甘露、不死の霊水）とも呼ばれていたらしい。(5)。

『マハーバーラタ』序章の巻（アーディ・パルヴァン）には、「天の甘露（アムリタ）」という章がある。有名な乳海攪拌の神話が扱われている章である。そこで主役を演じているのがやはりインドラとヴィシュヌの両神である。場面は神々の集会がインドラ神の住処、メール山で開かれるところから始まる。集会で霊水アムリタを創ろうと最初に提案するのがヴィシュヌ神である。そこのくだりは、こうなっている。

「悪鬼たちとの闘いに疲れ果てた神々は集会を開き、甘露（アムリタ）をなんとか手に入れたいものだと話し合った。その生命の水によって永遠の活力を取り戻したいと願ったからである。

それを見たヴィシュヌ神は、ブラフマー神にこう言った。神々やアスラたちに大海を掻き回さすがいい。そうすれば霊液とともに甘露（アムリタ）が得られよう」（山際素男訳）。

神々は、大海を掻き回す棒軸にマンダラ山を使おうと思い、ヴィシュヌ神が竜王アナンタに命じてマンダラ山を引き抜かせる。続いてインドラ神がマンダラ山を亀の王クールマの背に置き、竜のヴァースキをロープ代わりに巻きつけて、アスラたちが竜の頭、神々が尻尾をつかんで大海を掻き回すと、良質のバターが湧き出て、そこからラクシュミー（ヴィシュヌの妃、吉祥天女）、ソーマ（神酒）、月、白馬が現れ、最後に神々の医師ダンワンタリがアムリタ（甘露）の入った容器を持って現れる。

乳海攪拌の神話は、異文がいろいろあって、元の『シャタパタ・ブラーフマナ』では、ヴィシュヌ神が亀のクールマになって作業を助けている。また、『マハーバーラタ』では、ヴェーダ期とは違い、神酒ソーマと不死の霊水アムリタとはすでに分離している。

『マハーバーラタ』では、甘露（アムリタ）のことをそのものずばり「生命の水」と呼んでいる。この場合の「生命」とは、当然のことながら「永遠の生命」の意で、「不死」のことを言っている。神酒ソーマも『リグ・ヴェーダ』では不死の霊酒、「生命の水」なのだ。

「われらはソーマを飲めり。われらは不死となれり。われらは光明に達したり。われらは神々を見出せり」（「ソーマの歌」、その八、三）。

したがって、ヴィシュヌ神が天界で管理している「蜜の泉」とは、「ソーマの泉」であると同時に「アムリタの泉」、永遠の「生命の水」がこんこんとあふれ出る「不死の泉」なのだ。

メソポタミア神話で「生命の水」を管理していたのは、水神エアである。冥界に下った愛の女神イシュタルは、冥界の女王エレシュキガルから死の判決を下され、死体は闇のなかに釘付けにされる。エアは、冥界に使者を送って死体に「生命の水」を振りかけさせ、愛の女神は、この世に復活する。女神の復活は、もともと神々の生命が永遠である以上、不死の状態に戻ったことを意味する。

第一章で述べたように、エアの「生命の水」は聖書に飛び火して、とくにサマリアの女の挿話に残り有名になった。異教徒のサマリアの女は、イエス・キリストの「生命の水」の話に感動してキリスト教徒として復活し、永遠の生命を獲得する。キリスト教の洗礼の儀式も無信仰者や異教徒が洗礼の水、「生命の水」を浴びてキリスト教徒として永遠に死後にいたるまで再生を約束される。

メソポタミアの「生命の水」は、ギリシア神話にも飛び火している。神々の食べ物であるアムブロシアは、もともとギリシア語で「不死」を意味し、同じ不老不死の神酒ネクタルと並んでしばしば「蜜」にたとえられる。

水神エアの「生命の水」は、さらにインドに輸出されてヴィシュヌ神の「蜜の泉」、不死の霊水アムリタ、神酒ソーマになった。仏教では、釈尊の誕生を祝う四月八日の灌仏会に誕生仏の頭に甘茶を振りかける。甘茶は甘露（不死の霊水アムリタ）になぞらえられたもので、甘露という言葉は、元を質せば漢語である。アムリタには「不死」という意味もある(6)。

ヴェーダ・アーリア人の神酒ソーマは、六〇〇余年後、イランに入ってハオマになった。ハオマは、『アヴェスタ』でも言及されている不死の神酒で、伊藤義教氏は、中枢神経を興奮させる麻黄のエキスのことではないかと推測している(7)。『アヴェスタ』では、さらに「生命の水」からアムルタート（「完全」の意）とハルワタート（「不死」の意）という二柱の神格まで創り出している。アムルタートとハルワタートは、水と植物の守護霊で、病と死の攻撃から動植物を守り、生物の幸福を増大させる水神である(8)。

仏教の灌仏会は、春の花祭として現在の日本でも行われている行事だから、そうなると水神エアの「生命の水」は、メソポタミアを基点としてヨーロッパから日本までユーラシア大陸全域に広く伝播していたことになる。ましてヒンズー教や仏教の解脱思想がヴィシュヌとの合一を終局の目的としているからには、解脱を成就させた仏陀が水神エアの「生命の水」、いやエアから変容したヴィシュヌ神の「霊水アムリタ」を灌頂して、不死の証としたのもなるほどそういうものだったのかと納得できるのである。

以上、「洪水神話」、「竜退治」、「生命の水」の三点からインドのヴィシュヌ神がメソポタミアの水神エアの痕跡を濃厚にとどめていることを見てきた。

ここではギリシア神話、聖書、インド神話について検討した。中国神話をはじめ、アジアの「人類創造神話」と「洪水神話」については、八章と九章に譲りたい。

【注】

（1）ヴェルナン・吉田敦彦共著、『プロメテウスとオイディプス』、みすず書房、一九七八、四八頁。

（2）拙著、『原初の風景とシンボル』、大修館書店、二〇〇一、一八六—二〇一頁。

（3）イヴ・ボンヌフォワ編、金光仁三郎主幹、『世界神話大事典』、大修館書店、二〇〇一、一九一—一九二頁。
（4）Anthony S. Mercatante, *World Mythology and Legend*, *Facts on file*, New York, Oxford.「オアンネス」の項目。
（5）中村元著、『仏教語大辞典』、「甘露」の項目。
（6）中村元監修、『新・仏教辞典』、誠信書房、一九六二、「不死」の項目。
（7）伊藤義教著、『ゾロアスター教論集』、平河出版、二〇〇一、四六七—四六八頁。
（8）エミール・バンヴェニスト著、前田耕作監訳、『ゾロアスター教論考』、平凡社、一九九六、五七—五八頁。

第八章　羽衣伝説と洪水神話（アジア編）

(1) インドネシア神話――「生命の水」の神話

前章では、聖書、ギリシア神話、インド神話について触れた。ここでは、アラブ圏、東南アジア、東アジアの羽衣伝説と洪水神話について述べてみたい。

羽衣伝説は「生命の水」の神話群に属している。「生命の水」は、メソポタミアの水神エアが管理していた。洪水神話で、エアは洪水を止める大神なので、羽衣伝説は、洪水神話群から派生したといってよい。とくに東南アジアから中国少数民族の間で、それが顕著に現われる。

「生命の水」が、メソポタミア神話の水神エアからインド神話のヴィシュヌへ受け継がれたことは、第七章で述べた。それならインドネシアへ入って、ヴィシュヌ信仰や「生命の水」の神話は、どのような進展を遂げたのか。細部に入って見てみたい。

「生命の水」の神話は、インドだけに留まるものではない。ヒンズー文化は、『マハーバーラタ』や『ラーマーヤナ』を通じて東南アジア全域に伝播する。とくにインドネシアでは、ワヤン（影絵芝居）の上演によってこの二大叙事詩は、広く民衆の間で愛好された。

乳海攪拌によって不死の霊水アムリタを得た後、インドネシアでこの「生命の水」は、どのような変遷をたどったのか。中世ジャワ語で書かれた『タントゥー・パンゲララン』が伝える内容はこうである。

「神々とラクササ（魔族）の戦闘でラクササ軍が敗北した後、バタラ・ヴィシュヌは、不死の霊水アメルト（＝アムリタ）を持って天界へ帰る。天界の神々は、アメルトを飲んだので死ぬことがない。ラーフ（ラクササ軍の一人）は、このことを聞き、神に変装してアメルトを飲みに来た。月と太陽がこれに気づき、ヴィシュヌに伝えた。

ヴィシュヌは、ラーフの首を無双の武器チョクロ（＝チャクラ、法輪）で切り落とす。ラーフの胴体は地面に落ち、地震を引き起こして滅びた。しかし、頭部のほうはアメルトを飲んだため不滅で、告げ口をした太陽と月を追いかけ、時々両天体を完全に飲みこんでしまう。だが、ラーフには胴体がないため、しばらくすると太陽と月もまた外に出て来る」(1)。

ラーフは、ヴェーダ神話には出て来ない。大林太良氏は、ラーフの起源をドラヴィダ系の悪魔と推定している（一九五九、「東南アジアの日蝕神話の一考察」）。マレー半島からカンボジア、インドネシアにかけて民間伝承で信じられているラーフは、巨大な竜である。

『リグ・ヴェーダ』では、竜を倒すのはインドラで、倒す前にヴィシュヌが、親友インドラに「生命の水」を与えて勇猛心を鼓舞する。ここでは、ヴィシュヌがインドラの役割まで引き受けてラーフ（竜）を討っている。ヴィシュヌの役割が肥大化して伝播していることが分かる。

面白いのは、竜退治の神話が天体現象の説明にまで使われるようになったことだろう。ラーフの頭部が太陽と月を飲みこむから、日食と月食が起きる。日食と月食は、不吉な兆しと考えられていた。ラーフは悪魔でも、その頭部は「生命の水」を飲んで不死身、つまり神々と同じ頭部になっている。不死の神々が竜という悪魔の手を借りて、時々、人間世界に禍を起こし、お灸をすえる。

東南アジアにおける日食・月食の起源神話では、禍の原因を創造神で兄妹神の近親相姦に求める場合が多いのだが、ここでは「生命の水」が効果的に使われている。「生命の水」はあくまで天界の神々の飲み物なのである。

インドネシアだけでなく、日食・月食を引き起こすラーフの神話は、アラホに名を変えて「生命の水」の挿話とともにインドからモンゴルへも伝わっている。

神族のデーヴァと魔族のアスラが乳海をかき混ぜたとき、まずそこから太陽と月が生まれて天へ昇った。「生命の水」の鉢も現われたが、アスラが奪ってしまった。ホルモスダ（イランのアフラ・マズダー）はデーヴァを集め、アスラが「生命の水」を飲むとますます強くなるので、取り戻さなければならないと言った。

太陽は、それを聞くと乙女に変身してアスラのところへ行った。アスラは集まって、「生命の水」を飲もうとしているところだったが、これを飲むと不吉なことが起きないかと心配していた。乙女に化けた太陽は、沐浴して身を清めたほうがよいと勧めた。そのすきに乙女は「生命の水」を取り戻し、デーヴァのところへ帰った。裏切られたアスラは、仲間の一人アラホ（以下ラーフ）を月に変え、「生命の水」を取り戻すことで衆議一決した。

ところが本物の月が現われ、ラーフがデーヴァをだまそうとしているのを知って、それをオチルヴァニ（インド神話のヴァジュラパーニ、仏教神話の金剛力士。ヴァジュラ＝金剛杵を持って仏陀を守護する）に伝えると、彼は剣を抜いてラーフを真っ二つに断ち切った。以来、ラーフの生き残った頭部半分は、太陽と月をつけ狙っている（2）。

インドネシアでは、同じ「生命の水」を主題にしたワヤン（影絵芝居）の代表作に『デウォ・ルチ』がある。『デウォ・ルチ』の主人公は、サン・ビモという。ビモとは『マハーバーラタ』に登場するパーンドゥ家の次男、怪力無双の主人公ビーマのことである。

しかし、『マハーバーラタ』には、『デウォ・ルチ』の話は入っていないので、この話はインドネシアで開花した創作である。以下の梗概は、セノ・サストロアミジョヨ著・松本亮他訳『ワヤンの基礎』で紹介されている抄訳を要約したものである。

ビモは、西欧の騎士道物語でキリストの血が入った「聖杯」を探し求める騎士たちのように、「生命の水」を求めて探索の旅に出る。ビモは、師のドゥルノから聖なる水を探して来るよう命じられたのである。旅の途中、彼はさまざまな試練に出会う。

最初の試練は、二人のラクササ（魔族）、ルクムコとルクマクロとの対決である。この戦いは、叢林のなかで行われる。戦いに敗れた二人のラクササは、バトロ・インドロ（＝インドラ）とバトロ・ブロモに変身する。戦いは、ビモにとって「生命の水」を得るための試練だが、勝ったからといって霊水を発見できたわけではない。

叢林に別れを告げたビモは、さらにさまざまな試練を味わう。最後に聖なる水を求めて南海の底に身を投じる。そこで大蛇のヌムブルノウォと対決する。ヌムブルノウォとは、「生命の水の番人」という意味である。大蛇は、ビモの持つ「ポンチョノコの爪」で退治される。ポンチョノコとは、親指に生えた巨大な爪のことで、ビモの集中力を象徴しよう。

この戦いで半死半生の状態になったビモは、南海でデウォ・ルチと出会う。デウォ・ルチは嬰児のかたちで、ビモと同じ姿をしていた。ビモは、左耳の孔から自分より小さいデウォ・ルチの体内へ入って行く。

デウォ・ルチと合体したビモは、再び南海の海岸に現われ、それからアメルト（＝アムリタ）の溢れる甘露の国、「生命の水」の国へ帰る。彼は、そこで「宗教の師」の称号を得る。死後、ビモは、再び現世の王に化身（アヴァターラ）して、この世に戻って来る(3)。

ヒンズー文化の影響が圧倒的に強いインドネシアでは、本来竜退治をするインドラがさらに矮小化されて、魔族（ラクササ）と同一視されている。代わりに竜退治が解脱思想に組み込まれ、解脱を目指す者の最大の試練として捉えられている。インドラが軍神なら、ヴィシュヌは解脱の神である。ヴィシュヌは、現世の王クリシュナや仏陀に化身（アヴァターラ）して世直しのためにこの世に降りてくる。

日食神話では、インドラに代わってヴィシュヌが竜退治（ラーフ退治）をしたが、『デウォ・ルチ』では、怪力無双のビモ（ビーマ）がこれを担う。英雄ビモがヴィシュヌ神になり代わって大蛇のヌムブルノウォを退治している。竜退治は、解脱にいたる最大の試練になる。

南海でビモが会うデウォ・ルチは嬰児である。この嬰児は、サストロアミヨジョによれば、至高の理念トゥハン・ヤン・マハ・エサを象徴しているという。これは、ジャワ島では、あらゆる自然、宗教を超え、宇宙支配の最高神バトロ・グルさえ超えた至高の理念だという。

ビモは、嬰児の体内に入って至高の理念と合一し、「生命の水の番人」を殺して「生命の水」の王国へ入る。この王国は死後の世界、天界の楽園である。

デウォ・ルチは、なぜ嬰児としてビモの前に現われるのか。インド神話に沿っていえば、ヨーガ行者の最終目標は、宇宙の最高原理を体現しているブラフマーになること、ブラフマーのような純粋精神にたどり着いて、おのれの我を宇宙の最高我に合一させることである。これが仏教用語で言う梵我一如である。梵とは宇宙の最高原理であるブラフマンのことで、宇宙の創造主ブラフマーは、この最高原理を体現する。

宇宙はブラフマーの卵から生まれる。神々も人間も動物も植物もこの世のあらゆるものがブラフマーの卵から生まれ、ブラフマーの卵に回帰する。梵界は、ブラフマーの卵で表される。ブラフマーの卵とは、宇宙そのものに他ならない。そこは、母親の胎内のように外部を遮断して温かく、一切衆生が平等の原初の世界、死後における浄福の世界である。

ジャワ島の至高の理念トゥハン・ヤン・マハ・エサとは、宇宙の最高原理ブラフマンのようなものだろう。『デウォ・ルチ』では、天界の純粋無雑な「生命の水」がこの至高の理念を体現する。

デウォ・ルチは、「生命の水」の住人である。あるいは嬰児として現われるデウォ・ルチは、ブラフマーの卵なのである。天界の「生命の水」は、水を通して下界の海と通じている。ビモは、流通無碍な水を介して下界にある南海から浄福の水の世界へ昇って行くだろう。

デウォ・ルチの体内には、至高の純粋理念が宿る。「生命の水」へいたる道は、左耳の孔から入る通路である。その道は、『ギルガメシュ叙事詩』の最終章で主人公のギルガメシュが天上の楽園を目指して潜り抜けて行く宇宙山のトンネルと同じである。出口には一足先に神になった賢者アトラ・ハシースが、太陽神シャマシュと共に待っている。

デウォ・ルチは、人間として最高の宗教的境地に達した賢者アトラ・ハシース（ウトナピシュテイム）に比定できよう。ギルガメシュは、アトラ・ハシースとの合一に失敗するが、サン・ビモは、デウォ・ルチとの合一に成功する。

（2）インドネシア神話――「生命の水」の神話から羽衣伝説へ

天界にある「生命の水」の住人は、デウォ・ルチのような賢者だけではない。天女もいたのである。ジャワ島には天界の妖精ビダダリの物語があり、日本にまで伝えられた羽衣伝説の原型のような話と考えられている。イヴ・ボンヌフォワ編『世界神話大事典』（大修館書店）に収録されているジョコ・タルブの拙訳を要約してみよう。

ある晩、ジョコ・タルブが森を散歩していると、池で水浴びをしている娘たちと出会う。乙女らは天女のビダダリたちで、池のほとりに羽衣を置いて行ってしまう。ジョコ・タルブは、その一枚を盗み、仲間と一緒に飛んで行けなかったビダダリの一人と結婚する。

天女の名前はナワンウランといい、夫との間にナワンシという娘をもうける。ナワンウランは天女なだけに特技があって、毎回の食事に一粒の米さえあれば家族を養うことができた。ただし、夫は鍋のそばに近づけないことになっていた。

ある日、妻の留守中に、夫が鍋のふたを取ってみると、中には一粒の米しか入っていない。家に帰った妻は、ことの次第に気がついた。一粒の米は増えずにそのままで、魔法がかからなくなっていたからである。このため米櫃は、たちまち空になった。ある日、ナワンウランは夫が隠しておいた翼の付いた衣装を納屋の奥に発見した。彼女は、それを着ると、その場から消えてなくなった(4)。

(3) インド神話——羽衣伝説の原型、天海の妖精アプサラス

ジャワ島の羽衣伝説は、インド民話から派生したと考えられている。が、それらも含めてその起源は、インド神話に登場する天女のアプサラスに行き着くのではないかと私は思っている。アプサラス(水の妖精)たちは、天の海に住み、ガンダルヴァを配偶者にしている。

『インド神話伝説辞典』(菅沼晃著)によれば、アプサラスの数は三五〇〇万、ガンダルヴァの数

は六三三三柱と相当な数にのぼる。ガンダルヴァは、神酒ソーマを守護している。『リグ・ヴェーダ』（「ソーマの歌」その五、九、七八）にはこんな言葉が出て来る。

「海の精女アプサラスら（ソーマに混合する水）は、海の中に坐して、霊感に富むソーマに向かいて流れ来たれり。アプサラスらは、不滅の好意をソーマ・パヴァマーナに乞う」。

天の海がどういう風景、どういう構造になっていたのか、必ずしもはっきりしたことは分からない。しかし、『リグ・ヴェーダ』の断片的な記述だけから推測すると、前にも述べたように天の海があって、そこから宇宙の創造主ヒラニヤ・ガルパ（黄金の胎児）が生まれる。ヴィシュヌ神の管轄する「蜜の泉」もある。

笛を吹くアプサラス

「蜜の泉」は、不死なる神酒ソーマの泉、「生命の水」があふれる泉である。古代インド人がアプサラス（水の天女）らを不死なるソーマに混合する水と考えていたことが引用文から分かる。ソーマの泉を囲むようにして、そこに流れ込むように天の海が広がっていたのだ。

『リグ・ヴェーダ』には「プルーラヴァス王とウルヴァシー精女との対話」（一〇、九五）という対話賛歌の章がある。この話は、羽衣伝説の最も古い原型と考えてよいだろう。

ウルヴァシーは水精アプサラスの一人で、プルーラヴァス王はこの水の精女に恋し、地上で同棲する。二人の水辺での出会いはこう語られる。
ブルーラヴァス王「衣を脱ぎし、人の子ならぬ彼女らのもとに、人の子なるわれの親しみ寄りしとき、彼女らは、物怖じするカモシカのごとく、われより怖じ逃れたり。車に触るる馬のごとくに」。
ウルヴァシー「人間が不死なる彼女らに恋慕し、彼女らの意に適うごとく、精女の群れと交わるとき、彼女らは水鳥のごとくおのが身を美しくなす、跳ね戯れる馬のごとく、激しく身を噛みつつ」。
睦まじい同棲生活が語られた後、二人の間に子供が生まれる。この対話賛歌では、二人が地上と天界に離れ離れに別れた後、王が水鳥の姿で仲間のアプサラスと泳いでいるウルヴァシーを池のなかで発見し、言葉を交わす再開の場面から始まる。だから、地上でのかつての同棲生活を回想するように対話が運ぶ。子供はウルヴァシーが引き取っている。父は息子の安否を尋ねる。
ブルーラヴァス王「生まれし息子は、いつ父を求むるや。もの心つきて彼は、泣き叫ぶ赤子のごとく、涙を転ばさん。誰か仲むつまじき夫婦を引き離さんや」。
ウルヴァシー「涙を転ばす息子にわれ答えんと欲す……わがもとにある君が持ち物（息子）をわれ君に送らん。家に帰られよ。君われを得んことあらざれば、愚かなる人よ」。
ブルーラヴァス王「恋人は今日走り去りてまた帰らざらん、最も遠きかなたに赴かんがために。そのとき彼は破滅の膝に横たわらん。たけり狂うオオカミは我を食わん」。
ウルヴァシー「ブルーラヴァスよ、死ぬなかれ。走り去ることなかれ。不吉なるオオカミをして君を食わしむるなかれ。婦女との友情はあることなし」。

ブルーラヴァス王「われ最善なる者としてウルヴァシーをかち得んと欲す……戻り来たれ。わが心焼けなやむ」。

ウルヴァシー「ブルーラヴァスよ、なれはこの世に死の呪縛を受くる者なれば、なが子孫は供物もて神々を祭るべし……」。

地上での二人の同棲生活が破綻した理由は、対話賛歌には書かれていない。訳者の辻直四郎が後世の文献から補足した注解によれば、破綻したのは、守らなければならない条件が破られたからだった。王がウルヴァシーの前に裸体で現われないこと、これが絶対の条件だった。

ところがアプサラスの伴侶であったガンダルヴァたちが地上の長い逗留に業を煮やし、策を練る。まずウルヴァシーの寝台の傍にいる二匹の子羊を奪う。彼女の悲鳴を聞きつけて、王が裸体で現われたとき、ガンダルヴァたちが電光を浴びせる。彼女は、王の裸体を見、天界に帰らざるをえなくなる。王は恋情の念を断ち切れず、放浪の旅に出る。旅の途中、池で再会したときの対話が上の引用文である。

『カターー・サリット・サーガラ』（インド古典説話集、岩本裕訳、岩波文庫）でも『リグ・ヴェーダ』を引き継ぎ、「ブルーラヴァス王と天女ウルヴァシーの物語」（九、挿話十二）が再録されている。対話賛歌から説話集に切り替わっているので、細部は少し異なるが、大意はほとんど同じである。

説話集では、ブルーラヴァス王がヴィシュヌ神の敬虔な信者として、天界と地界を席捲する王として描かれている。ヴィシュヌ神は、「乳海の真中に坐したまう全知の神」、ウルヴァシーは、乳海から降りてきた「美の甘露の奔流」と描写されている。乳海とは、前に述べた「天の海」のことで、それをヴィシュヌ神が統治し、天女アプサラスが甘露（アムリタ）の女精、「生命の水」の妖精として古代インド人に理解されていたことが分かる。

（4）北欧・ケルト神話――羽衣伝説と鍛冶神話

北欧・ケルト神話にも同じインド・ヨーロッパ語族ということで羽衣伝説の痕跡が残っている。北欧神話で天女になるのはヴァルキューレ、ヴァルキューレの伴侶になるのは地上の王ではなく、鍛冶師である。

北欧神話の『ヴェルンドの歌』によれば、鍛冶師のヴェルンドは跛行であった。ヴェルンドは、ニーズスの王妃の命令で足の腱を切られ、セーヴァルスタズと呼ばれる沖の島へ幽閉される。そこへ黄金欲しさにニーズスの二人の王子が遊びに訪れる。ヴェルンドは、幽閉された腹いせに王子たちの首を切り落とし、王子の眼から宝石、歯からブローチを造り、宝石を王妃に、ブローチを王の娘に贈りつける。

フィン王には三人の息子たちがおり、鍛冶師のヴェルンドは末弟に当たる。三人兄弟は、ウールヴダリル（狼谷）に家を建てて住んでいた。近くにウールヴシアール（狼池）という池があった。ある朝、三人は池のほとりで三人の女たちが亜麻を織っているのを見つけた。女たちのそばに白鳥の羽衣が置いてあった。ヴァルキューレたちだった。三人兄弟は、それぞれヴァルキューレたちと結婚する。

北欧の羽衣伝説はこれだけで、後で述べる東洋の数多い伝説と比べてみると、内容的にそれほど豊かとは言えまい。しかし、源流に位置するインドの『リグ・ヴェーダ』と比較すると、それなりに忠実な異伝であったことがうかがえる。『リグ・ヴェーダ』では、鍛冶神話と羽衣伝説が宇宙創世神話を構成する重要な話素になっており、この二つの話素が束になってインドから北欧へ流れ込んだ可能性が高い。

『リグ・ヴェーダ』でヤマとヤミーは人類の始祖に当たる。二人は兄妹で夫婦、この夫婦の近親相姦から人類は創造される。ヤマとヤミーの母親はサラニュー、その父親が鍛冶神のトゥヴァシュトリなので、突き詰めれば、鍛冶神が人類を創造したことになる。

ギリシア神話でも鍛冶神で跛行のヘファイストスは、人類創造に貢献するだけでなく、アテナイの起源神話では、女神アテナとともに、都市国家アテナイの始祖になる。ギリシアとインドでは、鍛冶神話と人類創造神話が共通項になっている。また、ギリシアと北欧では、跛《は》行《こう》の鍛冶神（師）が共通項になっている。

『リグ・ヴェーダ』で鍛冶神話と羽衣伝説が合体・融合した話素とみなせるのは、「ヤマとヤミーとの対話賛歌」（一〇・一〇）のなかで夫のヤマが妻のヤミーにこう語っているからだ。

「水のなかなるガンダルヴァと水の精女（水精アプサラス）、これわれらが親縁（起源）なり、これわれらが最高の血縁なり」(4)。

人類の始祖で、鍛冶神を祖父に持つヤマとヤミーがここでは、水精アプサラスと最高の血縁関係で結ばれている。アプサラスは、前に述べた「ブルーラバス王とウルヴァシー精女との対話」(一〇、九五)で羽衣伝説の原型に位置している。だから、インドでは最高の血縁関係を通して鍛冶神話と羽衣伝説が一体のものになっている。

北欧神話で、ヴェルンドは人類の始祖にこそなっていないが鍛冶師である。その鍛冶師が白鳥の羽衣をまとった天女のヴァルキューレと結婚するのだから、鍛冶神話と羽衣伝説は一体になっている。二つの話素は、アジアでは切り離されてくるので、こうした話素の融合は北欧へ流れ込む過程で、インドの影響が濃密であったことを物語っている。

もっとも鍛冶神(師)は、源流から地理的に遠ざかると、次第に創世神話から遊離し、イメージも悪くなる。北欧神話の鍛冶師ヴェルンドは王子の首を切り落とし、日本神話の鍛冶神、天目一箇《あめまひとつの》神《かみ》は一つ目である。

北欧神話を視野に入れると、第四章(2)で取り上げたケルト神話の『オイングスの夢』も羽衣伝説の異伝であるように思える。繰り返せば、主人公のオイングスは、不思議な病気にかかる。この病を治せるのは、オイングスが夢のなかで見た乙女の愛だけで、乙女が探し出される。この乙女は一年間を人間の姿に、次の一年間を白鳥の姿になるという。

時が経って、オイングスは、白鳥に変身した乙女を見つけに湖へ行く。大声で呼ぶと、白鳥が現われ、湖へ帰すと約束してくれるなら、付いて行ってもよいという。オイングスは承諾する。乙女を抱きしめると、自身が白鳥になっていた。二羽の白鳥は、湖の周りを飛び、乙女はオイングスのもとへとどまる。

アイルランド神話学の権威者であるマイルズ・ディロンは、この乙女を湖の妖精エーダインとしている。アイルランド神話はもともと口承だから、異伝もいろいろあり、フランス語訳の『オイングスの夢』では乙女の名は、コナハト州にある異界（シード）の主の娘カエル・イヴォルマードになっている。

だから、オイングスの両親のダグダとボアンが息子の病を心配して、コナハト王アリルと王妃メドヴに乙女の探索を依頼する。そこでアリル王が異界の主と交渉して、オイングスと乙女の出会いが成就する。フランス語訳の『オイングスの夢』では湖畔で遊んでいた乙女の数は一五〇人、そのなかにオイングスの意中の乙女もいた。出会ってからの筋書きは、前で述べた通りである。

『オイングスの夢』を羽衣伝説と特定できそうなのは、乙女が羽衣こそ脱ぎ捨てないが、北欧神話の『ヴェルンドの歌』と同じ白鳥の化身だからだ。北欧に限らず、朝鮮、日本の羽衣伝説でも天女は白鳥である。またどこの羽衣伝説でも、水辺で遊ぶ乙女は、数に多少はあれ複数で、意中の乙女（天女）がそのなかの一人という舞台設定も共通している。

アイルランド神話には『エーダインへの求愛』という傑作が残っている。この作品の主人公エーダインは、『オイングスの夢』に登場する乙女の娘に当たる。『エーダインの求愛』も、羽衣伝説の原型である「ブルーラバス王とウルヴァシー精女との対話」の話に近い。

主人公のエーダインは、オイングスの口利きで巨石塚ブリー・レイトの領主ミディルの後妻になる。それから一〇〇〇年後、エーダインは人間に生まれ変わってアイルランド王エオヒドの妃になる。先夫のミディルが取り戻しにやってきて、二人は妖精の国にもどってしまう。

巨石塚は異界（シード）に通じているので、ミディルは異界の主である。アイルランドの異界をインドの天界と考えれば、エーダインとウルヴァシーは瓜二つになる。彼女は水精アプサラスたちの一人で、天界ではガンダルヴァを伴侶にしているから、異界の主ミディルはガンダルヴァに当たる。伝説上のアイルランド王エオヒドは、地上の王ブルーラバスに相当しよう。天女が水の妖精で、人間に生まれ変わって地上の王と結婚し、後に先夫が取り戻しにやってきて、共に天界に舞い戻る筋書きも共通している。

共通点は、これだけではない。オイングスの母親ボアン（ボインともいう）の語源は「白い雌牛」（*Bo-Vinda*）で、彼女はボイン川の主、水の母神である。「湖の貴婦人」のヴィヴィアン（*Viviane*）の名も「白い雌牛」（*Bo-Vinda*）の変形したものだといわれている。フランス語ではヴィヴィアーヌと発音されるが、この音には「生命の水」（*Eau vive*）の含意もあるだろう。

そうなると、ケルト神話の底流にインド神話の「乳海」のイメージがあるような気がして仕方がない。前にも述べた通り、『カター・サリット・サーガラ』でウルヴァシーは、乳海から降りてきた「美の甘露の奔流」と描写されている。乳海とはヴィシュヌ神が統括する「天の海」のことで、アプサラスの一人、ウルヴァシーは、甘露（アムリタ）の女精、「生命の水」の女精として登場してくる。

ケルト神話で「白い雌牛」を語源に持つボアンやヴィヴィアンの川や湖は、「天の海」である乳海、「生命の水」の奔流と想定されていたのではあるまいか。「生命の水」とは不死の水である。ケルト神話で異界は、「不老不死の国」と呼ばれているので、「白い雌牛」のボアンやヴィヴィアンが統括する川や湖は、不老不死の異界に通じる乳の水、「乳海」だったと考えることもできるのである。

ヴィヴィアンがアプサラスに比定できるなら、「湖の貴婦人」が水底からアーサー王に託す名剣エクスキャリバーの話も唐突な挿話ではなくなってくる。ヤマとヤミーは、鍛冶神のトゥヴァシュトリを祖父に持ち、アプサラスと最高の血縁関係で結ばれているからである。

ケルト圏でも同じようにインド神話からの余波の体裁を保ちながら、北欧圏とはまた違う形で、鍛冶神話と羽衣伝説が一つに結ばれていたと言えそうである。

（5）ヴェトナム少数民族――生命の水と羽衣伝説

ヴェトナム少数民族チャム族に残っている『神の刀』という類話も羽衣伝説の異伝である。

昔、羊飼いをしている孤児の若者がいた。ある日、川で水浴びをしていると、大きな石に片足を潰された亀を見つけた。若者は、石をどけて亀を助けてやる。別の日、同じ場所へ行って木陰で休んでいると、三人の仙女が天から降り立ち、衣を脱ぎ捨てると川で水浴びを始めた。なかでも末娘は絶世の美女だった。若者は、末娘を妻にしたいと思った。そこで末娘の衣を盗み、茂みに隠れた。

夕暮れになって、仙女たちが帰り支度を始めた。末娘の衣が見つからない。長女が三回手を振ると、仙女の衣が舞い上がった。同時に末娘の衣を握りしめていた若者も舞い上がった。若者は、空中で苦しくなって、衣を手放し落命する。

亀は水神の子で、恩返しをする機会を待っていた。岸にあがった亀は、そこで腐乱した若者の死体を見つける。亀が遺体に三滴水をたらすと、若者が生き返った。亀は、元気を取り戻した若者に「生命の薬の木」をやり、この木を持っている者は、死を恐れる必要がなく、死者をこの木で指し示せば生き返ると教え、姿を消した。

別の日、三人の仙女がまた天から降り立ち、衣を脱ぎ捨てると川に駆けこんだ。若者は、また末娘の衣を奪い、その姿をじっと見つめていた。娘は驚いてあわてて岸へ上がり、手を三回振って魔法をかけた。若者は死ななかった。二人の姉は怖くなり、あわてて衣を着ると、天へ飛び立った。末娘だけが地上に残り、若者の嫁になった。

一年後、夫婦の間に男の子が産まれた。ところが夫が牛飼いに外へ出ている間に、妻は大籠に隠しておいた羽衣を見つけ、故郷がなつかしくなって天へ帰ってしまった。悲嘆に暮れている夫の前に再び亀が現われ、二つの飲み薬と刀を渡して立ち去った。その薬を我が子に飲ませると、突然、父より大きくたくましくなった。自分も飲むと、七倍も大きくなり、天まで行けそうに思えた。夫は「生命の薬の木」を手に持ち、刀を背にさし、我が子と一緒に日の昇る方向へ旅に出た。

道中、親子は巨大なラック鳥と出会い、その腹に呑み込まれた。「生命の薬の木」を持っていたおかげで、腹の中でも痛みを感じなかった。父は、ラック鳥の腹を切り裂き外へ出た。二人は、地の果てまで旅を続けた。真っ青な海が広がっていた。親子は船を製造し、ラック鳥の羽で帆を作った。軸先を空中へ向け、強風に煽られながら先へ進んだ。

突然、船が天に浮かんだ。構わず先へ進むと、天宮へ出た。それを聞いた天の父は、天界が人間に侵されたことに腹を立て、天の軍隊で船を包囲した。息子が神の刀を振りかざすと、天の援軍は雪崩を打って逃げてしまった。

天宮に入った二人は、まっすぐ仙女のところへ向かった。仙女は縛られていた。夫が縄を外して解放し、家族は再会を喜んだ。三人は仙女の父へ詫びに行った。父は、娘が地上へ戻るのを渋々了承せざるを得なかった。家族は船に乗って地上へ戻った。

同じヴェトナム少数民族フレ族が伝える『九番目の仙女』も『神の刀』と同じ羽衣伝説の類話である。前半はほとんど同じ内容で、主人公が孤児の若者から老いた母親と同居する若者へ、仙女が三人から九人へ、亀が青い服、青い靴を身につけ、青い杖を持つ白髪の老人に代わる。

後半では、結婚後、若者が逃げた天女を天宮まで子供と一緒に追いかけるところは同じである。天界の最高神、玉皇天帝は、若者にさまざまな試練を課し、最後に九番目の仙女と夫が天宮を治め、物語は終わる(5)。

チャンパ・チャム族の言語は、マレー・ポリネシア諸語に属し、ジャワ島の言葉も同じ親族言語に入る。インドネシアとヴェトナム少数民族の神話を比較しながら合わせて読んでいくと、インドの近隣に位置するだけにその神話、とくに「生命の水」の神話を濃厚に引き摺っているように見える。結論から先にいえば、羽衣伝説は、明らかに「生命の水」の神話の一部なのである。

インドネシアでは、ビダダリ神話が『デウォ・ルチ』から独立し、羽衣伝説が「生命の水」の神話から一見分離しているように映る。しかし、ヴェトナム少数民族の間では二つの話が一体化している。一つに合体しているので、羽衣伝説がアプサラス神話の異伝であることが明瞭に分かる。チャム族の『神の刀』では、亀は水神の子で「生命の水」を腐乱した死体にかけて若者を生き返らせ、ほとんど不死と変わらぬ状態にさせる。天女の末娘が手を三回振って魔法をかけても、若者は死なない。若者は、「生命の水」をかけられたことで「不死」を得、「不死」を得たことで天界への扉を開き、天女の末娘と結婚する資格を獲得する。

メソポタミアで、「生命の水」を腐乱した死体にかけて女神イシュタルを生き返らせるのは、水神エアである。インドの乳海攪拌の神話では、ヴィシュヌは、亀のクールマに化身（アヴァターラ）して、「生命の水」アムリタを作っている。しかし、水神エアのように「生命の水」を死体に振りかけ、死者をよみがえらせるようなことはしていない。

『神の刀』では、メソポタミアとインド神話の混交、水神エアとヴィシュヌの合体が認められる。これは、先に指摘したエア＝ヴィシュヌの傍証になる。東南アジアでは、エアとヴィシュヌが混同されて伝播した可能性が強い。

『神の刀』では、地の海と天の海はつながっている。その境界線は定かでないが、地の果てまで行くと、真っ青な海が広がっている。天地の海を一つにつなげてくれる奇跡の道具は、「生命の薬の木」とラック鳥である。「生命の薬の木」は、鳥の腹の中で痛みを感じさせない薬の効用だけでなく、天地を結ぶ宇宙樹、それも死すべき人間から不死なる神々へいたる階梯の役割も果たしている。

鳥も神話の世界では、天地を結ぶ霊魂導師だから、ラック鳥の羽で帆を作った奇跡の船は、地の海から天の海へ魔法をかけられたように飛び越える。突然、船が天に浮かんだのは、奇跡が成就したことを示している。地の海から「生命の水」と通じている天の海に出たのだ。この領域は、インド神話ではアプサラスたちだけが住む秘境の不死なる海である。

亀と竜

背中に大地を乗せた亀

インドネシア神話の『デウォ・ルチ』で、「生命の水」を求めて旅に出た主人公のビモが南海の底でデウォ・ルチと出会い、体内に入って同化しようとする話もどこかしら『神の刀』の内容と通底するところがある。

南海は地の海である。「生命の水」は、デウォ・ルチの体内にある。デウォ・ルチは、南海の底にいるのだから、地の海と天の海は、南海の底で一つにつながっている。ビモが地の海から天の海に入るには、デウォ・ルチの肉体が障害になる。肉体というこの生身の物質が天地の融合、水の合体を妨げているのだ。デウォ・ルチは嬰児で、ビモよりはるかに小さい。その小さな嬰児の体内に入らなければ「生命の水」と合一できないのだから、左耳の穴から入る通路は、最大の試練、苦行を伴う隘路となる。

ジャワ島では、毎年、南海の女王ロロ・キドゥルのために供物を海へ流すラブハンという行事が盛大に行われる。この水の女王は、ジャワ島がインド化する以前の女神だという。

十六世紀になってマタラム王朝の初代王セノパティは、南海岸で瞑想に耽っているときに女王と出会い、南海の女王の宮殿で三日三晩抱擁を重ねた末に結婚を申し込む。しかし、ロロ・キドゥルは、あくまで南海の女王に固執し、申し出を断る。が、王の子孫を永遠に庇護することを約束する。その後、歴代の王たちは、ロロ・キドゥルと結婚し、永遠の加護を得るようになったともいわれている。

マタラム王朝は、インド渡来の文化を摂取してその基礎を固めていくので、ロロ・キドゥル神話がジャワ島固有の民間信仰とはいえ、これほど根強く現代までジャワ人に支持されたのは、「生命の水」の神話、なかでもアプサラスから派生したビダダリやデウォ・ルチ神話と和合するところがあったからだろう。『リグ・ヴェーダ』の羽衣伝説で、アプサラスたちの一人ウルヴァシーは、南海の女王ロロ・キドゥルと同じように現世の王プルーラヴァスと結婚するからである。

また、チャム族の『神の刀』で水神の子であった亀が、フレ族の『九番目の仙女』で「青い服、青い靴を身に着け、青い杖を持つ白髪の老人」に代わったのも、細かいようだがユーラシア全域の水の神話を考える上で見過ごしにできない。

チャム族は、二世紀から十五世紀にかけて、漢名では林邑の名で知られるチャンパ王国を越南に築いた。ヴェトナム少数民族の神話は、女媧などの女神を始め、竜退治などでも中国神話と共有する部分が少なくない。

千宝の『捜神記』で越王は、竜を退治した後、救出した娘と結婚している。この話は、ヤマタノヲロチの日本神話にも影響を与えている。チャム族は、古来、イスラム、ヒンズー文化の影響を濃厚に受け、現在、バラモン教徒は三分の二、イスラム教徒は三分の一といわれている。

(6) アラブの民間伝承――『コーラン』に登場する「緑の男」の正体

『コーラン』には、洞窟での神秘的な体験を語った章がある。「洞窟」と題された十八章である。この章には七人の若者が登場する。この若者たちが、多神教を奉ずる同胞たちときっぱり縁を切って、洞窟に避難し深い眠りに落ちる。目を覚まして見ると、数時間か一日程度の眠りと思っていたものが、何と三〇九年間も眠っていたというのである。

ユングは、この挿話に詳細な解釈を加えている。この長い眠りは、若者たちが不死を獲得したことを意味するし、七という数字は、神聖な数なので、彼らが神であることを暗示している。彼らは、眠っているうちに変容し、永遠の若さを得た。ここで語られているのは、秘儀なのだという。洞窟は、生まれ変われる秘密の空間であって、ここに避難すれば、卵のように暖められて新しく再生できるのだという(6)。

「洞窟で眠る七人の若者たち」の話は短い挿話なので、これに続く二つの法話を合わせて読まないと、その変身過程はなかなか分からない。二つの法話には、モーセとドゥルカーナイン(アレクサンダー大王の別名)が登場する。

この二人の偉人が緑の男と呼ばれているハディルから真理の道を示される。緑の男はアッラーの僕で、最高神アッラーが「特別の恩寵を授け、じきじきに常人には得られない不可視界の知識を教えておいた者」だという。

『コーラン』には、古アラビアの民間伝承がしばしば混入して来る。緑の男は、なかでも最も人気の高い老神・老賢者である。モーセ（＝ムーサー）の法話では、この預言者がお小姓を連れて旅に出ている途上で緑の男と出会う。

二人は魚を持参していたが、二つの海が出会うところへ行き着くと、魚は海のなかへ逃げてしまう。魚に逃げられて、二人は食事を摂ることができない。そこに緑の男が不意に現われる。モーセは、直ちにお供いたしましょうと緑の男に願い出る。我慢できなくなるから、やめておけと突っぱねられるが、モーセがどんな言いつけにも背きませんと我を張るので、緑の男は、同行を許可する。

三人は旅の途中、船に乗る。緑の男は船底に穴を開け、危うくモーセの一行は溺れそうになる。続いて若者に出会うと、やにわに緑の男は、若者を殺してしまう。

後になってモーセがその訳を尋ねると、緑の男はこう答える。あの船はもともと貧しい人たちの持ち船で、船底に穴を開けたのは、「あの人たちが帰って行く先には、どんな船でも力ずくで強奪する王様が待っておったからのこと」、また、若者を殺したのは、「あれの両親というのが信仰深い人間」なのに「あれが無理無体に二人を神に叛かせ、信仰を棄てさせようとした」ので、「もっと親孝行な息子と取り換えていただくようはからってやったのだ」と。緑の男は、これ以外にもモーセやアレクサンダー大王にいくつかの善行を施して消える。

「洞窟で眠る七人の若者たち」を若返らせ、不死を与えたのは誰なのか。アッラーなのか緑の男なのか、それとも若者たちとは緑の男のことで、緑の男が若返って永遠の生命を得たのか。『コーラン』の著者は、アッラーに託して七人という数は、三人でも二人でも構わず、それは秘儀だと言っている。神の秘事、奇跡こそ大事なのであって、数にはこだわらない。一人でもよいと言っているようだ。

イスラム聖典では「七人の若者たち」、モーセ、アレクサンダー大王の三つの説話が並列して描かれているだけで、何度読んでも、誰が若者に不死を与えたのか実態がつかめない。おそらく故意にぼかして書いているのだろう。

わざとそう書かざるを得なかったのは、唯一神アッラーを信奉するイスラム教に民間信仰から借用した古アラビアの多神教的な神の挿話を混入させているからに違いない。若者に不死を与えたのが唯一神アッラーでないことだけは確実である。

神の摂理を体現する緑の男、ハディルともヒスルとも呼ばれているこの不可思議な男の正体はいまだに突き止められていない。シュヴァリエ・ゲールブラン共著『世界シンボル大事典』（大修館書店）の拙訳からどの辺まで解明されているのか謎の現状を探ってみよう。

「ヒスルの起源は定かでない。ある者によれば、アダムの実の子で預言者であり、父の遺体を洪水から救ったということである。また他の者によれば、彼はある洞窟で、大地そのものの子宮から生まれ成長したらしい……

ある日のこと、干し魚を持って砂漠を歩いていると一つの泉を発見した。ヒスルはその魚を水に沈めた。するとその魚はすぐに生き返った。ヒスルはそのとき自分が生命の泉に到達したのだと悟った。彼は、その泉につかり、そのようにして不死になり、彼のマントは緑に染まったのである。彼はしばしば原初の海に結びつけられ、海の真ん中の目に見えない島に住んでいるといわれる」(7)。

緑の男は、いろいろ尾ひれが付いて伝わって来ているものの、そのものずばりメソポタミア神話の水神エアが起源なのではないかと私は思う。聖書のアダムは、メソポタミア神話のアダパから派生した名前である。

アダパは、もともとエアの実の子、エアを守護神と仰ぐ賢者だから、緑の男が水神エアなら、ヒスルを「アダムの実の子」とする前文の説は逆さまで、アダムの父とするのが本来は正しい。

メソポタミアで水神エアは、常に「不死神話」と結びついている。「生命の水」の管理者もエアなら、賢者のアトラ・ハシース（＝ウトナピシュティム）を不死の世界へ誘うのも、洪水から救い出すのも、原初の青い海と結びつくのも水神エアである。青は緑に通じる。

前にも指摘したように、メソポタミア人は、水神エアと息子のアダパを文化英雄で怪魚のオアンネスと考えていた。だから、『コーラン』のように逃げた魚が不意に緑の男になってモーセの前に現われれば、その魚は水神エアということになる。

また、泉に沈めた魚が生き返ったので、同じ泉につかって不死を得たとするヒスルの伝承を信じれば、緑の男ヒスルは、アダパかアトラ・ハシースということになる。

賢者から神になって「海の真ん中の目に見えない島」、バーレン島に住んだのはアトラ・ハシースのほうである。賢者アダパもアトラ・ハシースも、水神エアを守護神と仰いでいたので、民間伝承では三人の事跡が混同されて伝えられた可能性が強い。

エアは、メソポタミアの万神殿では三番目の順位で、どちらかといえば最高神マルドゥクのほうが脚光を浴びやすい。しかし、武勇の神マルドゥクと違い、エアは、人間に恵みをもたらす神なので、民間伝承ではそれだけ命脈を保ち、人気を維持し続けたのでないのか。

(7)「緑の男」と水神エア　モーセ・キリスト・アレクサンダー大王との連関
——イスラム・キリスト教圏から中央アジア・東南アジアへ

緑の男の民間伝承は、『コーラン』に残っているだけではない。キリストの事跡にも痕跡を留めているのではないかと思う。『コーラン』では、アッラーが絶対的な怒れる神、父性の唯一神なら、緑の男は、人類に真理の道を教え、人間に恵みをもたらす神の僕としてイスラム圏では絶大な人気を得ていた民間伝承の寵児である。

キリスト教でも旧約聖書のヤハウェは、どちらかというと絶対的な怒れる父性の唯一神、新約聖書のキリストは、人間に恵みをもたらす神の子である。キリストは、サマリアの女に「生命の水」の教えを説いただけでなく、常に魚の図像で親しまれてきた。

キリストを魚と捉えるローマ時代以来のヨーロッパ社会での根強い民間信仰は、別のところで書いたのでここではあまり触れないが、キリスト＝魚の起源を怪魚オアンネスに求める説もある(8)。

キリストもイスラム圏の緑の男やメソポタミアの「生命の水」の神話、つまり魚の神話と無縁ではないのだ。となると、キリストの事跡にもメソポタミアの水神エアの神話が混入していることになる。

エアもキリストも、アッラーやヤハウェのような絶対的な父性の唯一神ではなく、人間に恵みをもたらす恩寵の神、しかも魚の図像や「生命の水」の事跡など共通する神話的な要素が少なくないからだ。

この魚は、キリストだけでなく、アレクサンダー大王の伝説にも付着した。『コーラン』にはない民間伝承なので紹介しよう。この民間伝承で大王は、「生命の泉」を求めアンドラスという料理人を連れて旅に出る。ある日、料理人が塩漬けの魚を泉で洗うと、魚が生き返る。それを見た料理人は、自分も不死を手に入れる。要するに、この魚は、怪魚のオアンネスと同じように超自然の不死の世界を体現している奇跡の魚なのである(9)。

緑の男は、不死を体現する奇跡の魚としてキリストやモーセ、さらにはアレクサンダー大王の伝説に介在するほど小アジア・メソポタミアで根強い人気を保っていたが、それ以外の他のイスラム圏にもこの民間伝承は波及している。

ヴェトナム少数民族フレ族の羽衣伝説『九番目の仙女』に登場する「青い服、青い靴を身に着け、青い杖を持つ白髪の老人」もその一例ではないかと思う。しかし、この白髪の老人は、もはや魚ではない。

白髪の老人は、お金がなくて自分の子を結婚させることさえできない貧しい老婆に、慈悲深い声

キリストを象徴する魚と錨　ローマのカタコンベ

で、水浴びに来る九人の仙女の居場所を教える。それだけでなく、仙女の一人と結婚させるように勧める。息子は結婚した後、子供をもうけ、天界に帰った仙女を追って子供と一緒に天宮へ行き、そこで家族団欒の生活を送る。つまり、生命の泉で仙女とめぐりあい、天界へ昇って不死を得る。

中央アジア・キルギスの英雄叙事詩『マナス』にも緑の男が現われる。その名をクィズィル（フィズル）というから、『コーラン』のヒスルから派生した名前だろう。

ジャクィプ・バイ老には子供がいない。老人は老妻に愚痴をこぼしながら、夢にクィズィルが現われ、子供の誕生を告げられたことを皮肉まじりに語る。老妻は取り合わないが、夢は正夢になり、主人公の英雄マナスが生まれる。

チュルク系やイラン系諸民族のイスラム化以前の口碑伝説、民話には緑のマントを着て、白馬にまたがったクィズィルがしばしば登場するという。この予言者は、「不死を求め、生命の水の源を探し出して不死を得た。クィズィルは永遠の放浪者で、老賢者として現われ、道に迷った旅人、貧民や苦境におちいったあらゆる人を助けに来る」という(10)。白馬にまたがっている勇姿から緑の男は、聖ゲオルギウスと間違われたりもするのだろう。

イ族の『洪水氾濫史』でも老人の賢者が登場し、人間に洪水の到来を告げる。この老人は天神の使者である（櫻井龍彦、一九八九年）。イ族はチベット・ビルマ語族で、四川・雲南に住む中国の少数民族である。イ族と中国の洪水神話は、相互に関連しているので、また後で触れる。

いずれにせよ、緑の男が「生命の水」の神話や洪水神話に集中して登場して来る以上、この老神や白髪の賢者を水神エアから派生したと考えても不思議はあるまい。古老の賢者は、羽衣伝説の「生命の水」とも関わるからヴィシュヌとの関連も予想できる。しかし、ヴィシュヌは水神ではない。ともあれ、水神エアは最高神マルドゥクの父なので、老神や老賢者の姿が一番似合うのである。

(8) 中国神話——羽衣伝説

中国の羽衣伝説では、インドから東南アジアに見られた「生命の水」の神話素が消えている。『捜神記』の羽衣伝説は、こうなっている。

豫章郡新喩県（江西省）に住んでいる男が、田の中に六、七人の娘を見かけた。娘たちは、毛の衣を着ているので、鳥か人間か分からない。男は、一人の娘が脱いでおいた毛の衣を隠してから、さっと近寄ってつかまえようとした。鳥たちはみな飛び去ったが、一羽だけは、逃げることができない。男は家に連れ帰って女房にし、三人の娘を生ませた。

その後、女房は、娘たちに言いつけて父親に尋ねさせ、毛の衣が稲束を積んだ下に隠してあることを知ると、それを身に着けて飛び去った。それから、また時が経って、母親は三人の娘を迎えに帰って来た。すると、娘たちも飛べるようになり、みな飛び去ってしまった（竹田晃訳、「鳥の女房」巻一四、三五四）。

「鳥の女房」では、主人公の男の素性が明らかでない。『元中記』にも「唐山羽衣伝説」が収録されているが、「鳥の女房」とほとんど同じ話である。

『捜神記』のもう一つの羽衣伝説、「董永《とうえい》とその妻」（巻一、二八）では、主人公は貧乏な孝行息子になっている。漢の董永は山東省の人で、子供の頃、母を亡くしたため、父と一緒に畑仕事に精を出していた。ところが父も亡くなる。葬式代がない。そこで奴隷になって、その金を葬式代に充てた。彼を金で買った主人が不憫に思い、一万貫の銭を与えて家に帰した。

三年後、お礼に主人の家へ行く途中で娘に会った。娘は藪から棒に「妻にしてください」、と言う。娘を連れて主人のところへ行き、恩返しがしたいと申し出る。主人は、「奥さんはなにができるのです?」と娘に尋ねる。「機織りができます」と答えると、主人は、「君は働かなくてよいから、奥さんに絹を織らせなさい」と言う。

董永の妻は、与えられた仕事を十日で仕上げてしまった。主人の家を出ると、妻が素性を明かした。自分は天上の織女で、天帝から借金を返してあげるように命じられて妻になったのだと。言い終わると、妻は、天へ舞い上がって姿を消した。

「董永とその妻」では、どこの羽衣伝説にもある天女が水浴びをする場面がない。しかし、貧乏な孝行息子を主人公に据え、天女を登場させて妻にさせているので、羽衣伝説の異伝であることが分かる。

二つの話は、ヴェトナム少数民族の『神の刀』や『九番目の仙女』に比べて、「不死神話」が欠落している分、総じて素気ない。「不死神話」に力点が置かれていないので、「生命の水」の神話が大幅に後退する。それだけに天女のイメージは、超自然性が薄められて具体化し、鳥という卑近な姿に納まる。天女は超自然界の不死なる「水の妖精」から「鳥の女房」に変身することになる。

鳥は、神話の世界では『神の刀』のラック鳥のようにあくまで天地を結ぶ仲介の動物だった。中国神話では、「毛の衣」を着ている天女は、「鳥か人間か分からず」、ついには地上化して、具体的に「鳥の女房」といわれるようになる。

中国の羽衣伝説は、天女を織女にしたところに特徴がある。羽衣伝説を天体神話とつなげたのは、中国が最初だろう。織女は、天球で機織を続けていた星である。畑仕事に精を出す貧乏な農夫もいずれは天球に昇って牽牛の星になるだろう。織女の星と牽牛の星との間には天の川が流れている。天の川は、天と地が分かれているように、二つの星を分け隔てる越え難い聖河なのだ。

その聖河を天から地に降り立ったように織女が渡って来る。織女の星と牽牛の星を結びつけるのはカササギである。天の川の織女伝説は、羽衣伝説と同じ水と鳥の物語なのだ。二つの伝説に違いがあるとすれば、一方が天、他方が地を舞台にしているという点だけだろう。

(9) 朝鮮神話――羽衣伝説

織女の導入は、朝鮮の羽衣伝説にも影響を与えている。それを除けば、朝鮮の羽衣伝説は、中国よりヴェトナム少数民族の話にどちらかといえば近い。伝説は次のように進む。

東海の海にそそりたつ霊山、金剛山の麓に一人の樵夫《きこり》が住んでいた。親もいない貧しい暮らしぶりであったが、律義者でよく働く若者であった。ある日、山に登ると、傷ついた鹿から助けを求められる。鹿は猟師に追われていた。樵夫は、別の方向を指差して猟師を追い払い、落ち葉の中に身を隠していた鹿の命を救ってやった。ついでに持っていた手巾《てきん》で傷口を結んでやった。

鹿は、命の恩人に恩返しがしたいと言って、天女の沐浴日を教える。その日、山の頂上の天池に天帝の王女の三姉妹が降りて来る。そうしたら、末娘の羽衣を隠してしまいなさい。末娘は地上に残らざるをえなくなる。その娘を妻にし、子供を作りなさい。しかし、三人の子供が生まれるまでは、決して羽衣を返してはいけない。そう言い残して鹿は消えた。

言われた当日、樵夫は山に登り、頂上の霊水の天池のほとりで樹の陰に身を隠していると、真昼の空がにわかにかき曇り、三人姉妹の天女が楽しく歌を歌いながら、白鳥が舞うように降りて来る。そして、羽衣を脱ぐと、静かに水のなかに入った。天女たちには後光が射して、まばゆい光を放っていた。

やがて天女たちは、池から上がり天に昇る身支度を始めた。ところが末娘の羽衣が見当たらない。末娘は泣き出したが、まごまごすると天に昇れなくなる。仕方なく末娘を置いて、二人の天女は先に帰ることにした。

樵夫は、生来、邪気のない天真爛漫な性格だったので、天女に近づき、「できることならどんなことでもいたします」と優しく語りかける。天女は、地上の人間に心を開かず、沈黙を守り通していた。だが、とうとう「羽衣をなくしてしまった」と打ち明ける。樵夫は、羽衣を決して返してはいけないと鹿から言われていたので、心を鬼にして「私が探してあげます」と言いくるめ、天女の手を引いて山を降りる。

こうして二人は夫婦になり、樵夫は天女のために一心不乱に仕事に励んだ。妻は天上の人だったから、天界への郷愁がつのり、「天には昇らないので、羽衣を返してください」と夫にねだる。夫は「子供が一人生まれたら、返してあげよう」と約束する。

やがて女の子が生まれる。妻は約束を果たしてくださいと迫る。夫は困りぬき、長嘆息を吐くばかり、もう一人生んだら必ず約束を守ると苦しげに答える。やがて男の子が生まれる。

家族団欒の日々が長く続いたある日のこと、妻が「もう天には昇りませんから、羽衣を見せてください」とせがむ。それほど言うのでしたらと、樵夫がしまいこんで置いた羽衣を出して見せる。帰心矢のごとくいたたまれなくなった天女は、二人の子供を両脇に抱えると、遠く天へ舞い上がって見えなくなった。

樵夫は茫然自失、あっけにとられてなす術もなかった。寂しさが募り、暗澹たる思いである日、山に登ると以前の鹿が現われた。助言を乞うと、山の頂上のあの池には、天から大きな釣瓶が降りて来ると教えてくれる。天女が地上へ沐浴に降りて来ることができなくなったので、瓶で地上から水を汲み上げている。その釣瓶に乗って天界へ行けば天女に会えるという。樵夫はその通りにした。驚いたのは天上の神々で、天帝は「地上の人間が来るとはけしからん」と大いに怒り、綱を切ってしまえと命じた。そこへ天女が子供と一緒に現われ、天帝に赦しを乞うて、家族は再会を喜び合う。こうして樵夫は、妻子と年取ることなく天界で幸せに暮らすことができるようになった。

俗説に織女座は天女、牽牛星は樵夫、夏の昼過ぎ、七色の虹が立つのは沐浴の雫《しずく》といわれている(11)。

朝鮮の羽衣伝説では、中国で大幅に後退した不死なる「生命の水」のイメージが再びよみがえる。山の頂上にある池は霊水の天池で、金剛山は朝鮮の霊山である。天女の降りて来る場所が天に近い高みとして強調されているだけではない。霊山にある霊水のみなぎる天池という言葉で天とのつながりが示され、天女の降りやすい場所になっている。

後に天女が地上に降りて来ることができなくなっても、天から釣瓶が降りて来て、地上から霊水を汲み上げている。この霊水は天地が共有する「生命の水」のように描写されている。

『神の刀』では、ラック鳥と生命の薬の木が天地を結ぶ媒体の役を果たしていた。朝鮮の羽衣伝説では、樵夫という職能がその役を担う。樵夫は、山に登って木々を伐採する。山に登れば天に近づき、日々、木々と触れ合えば、天の声も聞きやすくなる。

「生命の木」が世界中の神話で天地を結ぶ階梯、宇宙樹の役割を果たしているように、樵夫という職能は、貧しい身分であれ、木々との触れ合いを通して、他の人間以上に超自然界との交流を深める。少なくとも古代の人々はそう考えていたろう。樵夫が羽衣伝説の主人公になる理由はそこにある。

朝鮮の羽衣伝説では、ヴェトナム少数民族やインドネシアのそれらと違い、神話の舞台は、海ではなく山である。海が舞台なら、天にある「生命の水」と地にある海水を結ぶ媒体は、賢者でなければ魚か亀でよい。

イスラム圏の緑の男は、たびたび不死を体現する魚になる。緑の男が神ならば、人間世界に恩寵をもたらし、不死を与える恵みの神（『コーラン』など）、人間ならば、緑のマント（イスラム圏）や青い衣（ヴェトナム・フレ族）をまとった老賢者になる。恵みの神や老賢者が魚にたとえられるのは、「生命の水」の体現者だからだ。

亀もまた長寿と固い甲羅によって、不死を象徴する海の生き物である。『神の刀』では、亀は水神の子になって、若者の遺体に三度「生命の水」を振りかけ、生き返らせる。亀は水神の子として、メソポタミアの水神エアと同じことをしているのだ。

これに対して、山に棲息している動物のなかで、不死を象徴する生き物といえば、鹿になる。鹿は、大きな枝のような角を生やしている。鹿の角は、周期的に切り取られ更新される。角は、再生と豊穣のシンボルである。同時に大きな枝の形をしているので、「生命の木」にたとえられる。

これは、朝鮮に限らず、アメリカ・インディアンやヨーロッパに共通する現象である（『世界シンボル大事典』、「鹿」の項目）。亀や鹿が不死を象徴する「生命の水」や「生命の木」の体現者なら、単なる動物に過ぎなくても、神や老賢者の役割を果たしたところでそれほど違和感はない。

朝鮮の羽衣伝説では、霊山の頂上にある霊水の天池が「生命の水」と、樵夫と鹿が「生命の木」とつながっている。このように伝説の冒頭から不死のイメージがだめを押すように具体的に描写されている。だから、物語の終局で樵夫の家族が天界で再会し、年取らず永遠の生命を得て、星になっても神話の筋書きとしては自然に読める。

(10) 日本神話――羽衣伝説

日本の羽衣伝説の原型は、『近江国風土記』逸文に収められている。古老の伝えによれば、近江国伊香郡に伊香刀美という男がいた。八人の天女が白鳥になって南津の江に降り、水浴びをしている。それを見た伊香刀美は、白鳥の姿を奇異に思ったが、神人と納得する。あまつさえ末妹に一目惚れし、白犬にその衣を盗ませ、天路を塞ぐ。七人の姉たちだけが衣をまとって昇天してしまう。天女が水浴びした故事に因んで、その場所を神浦というようになった。

伊香刀美は、末の天女を家に連れて帰り、妻にする。夫婦の間に男二人、女二人の子供が生まれた。子供たちは伊香連の子孫になる。母は羽衣を捜し出し、昇天する。伊香刀美は、空床を独りで守り、悲嘆に暮れ続ける。

『近江国風土記』逸文の羽衣伝説は、粗筋の紹介にとどまっている。特徴といえば、天女を白鳥とした点だろう。中国で天女は鳥になったが（『捜神記』「鳥の女房」）、どんな鳥か特定されているわけではない。朝鮮で天女は白鳥の舞うごとく踊り、歌いながら降りて来る。だが、白鳥は形容詞として使われているだけで、天女は白鳥ではない。中国にも天女が白い鶴になる話がないわけではない（『淵鑑類函』）。

『近江国風土記』逸文では、天女をはっきり白鳥としているので、朝鮮半島経由の羽衣伝説であることが分かる。天女の子供たちを土地の先祖にして起源神話としたのも、特徴の一つに加えてよいだろう。これに比べれば、『丹後国風土記』に収められている羽衣伝説のほうは、もう少し独創的である。

八人の天女が降りて来て水浴びをするところは同じだが、伊香刀美の代わりに子供のいない老夫婦が主役として登場する。老夫が天女一人の衣と裳を隠して地上に留まらせ、我が子になってくれと天女に頼む。天女は渋々承諾する一方で、衣と裳を返してくださいと懇願する。老夫は、天女の願いを渋々受け入れる。願いが叶った天女は、十余年、老夫婦の家で生活を共にする。

この間、天女は万病に効く酒造りに励み、老夫婦の家はもとより在郷の地も豊かになる。その後、老夫婦が「お前は私の子ではないので、さっさと出て行きなさい」と言い渡す。天女は号泣して、その非を訴える。老夫はますます怒りを募らせる。

家を出た天女は、里の人に「長らく地上にいたので、もはや天には帰れない。また地上には親もいないので身寄りもいない。どうしたらよいのか」と嘆息して訴える。里を出た天女は、荒塩の村へ行き着き、「老夫婦の心を思うと、私の心は荒塩のようだ」と村人に語る。

最後に奈具の村へ行き着き、「私の心は穏やかに（古語で「ナグシ」）なった」と言ってこの地に留まる。こうして天女は奈具の社に鎮座している稲の神トヨウカノメノミコトになった。

『丹後国風土記』の特徴は、羽衣伝説の力点が天上より地上に移ったことだろう。天女は天界に帰らず、地上に残って最終的に稲の神になる。天女を結婚させず、老夫婦の子にさせて、最後まで処女の純潔を保たせたのは、地上の神になる伏線だろう。天女が造る万病に効く酒も「生命の水」を連想させる。インドでは神酒ソーマは、「生命の水」に比定されているからである。

しかし、物語の力点が地上に移った分、老夫婦はいささか俗物的に描かれている。天女の酒造りのおかげで、老夫婦も里の人々も豊かになったのに、「私の子ではない」という理由で天女を家から追い出す。子供がいないので我が子になってくれという老夫婦の最初の懇願を自ら裏切り、その間に大きなズレが生じている。

極貧の清廉潔白な孝行息子というのは、天女と出会える羽衣伝説の絶対的な話素であった。孝行息子は「生命の水」の豊かさを取るのではなく、常にその不死性を選んでいた。だから、天女と同居しても孝行息子は極貧のままだった。天女の酒造りが「生命の水」を造っていたのだとすれば、そのおかげで豊かになったのに、長者になった途端に天女を棄てた老夫婦は、不死性とは無縁の俗物ということになる。

だが、人間とはもともと不死性とは無縁の存在、欲望とは縁の切れない存在と当たり前に考えれば、孝行息子のほうが非現実、老夫婦のほうが処世術に長けた現実的な人間なのだ。羽衣伝説は、それだけ人間臭い現実の物語になったのである。人間性が豊かになっただけ、羽衣伝説は神話から民話へ移行したのだともいえそうである。

言い換えれば、聖と俗がはっきり分離してしまったのである。聖を代表する天女は、俗世間に降りても処女の純潔を保ち、育ての親に棄てられ、放浪を余儀なくされても老夫婦の心を気遣い、最終的には地上の神になる。天女は、俗に染まらず一貫して聖を保持し続けている。

俗を代表する老夫婦は、一時は天女を我が子にして、聖へ向かって飛翔しようとするが、それも所詮は清廉潔白な徳とは無縁の寂しさが言わせた自己憐憫に過ぎず、最終的には欲に目がくらんで、「生命の水」の不死性より地上の豊かさを選んで、天女を棄てている。老夫婦は、「生命の水」の豊かさは見えても、不死性には盲目なのである。万病に効く酒とは、「生命の水」かもしれない。『神の刀』に出て来る木も単なる「生命の木」でなく、「生命の薬の木」だった。現実的な老夫婦は、酒しか目に入らない。万病に効くので、もしかしたら不死の薬、神酒かもしれないとは考えない。不死はひたすら聖を凝視し続ける者にしか開示されない。すでに再三指摘した聖書のサマリアの女の挿話を思い起こせば、それは明らかだろう。万病に効く酒は、天界の神酒、「生命の水」にならず、この世の酒にとどまった。老夫婦が、聖に染まらず一貫して俗を保持し続けていたからである。

神話の主調音は、聖と俗との絶え間ない交流にある。聖と俗との分離、神話から民話へ移行した原因は、おそらくここにあろう。羽衣伝説は、これによって「生命の水」の神話から逸脱して、民話へ移行していくことになる。

天人女房として語られている昔話の羽衣伝説は多様に分岐し、いろいろな話素が混入している。

ここでは伝説の原型である『風土記』の二つの話に留めた。

以上、ユーラシア大陸の羽衣伝説を追うことで、この伝説が「生命の水」の神話であることが分かった。「生命の水」を管理していたのは、元をたどればメソポタミアの水神エアなので、羽衣伝説は洪水神話とへその緒がつながっている。人類を洪水から救うのもメソポタミアでは水神エアの事跡になっているからである。

羽衣伝説と洪水神話は、一見異なった二つの話素に見えるが、東南アジアではこれから述べるように合体する例が多くなる。いずれの話素も水神エアの事跡なので、合体する理由は、もともとメソポタミア神話にあったと考えたほうがよいだろう。

(11) 中国少数民族イ族の神話――羽衣伝説と洪水神話

へその緒がつながっていることを示しているのがイ族の洪水神話である。人類を洪水から救う老人がイスラム圏の緑の男やヴェトナム少数民族の羽衣伝説に登場する青い老賢者を連想させ、そこからごく自然に水神エア像が浮かび上がって来る。櫻井龍彦氏の論文によれば、イ族の洪水神話はこう進む。

篤慕《とくぼ》の代（第三一代）に天神の策耿紀《さくこうき》が洪水を起こし、人類を絶滅させようとした。天神は、地上に額勺《がくしゃく》（または老人）を派遣する。額勺は、これから七日の間に洛尼山（または洛業山）に登れば、洪水から救われると篤慕に教える。そして、ニワトリの卵を腋の下に挟み、ヒナにかえったら洪水が引いたときだから、桶の外に出てもよいと命じる。篤慕は、その通りにして人類でただ一人生き残る。

天神が洪水を起こそうとしたのは、それなりの理由があった。篤慕には二人の兄がいた。三人の兄弟は、各地を開墾して仕事に励む。あるとき三人は、天神の聖地も耕してしまった。天神は、使者の額勺を送って、聖地を原状に戻す。兄弟たちはそれに気づいて、老人に飛び掛ろうとする。末弟の篤慕が天神の使者に狼藉を働いてはいけないと止めに入る。老人は、篤慕が善良なことを天神に報告する。

二人の兄は気がおさまらず、天神の神馬を盗み出す。馬飼いが返すよう要求するが、二人の兄は承知しない。天神は、事件を知って怒りが募り、洪水を引き起こす。

一人生き残った篤慕は、山の開墾にいそしむ。そこで天神は、三人の娘を篤慕に嫁がせることにした。三人の天女と結婚した篤慕は、それぞれの天女に二人ずつ子供を生ませた。六人の子供たちは、それぞれイ族の氏族たちの始祖になった(12)。

イ族には『洪水氾濫史』や『古史通鑑』など神話関連の書が残っており、櫻井論文は、これらの原典に当たってイ族の洪水神話を最も正確に伝えた貴重な論考である。あえてイ族の神話に触れたのは、二つの理由による。一つは洪水神話と羽衣伝説との関連。二つは、イ族の洪水神話を介して、メソポタミアと中国神話の影響関係に言及したいからである。

イ族の洪水神話には、後半でわずかではあるが羽衣伝説が付着しているように思える。天女が地上に降りて来て、洪水から救われた神話の主人公と結婚する。洪水神話の主人公はイ族の王、その子供たちはイ族の氏族の始祖になるわけだから、物語の流れは「洪水神話」、「羽衣伝説」、「起源神話」の順になる。もっとも水浴びの場面もなければ、羽衣も着ていないので、無理に羽衣伝説と即断するつもりはない。

(12) ヴェトナム少数民族——羽衣伝説と洪水神話

ヴェトナム人のことを漢語では越南人という。通説によれば、中国華南地方に住んでいた越族の一部が南下してヴェトナムの地に入り、インドネシア系先住民族との混交を繰り返して今日のヴェトナム人の原型ができあがったとされている。

ヴェトナム少数先住民族・インドネシアには、先に述べた羽衣伝説（『神の刀』、『九番目の仙女』、ビダダリ神話）以外に、チャム族の「天依阿那の伝説」（『ヴェトナム少数民族の神話』所収）が残っている。

この伝説の主人公も天女で、水浴びこそしないが、天女が直接洪水を体験するので、イ族の神話とはまた違った意味で「羽衣伝説」と「洪水神話」の親縁性を実感させる。

その昔、大安山の近くに子のない老夫婦が住んでいた。夫婦は瓜を作って生計を立てていた。ある晩、老人は少女がこっそり瓜を採っているのを見つけた。孤児とのことだった。老人は家に連れ帰り、養子にして実の子のように可愛がった。老夫婦は、この子が天依阿那の化身であると薄々気付いていた。

ある日、大安山一帯に洪水が押し寄せた。天依阿那は、仙宮を思い出して顔を曇らせた。気分を晴らそうと、山へ登り果物を摘み、箱庭を造って遊んでいた。彼女は、養父母に心配をかけたことをとがめられた。天依阿那は、魔法を使って沈香の木切れのなかに入り、川の流れに身を任せた。木切れは、大海に出て北の海岸に流れ着いた。

そこで北海の太子と会い、二人は結婚し、男女二人の子をもうけた。幸福だったが、天依阿那は、老夫婦を想い、望郷の念に駆られた。彼女は、子供たちを連れ、沈香の木切れにまた入って水の流れに身をまかせ、老夫婦の住むダイアン山へ帰った。養父母は、すでに死んでいた。

北海の太子は悲嘆に暮れ、軍隊を動員して海岸へ行き、妻を探し回った。そこへ津波が襲来し、軍兵は皆、溺死した。その後、人々は、霊験あらたかな天依阿那のことが忘れられず、塔を建ててこの物語を偲んだ。

天依阿那の伝説は、「羽衣伝説」と「洪水神話」がみごとに結ばれた好例である。老夫婦は、畑で瓜を作っている。東南アジアの「洪水神話」には、兄妹夫婦が瓜や太鼓に入って水禍から救われる場合が多い。後で詳述する苗族や中国神話の宇宙創世神話がそうである。種の入った丸い瓜や太鼓は、卵と同じで豊穣のシンボル、子孫繁栄の象徴なのだ。

伝説では、主人公は瓜ではなく、沈香《ちんこう》の木切れに乗って洪水から救われている。羽衣伝説と洪水神話の二つの話素がそれだけ遊離しているが、老夫婦が瓜を植えているのは、沈香の木切れの伏線と考えてよい。畑の瓜は、天依阿那が北海の太子との間にもうける一男一女とその子孫を表している。

通常の羽衣伝説では、空間は天と地の二つだけである。天女は、地に下りて、また天へ帰る。ところが、天依阿那の伝説では、「羽衣伝説」と「洪水神話」が並存しているために、空間が三つに増える。

天から地上へ降りた天女の視点で見ると、北海の地は、洪水がその間に加わるので、地上から遠く離れた異界のように映ったはずだ。しかし、異界から老夫婦の住む地上を思えば、望郷の念に駆られているので、地上のダイアン山は天界に当たる。ダイアン山に戻れば、今度は北海の地に太子を残して来ているので、異界は天とも地とも映るだろう。

空間が三つに増えたことで、物語が夢幻劇のように展開し始める。それでいて瓜畑が象徴しているように、子孫繁栄の物語はしっかり根付いている。

(13) 羽衣伝説と洪水神話、合体の分布——東南アジア、中国少数民族、沖縄

「羽衣伝説」と「洪水神話」の合体は、中国の南方系少数民族、とくにモソ族の民話などにも見られ、すでに白川静氏によって日本に紹介されている(13)。老夫婦が天女の養父母になる話は、『丹後国風土記』にもあり、伝播があったとすれば、どういう経路で移入されたのか、興味を呼ぶ

ところだ。
察度王にまつわる琉球神話にも羽衣伝説が付着している。奥間大親は、川で水浴びをしている天女を見つけ、その衣服を奪って妻にする。一男一女が生まれる。母親は、大きくなった娘の唄から羽衣のありかを知ってしまう。天女は天へ帰る。息子は成長して察度王になる。天女が地上の王と結婚するか彼女の生んだ息子が地上の王になる(14)。

天孫降臨型の神話によって王族の権威を高めようとする図式は、イ族と琉球神話に共通している。これは、インドネシアのロロ・キドゥル神話にも見られる図式である。

琉球神話の誕生は、仏教が沖縄に伝来した後と考えられているので、広く大きく言えば、天女と王族とのつながりを強調した神話は、前に述べた水の天女アプサラスと地上の王ブルーラヴァスが結婚する『リグ・ヴェーダ』の対話賛歌にその起源を求めるべきだろう。

それにしても、東南アジアからインドネシア、琉球にかけて、この種の神話が集中して多く見られるのは一考に値しよう。イ族はチベット・ビルマ系の民族なので、中国・雲南省に限らず、ビルマは、イ族と同じ洪水神話を共有している。高地ビルマのチンガボー族の洪水神話では、二人の兄妹が船からニワトリと針を投げ、洪水が引いたかどうかを知ろうとする(15)。ニワトリの挿話はイ族と同じ話なので、仏教を無視して狭い範囲に限定すれば、東南アジアのヴェトナム、ビルマ、インドネシアから琉球への伝播の道も考えられないわけではなかろう。

しかし、それ以上に重要なのは、イ族の洪水神話がメソポタミアの洪水神話をかなり忠実に反映している点だ。イ族の天神、策耿紀《さくこうき》は、メソポタミアの風神、エンリルに対応する。この二柱の天神は、そろって洪水を引き起こす。しかも両者は、天地の二つの領土を事実上支配している。天神の使者、額勺《がくしゃく》は、水神エアに対応する。両者は、天と地、神々と人類を結びつける仲介者である。額勺は、篤慕が善良なことを天神に報告する。エアは、ウトナピシュティム（＝アトラ・ハシース）に神々の秘事を伝える。伝え方が額勺の地から天へ、エアの天から地へと逆さまになっているが、伝えたことで善良な篤慕とウトナピシュティムが洪水から救われる点は同じである。

風神エンリルが洪水を引き起こしたのは、若い神々の喧騒からだった。彼らは日々の重い労働に不満が募り、身代わりに誰か労働をしてくれる者たちはいないのかと訴えて反乱を起こす。水神エアが人類創造を提案し、受け入れられる。

だが、エアは神を一人殺して、人類創造を行った。エンリルはそれが許せない。エンリルは怒って洪水を引き起こし、人類を絶滅させようとする。エアが賢者のアトラ・ハシース（＝ウトナピシュティム）を洪水から救い出し、人類を救済する。

メソポタミアの若い神々の反乱は、イ族の洪水神話では、地上における篤慕の二人の兄弟の反乱と対応する。兄弟は、天神の聖地を耕して、神の領土を侵犯しただけでは治まらず、天神の神馬まで盗み出す。天神は、怒って洪水を引き起こす。この怒りはエンリルの怒りと同じものだ。

また、聖地を原状に戻して天と地を和解させ、兄弟の反乱を鎮めようとするのはイ族では天神の使者、額勺だが、人類を創造する代わりに、彼らに労働を引き受けさせ、若い神々の反乱を鎮めようとするのはメソポタミアでは水神エアである。洪水から七日目に山にたどり着き、洪水が引けたことを鳥（メソポタミアと聖書では鳩と烏、イ族では鶏）が教え、七日目に山にたどり着くところもメソポタミアとイ族では同じである。

イ族の洪水神話は、メソポタミア神話に近い。水神エアをほぼ原状通りに温存させている点で、この近さはギリシア神話に匹敵しよう。天神の使者、額勺は、エアであり、プロメテウスなのである。

イ族の歴史はきわめて古い。四川、雲南、貴州など中国西南部に住み、長江流域に楚を建国したのはこの民族である。彼らはロロ族とも呼ばれていた。長江流域は、稲作文化の発祥の地といわれているだけでなく、イ文字の誕生は、漢字の成立より早いのではないかと考えられている。その神話も中国神話の源流に位置し、黄河流域に栄えた漢族の中原文化に影響を与え、チベット、インド、ヴェトナムなど西方文化とも接触していたに違いない。イ族の神話は、異伝を追っている立場からするとやはり見過すことはできないのである。

[注]

（1）中島成久著、『ロロ・キドゥルの箱』、風響社、一九九三、一三一頁。
（2）ウノ・ハルヴァ著、田中克彦訳、『シャマニズム』、三省堂、一七二―一七三頁。
（3）セノ・サストロアミジョヨ著、松本亮他訳、『ワヤンの基礎』、めこん、一九八二、一〇四―一〇七頁、三三七―三四五頁。
（4）イヴ・ボンヌフォワ編、金光仁三郎主幹、『世界神話大事典』、大修館書店、二〇〇一、一〇五八頁。
（5）チャンヴェトキーン編、本多守訳、『ヴェトナム少数民族の神話』、明石書店、二〇〇〇、一五七―一六三頁。なお、「神の刀」以外に「九番目の仙女」（一六二―一六七）、「天依阿那の伝説」（三七―四四）など他の類話も上掲書に負っている。
（6）ユング著、林道善訳、『個性化とマンダラ』、一九九一、三二―四八。
（7）ジャン・シュヴァリエ他著、金光仁三郎他訳、『世界シンボル大事典』、大修館書店、二〇〇一、「緑色」の項目、九五一頁。
（8）拙著、『原初の風景とシンボル』、大修館書店、二〇〇一、一八六―二〇一頁、また、キリスト＝オアンネス説については、Jean-Paul Ronecker, *Le symbolisme animal*, Dangles, 1994, p. 181。
（9）注（7）の上掲書、「水」の項目、九四二頁。
（10）若松寛訳、『マナス』、キリギス英雄叙事詩、東洋文庫、平凡社、二〇〇一、二六四頁。
（11）中来鉉著、『朝鮮の神話と伝説』、太平出版社、一九七一、一三―二八頁。
（12）君島久子編、『東アジアの創世神話』所収、櫻井龍彦「混沌からの誕生」弘文堂、一九八九、五三―七八頁。
（13）白川静著、『中国の神話』、一九八〇、中公文庫、一一八―一二〇頁。
（14）大林太良著、『東アジアの王権神話』、弘文堂、一九八四、四二三―四二四頁、比嘉春潮著、『沖縄の歴史』、一九五九、四三―四六頁。
（15）フレイザー著、星野徹訳、『洪水伝説』、国文社、一九七三、七八頁。

第九章　中国神話とメソポタミア神話の類縁性

(1) 中国の人類創造神話

メソポタミア神話との関連を考えるとき、中国神話は、一言でいえば複雑に分岐し、イ族の神話ほど簡単にその関連を読み取ることはできない。しかし、これほど近隣の諸地域がメソポタミア文化と関わりを持っている以上、中国神話だけに孤立した独自性を持たせることには無理がある。まず、人類創造と洪水神話からその関連を追ってみよう。

中国の人類創造神話では、女媧が主役を演じている。『楚辞』「天問」には「女媧は人頭蛇身」とあり、後漢代中期の王逸がこれに注を付して、「女媧は人頭蛇身、一日に七〇回化す」と語っている。「化」とは「化育」、「化生」の意味で、女媧は成育の神なのである。

女媧は黄土で人を創った。『風俗通義』によれば、この作業は大変な激務であったので、黄土のなかで組紐を引き回し、これを引き上げて人を創ったとある。女媧が人を創ったときに七〇回も造化を繰り返したのは、さまざまな神がその手助けをしたからだと袁珂《えんか》は言っている(1)。『淮南子《えなんじ》』「説林訓」にはこうある。

「黄帝、陰陽を生じ、上駢《じょうへい》、耳目を生じ、桑林、臂手《ひしゅ》を生ず。これ女媧、七十化せる所以なり」。

後漢代末期の高誘は、この文に上駢も桑林も神の名であると注を付けている。さまざまな神が、人類創造にあたって女媧の手助けをしたとする袁珂の説は、高誘のこの注によっている。

陸思賢によれば、「黄帝、陰陽を生じ」とは、男を生み女を生むこと、「上駢、耳目を生じ、桑林、臂手を生じ」とは、嬰児の生まれる過程で、「上駢は、頭部のいちばん端にあり、出産時に頭が先

伏羲と女媧

に母体から出て来ること、桑林は上肢、体肢、下肢が次々と母体から離脱することだ」と述べている(2)。

袁珂と陸思賢の説には少し隔たりがあるものの、中国で女媧が人類創造の神になったことだけは間違いない。『山海経《せんがいきょう》』「大荒西経」には、「神あり、十人、名は女媧の腸、化して神となる」とあるから、やはり複数の神々が人類創造で女媧を助けた可能性が高い。女媧は、また苗族の祖神であるばかりか、ヴェトナムでは山の創造神である。ヴェト族にはこんな創造神話が残っている。

その昔、ヌウオア（女媧）という女神とトゥトゥオン（駟象《しぞう》）という男神がいた。男神は結婚を申し込んだが、自分と競争して勝てば結婚してあげると女神がいう。三日間で地表を見渡せる山をどれほど造れるか競争しようというのである。

女神と男神は、北と南に別れた。三日後、二柱の神は、勝敗の決着をつけるために互いの山に登った。男神の造った小さな山からは、東海（南シナ海）と近隣の地域が見渡せた。女神の大きな山からは、四方に視界が広がった。これで勝負は決まったが、話にオチが付く。

男神は、土石を荷物受けに入れ、それを担ぎ上げて山を造った。ところが、重すぎて荷物受けの葦の部分がたびたび切れ、そこからこぼれ落ちた土石で小さな山が九つ散らばってできた。ヌウオアの造った大きな山は、現在のタイニン省バーデン山、九つの小さな山々はタイクハー海岸にあるという。

小さな山々は、本来なら男神が造ったはずなのに、物語では最後に女神がばらまいた土石の名残ということに切り替わっている。これは、神々の勝ち負けと関わりなく、もともと土石が女神ヌウオアのものであったことを語っている。ヌウオアは男神を競争にまきこんで、結果的に造山に協力させせた山神であるばかりか、地上の土石を体現している大地母神なのである(3)。

女媧（ヌウオア）の大地母神像は、ヴェトナムから中国まで少数民族を含めて分布しており、メソポタミアの大地母神像にきわめて近い。メソポタミアでは、水神エアと大地母神ニントゥの夫婦が十四柱の出産女神（ベーレト・イリー）を束ねて人類創造を先導する。夫婦は協力して土塊を水で捏ね合わせ、そこに殺された神の肉と血と精霊を加えて、人類を創造する。十か月目に七柱の女神が男を、他の七柱の女神が女を出産する。

大地母神が土を捏ねて人類を創るところと、これにさまざまな神々を協力させるところとは、メソポタミア神話と中国神話で共通している。女媧は、水神エアの妻ニントゥの大地母神像を継承している。

（2）中国の洪水神話

中国の女媧は、洪水神話にも絡んで来る。『淮南子』「覧冥訓」にはこうある。

「遠い昔のこと、四極（天を支える東西南北の柱）が崩れ、九州の地が裂けて、天は地上を覆い尽くせず、地は万物を載せられず、火は燃え広がって消えず、水（洪水）は果てもなく広がってやまず、猛獣が良民を食らい、猛禽が老人や子供に摑みかかった。そこで女媧が五色の石を錬って蒼天を補修し、大亀の足を切って四極を立て、黒竜を殺して中国の地を救い、葦の灰を積んで淫水（洪水）を止めた」。

聞一多は、引用文の黒竜を共工と特定している(4)。『淮南子』「天文訓」によれば、共工は顓《せん》頊《ぎょく》と帝位を争い、激怒して不周山にぶつかった。このため天柱は折れ、地をつなぐ網が断ち切れた。さらに聞一多は、以下に引用する『路史』「後紀二」に準拠して、共工との争いには、女媧も顓頊に加担し、共工の滅亡に貢献したと言っている。

「太皞《たいこう》氏（伏羲《ふつき》）が衰えたため、共工が乱をなす。洪水を起こし、天下に禍をもたらす。天網《てんもう》は堕ち、地紀は絶え、人は命に堪えず。このため女皇氏（女媧）がその神力を使って、共工氏と較べ、共工氏を滅ぼしてこれを遷す。その後、四極は正しく……地は平らかに天は成り、万民がまた生まれた」。

中国神話で洪水を引き起こしたのは共工である。共工は人頭蛇身で、炎帝の子孫だった。共工に立ち向かい、宇宙の秩序を復元させたのが女媧と顓頊だった。しかし、共工の一派には、禹《う》も戦いを挑んでいる。

禹は鯀《こん》の子、鯀は水神、顓頊の子である。顓頊の孫である禹は、共工の臣下、相柳氏を倒している。共工は人頭蛇身、共工の子、句竜《こうりゅう》もその名の通り竜なら、その臣下、相柳氏も九首人面蛇身である。『山海経』「海外北経」にはこうある。

「共工の臣を相柳氏という。九つの首で九つの山のものを食う。相柳氏が触れて土ほるところは沢や谷となり、禹は相柳氏を殺した。その血は生臭くて五穀の種を植えることができず、禹

顓頊

禹

は深い穴を掘って埋めたが、なんども崩れた」（高馬三良訳、以下同）。

禹も竜退治をしているのである。竜退治に登場する竜は、どこの文化圏でも多頭である。こうした共通の姿態は、ユーラシア大陸に竜退治の異伝を追えば明らかだが、相柳氏の九首人面蛇身もそれを引き継いでいるように見える。

共工とその子の句竜、また臣下の相柳氏が蛇身で竜の系図なら、禹とその系図はどんな動物に比定されているのか。禹の父、鯀は、魚の字が入っているように大きな魚という意味である。『山海経』「大荒西経」にはこうある。

「魚あり、扁枯、魚婦と呼ぶ。顓頊は死んでもすぐよみがえる。風が北から吹き出すと、天は河川を溢れさせる。蛇は化して魚となる。これが魚婦である」。

扁枯とは禹歩のことで、跛行《はこう》のような歩き方を言う。『尸子《しし》』「君治」に「禹、扁枯の病、歩いて相互によぎらず。人、禹歩と言う」とあるから、「魚あり、扁枯、魚婦と呼ぶ」とは、禹のことを指している。

顓頊は北方の天帝なので、春になって北から風が吹き始めると、死んだ顓頊が孫の禹に乗り移ってよみがえり、冬眠していた蛇が泳ぎまわる魚のように元気になる。これが魚婦だと言っているわけだ。禹は蛇の元気になった化身、魚婦なのである。

(3) 禹と治水事業

水から陸に上がった魚婦の禹は、地上にどんな事跡を残したか。『山海経』「海内経」にはこう書かれている。

「洪水は天にみなぎり、鯀は帝の息壌を盗んで、洪水を塞いだ。ただし、帝の命令を待たなかったので、帝は祝融《しゆくゆう》に命じて、鯀を羽山の郊において殺させた。鯀はよみがえり、禹を生んだ。帝はそこで禹に命じ、ついに国土を分かち、九州を定めさせたという」。

大洪水は、中国古代史の神話時代、尭《ぎよう》帝の治世下に起こった。すでに退位を考えていた尭帝は、臣下に後継者を推挙するよう求めていた。そこに大洪水が襲来した。尭帝は鯀に治水の全権を与える。ところが、鯀は帝の息壌を盗んで治水に成功しなかった。息壌とは、使えば使うほど増えていく天の盛土のことをいう。鯀は、これを使い切れなかった。

『淮南子』「原道訓」でもこの父子の徳の違いが対照的にこう描かれている。

「夏の鯀が城を築いたところ、諸侯は叛き、国には狡猾の心を生じた。禹は天下の叛くことを知り、そこで城を壊し、堀を埋め、財宝を散じ……もっぱら恩徳を施した。すると遠国は服従し、夷狄《いてき》は貢納するようになった。こうして諸侯を塗山に集めたとき、玉帛《ぎょくはく》を捧げて来訪する国は万に及んだのである」。

これは、禹が舜《しゅん》から帝位を禅譲され天下を取った後の話である。その前に尭は、舜に帝位を禅譲している。諸侯にさせられた鯀は、怒りを帝にぶつける。このため舜は、鯀を羽山で殺し、呉刀でこれを切り裂いた（『呂氏春秋』「恃君覧《じくんらん》・行論」）。殺された鯀は、黄熊または黄竜《こうゆう》と化してよみがえり禹を生む。

禹は、石から生まれたとする別の感生神話もある。『竹書紀年』によれば、禹の「母は修己《しゅうこ》という。出行し……夢に意に感じて交わり、神珠を呑み、修己の背は割けて石紐に禹を生む」とある。

中国神話では、一つの事跡にさまざまな人が時代を超えて色付けしていくので、同じ事跡が多様に分岐する。禹の誕生についても例外ではない。禹が鯀から生まれ、石から生まれたとする上の二つの話は、すでに中国神話の基本事項になっており、禹の息子、啓の誕生では、二つの話が一つに結ばれている。

禹は、塗山氏と結婚し、啓が生まれる。啓も石から生まれている。禹は、轘轅《かんえん》山の治水工事をしているときに、太鼓の音が聞こえたら弁当を届けてくれと妻に頼む。難工事であったので、熊に化けて水路を開削しているうちに石を蹴飛ばし、それが当たって音を立てた。夢中で仕事をしていた禹は、昼飯を届けに来た妻の塗山氏に熊の姿を見られてしまう。あわてて逃げ帰る妻を熊が追いかける。怖くなって、塗山氏は石に化けた。それを見て、禹は「わしの子供を返せ」と石に向かって叫んだ。すると、石が割れて啓が生まれた。啓とは「割れる」という意味である（『繹史《えきし》』巻三）。

この話では、啓も石から生まれて、父親の異常な誕生の仕方を引き継いでいる。同時に禹は熊に化けて、黄熊になって禹を生んだ鯀の神話を引き継いでいる。白川静氏は、『字訓』、『字通』のなかで、字形の説明には援用しがたいと断りながら、熊と羸《えい》（やどかりの象形）で水物の字は音声的に近いので、熊が水物とみなされるようになったのではないかと推察している（「熊」の項目）。だとすると、鯀は魚、禹は魚婦なので、この父子が熊に化けてもおかしくない。高句麗神話でも水神、柳花は熊心淵で太陽神、解慕漱《かいぼそう》と会い、英雄朱蒙を生んでいる。

禹が父親の鯀と違って治水工事に成功したのは、伏羲《ふっき》から玉簡を貰い受けたことも関係している。その逸話はこう進む。竜門山を開削していたとき、禹は深さ数十里の洞窟を見つける。そこで二匹の動物に出会う。禹は、火を持った動物たちに先導され、奥まで突き進んで行ったところ、人面蛇身の伏羲と出会う。

伏羲は、八卦《はっけ》の図を示し、それを金版の上に書く。また、長さ一尺二寸の玉簡を授ける。禹は、後にこの玉簡を肌身離さず持って天地を測量し、水土を平定したといわれる（『拾遺記』）。

水土の平定は、どのくらいの規模と範囲に及んだのか。『呂氏春秋』「開春論・愛類」は、「禹、河（黄河）を開き、江（長江）を切って流し……堤防を造り、東土を乾かし、活かす所の者千八百国、これは禹の功である」と言っている。

『孟子』「勝文公下」では、「禹、地を掘ってこれを海に注ぎ、蛇竜を駆ってこれを沢に放つ……江（長江）、淮《わい》（淮河）、河（黄河）、漢（漢水）これである」と書かれている。

メソポタミア神話で風神エンリルが引き起こした洪水を止める側に回り、賢者のアトラ・ハシースを水難から救い出したのは水神エアであった。エアの図像は魚である。インド神話でも賢者のマヌに洪水の到来を知らせ、人類の始祖を水難から救うのは魚に化けたヴィシュヌ神である。恵みと知恵の神エアが魚を介して恵みと解脱の神ヴィシュヌに変容していく経緯は、前にも述べた通りだが、中国神話でも魚婦である禹は、洪水を止め、民を救うために奔走している。中国神話で禹は最も人気の高い恵みの神である。この聖王は魚の図像を介してエア、ヴィシュヌと一つに結びついている。こうした連鎖が偶然とは考えにくい。

禹は、山の開削をして治水工事を成功させているから鉱山師、鍛冶師でもある。竜門山は、華陰の山岳地帯にあって、石や金属の産地だった。マルセル・グラネは、女媧が蒼天を補修した五色の石は、竜門山から採掘されたものだろうと推定している。五石とは、雄黄、丹砂、雌黄（顔料）、礬石《ばんせき》、曾青を指す。

竜門山の近くには、舜の二人の娘、「宵明《しょうみょう》」と「燭光」が住んでいた。娘たちは、千里の周円を照らすことができた。天下を取る以前の禹は、舜の大臣でその後継者である。禹は、この火に照らされて洞窟の奥へ突き進んでいったのだろうという。

禹を先導した動物も「夜明」という珠を口にくわえ、燭台のように周囲を照らしてくれた。だから、『拾遺記』の洞窟の挿話は、金属の採掘、九鼎の鋳造過程を述べたものだとグラネは推断する。

実際、禹は九鼎の鋳造者としても知られている。夏王朝の鼎は、「毘吾《ひご》」で製造されていたという。禹は、夏王朝の始祖であった。「毘吾」は山名で、ここでは銅がよく採れる。

黄帝も鼎を鋳造しているが、黄帝は、この山で蚩尤《しゆう》と戦っている。蚩尤と七十二人の同族は銅頭鉄額で、金属の溶解を発明している。「毘吾」は、剣の名称でもあって、毘吾の剣は、西の蛮族から穆王《ぼくおう》に差し出される貢物であったという(5)。

(4) 中国創世神話の兄妹夫婦説——三柱の創造神、伏羲、禹、女媧

竜門山で採れる五色の石を通して、伏羲と禹と女媧が一つに結ばれている。ならば、この三柱の創造神は、どのような関係にあったのか。

『史記』「夏本紀」には、「塗山氏、名は女媧」とある。塗山氏は、前に述べた啓の誕生の逸話からもお分かりの通り、禹の妻である。一方、女媧は、伏羲とは兄妹であると同時に夫婦の関係にある。『史記』の記述をまともに信じれば、伏羲と禹は、妻として女媧を共有していたことになる。三柱の創造神の親近性は、一考に値する。

中国神話を扱った書物(『後漢書』、『楚辞』、『山海経』など)や造形芸術には、双竜を描いたものが多い。この双竜が人首蛇身の二皇、伏羲と女媧であることは、すでに定説になっている。女媧は、人類創造の大地母神、伏羲は雷神で、八卦を画し、建木を伝って天地を往来した東方の天帝で

ある。伏羲と女媧が、兄妹でありながら、双竜となって交尾している図像が古代中国にはじつに多いのだという。

世界各地の人類創造神話には、兄妹が夫婦になって子孫を増やす例が少なくない。唐代末期には、すでにこの兄妹夫婦説が庶民の間で語り継がれていたと、中国神話学の第一人者袁珂《えんか》は言う。伏羲と女媧の兄妹夫婦説を、苗族の人類創造神話との比較を通して最初に提起し、証明して見せたのが聞一多の『伏羲考』である。

苗族の人類創造神話はいろいろあって話が分岐しているが、基本的には兄妹（または姉弟）が、洪水に襲われる。兄妹は地上にいる。この洪水によって人類が絶滅する。洪水を引き起こしたのは、おおむね雷公である。雷は天上にいる。二人は、木鼓（または瓜や葫蘆《ふしべ》）に入って水を避ける。ときには瓜に入って、天まで浮かび漂っていく。兄妹は生き残って結婚し、人類を繁栄させる。

主役は、兄妹と雷公の三人である。兄妹が伏羲と女媧の場合もあれば（苗族（ミャオ族）の蠟祭《ろうさい》、鴉雀苗故事）、恩と媚という神とも人間とも特定できない半神半人の場合もある（生苗故事、生苗洪水造人歌）。前者では雷公は登場せず、後者では雷公が恩と媚の長兄か次兄になっている(6)。

聞一多の最大の功績は、伏羲と女媧の二柱の創造神を字形学と音声学的アプローチから一対の葫蘆の精と断じたことだろう。葫蘆とは、瓢箪《ひょうたん》のことである。聞は、中国の人類創造と洪水神話を苗族の兄妹夫婦説と比較して、この結論にたどり着いている。

聞一多の見解は、すでに中国では定説になっており、ユーラシア大陸全域にまたがる比較神話学を無視して、中国神話だけに限定して考えれば、聞一多の直感は当たっており、定説に値する卓見といえよう。

葫蘆も瓜もそのなかに種が入っており、象徴的に言えば、女性の子宮に相当する。イ族やビルマ・チンガポー族の神話で、洪水の難を逃れた男が持って行くニワトリの卵、チャム族の「天依阿那の伝説」で養父母が植えている瓜の畑も、人類の繁栄を象徴していると見てよかろう。さらに、聞一多は、中国神話で洪水を起こしたのは共工なので、共工は、苗族で洪水を引き起こした雷公に当たると推断している。

前にも述べたように、中国華南に住んでいた越人はその昔、越南に移入し、ヴェトナム人の原型を造り上げたと言われている。中国西南に住んでいる彝（イ）族や苗族の神話は、ヴェトナム少数民族の神話と共通する部分が少なくない。とくに創世神話の兄妹夫婦説がそうである。

例えば、ヴェトナム少数民族のスレ族やゴドゥ族の洪水神話では、海から発した大洪水ですべてが破壊される。全人類のうち、一人の若者と妹だけが、太鼓のなかに隠れたおかげで生き延びる。水が引けると、太鼓はヤン・ラ山に乗っていた。太鼓から出て来た兄妹が、未来の人類の礎を築く。

ジャライ族の洪水神話では、太鼓に潜りこんだ一人の女が生き延びて、息子とともに新しい人類を生んでいく(7)。太鼓は、イ族や苗族の洪水神話にも出て来る。基本的にはそこに種が入っているのだろうから、葫蘆や瓜、ニワトリの卵と同じ母胎の役割を果たしている。

同時に太鼓の音は、雷の轟きと似ている。太鼓が雷なら、太鼓に潜りこんで洪水の難から逃れて生き延びた兄妹や種などは、雷神（雷公）の子供たちということになる。

フィリッピン・ルソン島のイフガオ族の洪水神話でも、ウィガンとブガンの兄妹が山に逃れて洪水から救われる。二人は、近親相姦を恐れていたが、白髭の老神が現われて兄妹を結婚させ、子孫が増えていく(8)。

フレ族の羽衣伝説だけでなく、ここにも白髪の老神が登場して来る。羽衣伝説と洪水神話の親近性は、チャム族の天依阿那の伝説やモソ族の民話に限らず、イ族やイフガオ族の神話で白髪の老神(賢者)が一貫して登場して来ることでも明らかで、分布の広さを物語る。

東南アジアでは、土をこねて人間を創る人類創造神話も多い。東南ボルネオやスマトラ島のバタク族、インドネシアのハルマヘラ族などがそうである。

兄妹夫婦の人類創造神話は、このように単に苗族だけでなく、東南アジア全域に広く分布している。伏羲と女媧の兄妹夫婦説は、その影響、範囲内にあった人類創造、洪水神話と考えてよい。ならば、「塗山氏、名は女媧」という『史記』「夏本紀」の記述をどう解釈するのか。記述通りとすれば、禹と女媧は夫婦ということになり、伏羲と女媧の兄妹夫婦説は、後退するか消える。兄妹夫婦説を採れば、『史記』の記述は作為的ということになる。

聞一多は、伏羲、女媧、禹は、宇宙開闢の三柱の創造神で蛇神であった。蛇神にしたのは、竜が古代中国のトーテムだったからで、三柱の創造神の親近性は、そのためだと結論を下している。しかし、『伏羲考』は、独創性に富んでいるが短い論文なので、聞のトーテム論は、必ずしも説得力ある論調とはいえない。

（5）中国の洪水神話と伏羲――メソポタミア型と東南アジア（中国南方系民族）型

中国神話は、メソポタミア神話と違って、固有の神話が最初にあるのではない。後世になって、固有のものであれ、作為のものであれ、それらが綯《な》い交ぜに重層的に記述されて、中国神話が出来上がっている。他の文化圏の神話が、多分に中国化されて記述されていることも少なくない。

古来、中国が大河の氾濫などでたびたび大洪水に見舞われたことは、歴史的事実だろう。しかし、大洪水を体験したからといって、固有の洪水神話が生まれるものでもない。近隣の他の文化圏には洪水神話があふれている。それらを自家薬籠中のものにして、みずからの洪水体験と重ね合わせることだってないわけではなかったろう。

黄河流域の中原文化を漢民族本来の文化と考えれば、イ族や苗族（ミャオ族）の洪水神話は、他の文化圏のもので、メソポタミアや東南アジアの影響を受けている。

結論から先に言えば、中国神話の人類創造や洪水神話は、メソポタミア、東南アジア双方の文化圏から影響を受けているように思える。伏羲、女媧の兄妹夫婦説は、苗族を介して東南アジア圏の神話群に属する。禹と女媧の夫婦説は、メソポタミア圏の神話群に属する。留保付きだが、これにイ族と苗族を介してと付け加えてもよい。

イ族の洪水神話は、メソポタミアの洪水神話と東南アジアの羽衣神話との合体である。苗族の洪水神話はいろいろあり、大きく二つに類別できる。一つは東南アジアの兄妹夫婦型の洪水神話。これに羽衣伝説が加わることもある。

もう一つは東南アジアの兄妹夫婦型の洪水神話と羽衣神話、これにメソポタミアの洪水神話が微妙に加わって三つ巴《どもえ》の様相を呈している。いずれにせよ苗族の場合、どの洪水神話を採っても兄妹夫婦のカップルが必ず顔を出す。

前者の洪水神話には雷公は登場せず、兄妹が葫蘆（木鼓、瓜）に入って洪水の難を逃れ、結婚して子孫を増やす（「鴉雀苗故事」など）。羽衣伝説が加わる場合は、前者でも後者でも天上でおばあんが瓜を植えていて、兄妹はその瓜に乗って洪水を避ける（「生苗故事一」、「生苗洪水造人歌」）。

シャム族の天依阿那の伝説では老夫婦が瓜を植え、そこに天女が降りて来るので、苗族のおばあさんとシャム族の老夫婦は、同根の異伝である。羽衣伝説とする所以である。苗族の洪水神話が前者だけなら、聞一多の卓見は素直に納得できる。彼は、兄妹夫婦を苗族の祖神、葫蘆の精とし、そこから双竜となって交尾している古代中国の図像を伏羲と女媧と特定したからだ。

ところが後者の洪水神話では、雷公が登場して洪水を引き起こす。天上にいる雷公は、洪水の難を逃れた地上の兄妹夫婦の長兄、または次兄に当たる（「生苗故事二」、「生苗洪水造人歌」）。聞一多は、この雷公を中国神話で洪水を引き起こした共工に比定した。

共工は、別名を康回ともいう（『楚辞』「天問」）。康回の「回」の字は、字形学的に「雷」に通じるので共工は康雷、つまり雷神である。だから、苗族の雷公に当たると聞一多は考えたわけである（9）。

これは、洪水の難を逃れた兄妹夫婦を伏羲と女媧と特定した必然の帰結だろう。しかし、祝融の

祝融

息子である共工は炎帝の子孫であって、伏羲や女媧との間に血縁関係はない。共工は、伏羲と同じ人面蛇身だが、字形学的に「康雷」を介在させないかぎり、雷神としての共工は、どこにも出て来ない。それに炎帝の子孫である共工は、もともと火神の系譜に属する。

　これに対して伏羲は、れっきとした雷神の子である。『山海経』「海内東経」には、「雷沢のなかに雷神あり、竜神で人頭、その腹をたたく」とある。この雷沢に大きな足跡があり、その足跡を踏んで、華胥《かしょ》は伏羲を生んでいる（『太平御覧』巻七八）。これは、中国に多い感生神話で、華胥は、雷神の足跡を踏んだだけで処女懐胎している。もっとも、華胥は、『拾遺記』で九河の神女と呼ばれているので、人間ではない。伏羲は、雷神と河神を両親に持つ水神の系統に属する。

　そうなると、苗族の雷公は、中国神話では共工でなく伏羲に該当するのではないのか。でなければ、伏羲は、苗族の雷公の子に当たる。ここで「塗山氏、名は女媧」という『史記』の記述がにわかに真実味を帯びてくる。

『史記』に従えば、禹と女媧が兄妹夫婦で葫蘆《ふしべ》の精、伏羲が雷公となるはずだからである。となると、雷公の子は禹と伏羲のどちらなのか。

苗族の洪水神話は、筋書きに省略はあるものの、雷公と兄妹夫婦との血縁関係をほぼメソポタミア神話に順じている。メソポタミア神話で洪水を引き起こすのは風神エンリル、人類創造を先導するのは水神エア、エアの助力を仰いで、実際に人間たちを生むのはエアの妻ニントゥと十四柱の出産女神たちである。

風神エンリルと水神エアは兄弟、ニントゥも『エヌマ・エリシュ』(宇宙創造物語)ではっきりそう指示されているわけではないが、宇宙開闢時代の「偉大な神々」(アヌンナキ)の数の少なさから見て、エンリル・エア兄弟の妹に当たると考えて差し支えなかろう。差し支えがあるとしても、東南アジアには、メソポタミアから派生した兄妹夫婦説の洪水神話群が数多く見られる。

これを『史記』の記述に沿って苗族と中国神話に当てはめると、洪水を引き起こす神は、風神エンリル＝雷公＝伏羲、多産の大地母神は、ニントゥ＝洪水の難を逃れた妹＝女媧(塗山氏)、洪水を止める神は、水神エア＝洪水の難を逃れた兄＝禹となる。

もっとも、メソポタミア神話で実際に洪水の難を逃れるのは、水神エアを守護神と仰ぐ賢者アトラ・ハシース(＝ウトナピシュティム)であって、神ではない。苗族の「洪水の難を逃れる」兄は、「洪水を止める神」ではなく、水神を守護神と仰ぐ賢者に当たる。

この点で苗族よりイ族の洪水神話のほうがメソポタミア神話に近い。苗族の兄妹夫婦から生まれる子供たちは瓜の子で、これを切り刻んで初めて人に変わる。親子に断層があるので、両親はおそらく男女の神か半神半人なのだろう。

もともと洪水を引き起こす神は、実質的な最高神である。メソポタミアの最高神はアヌだが、アヌの権威は名目的なもので、洪水を引き起こす時点で風神エンリルは、天界と地上の実質的な権力を掌握している。

マルドゥクは、原初の塩水ティアマトを討った後、風神エンリルから実質的な最高権力を委譲されるが、それを祖父のアヌに譲っている。譲られてもアヌの至上権は、あくまで名目的な権力にとどまり、実権はマルドゥクが掌握している。

洪水を引き起こす神は、ギリシアでは雷神ゼウス、中国に近いイ族では天神である。どこの文化圏でも最高神が洪水を引き起こすというのは、メソポタミア以来のものである。苗族の雷公も、天上にいるのだから、雷神ゼウスやイ族の天神と同じ最高神と考えてよかろう。

中国神話だけが洪水を引き起こす神をどちらかというと悪玉に近い共工に比定しようとしている。中国神話の独自性といえばそれまでだが、この定説にはいささか無理がある。そうならざるをえないのは、聞一多の卓見が誤っているからではなく、中国神話に関するさまざまな原典の記述が多様に分岐しているためである。

その根本の原因は、中国の洪水神話が東南アジア型とメソポタミア型双方の神話を同時に摂取し、それを独自の神話に進展させているからだろう。東南アジア型に固執すれば、兄妹夫婦説が強くなり、洪水の難を逃れる兄妹夫婦は葫蘆《ふしべ》の精の伏羲と女媧、洪水を引き起こす神は、必然的に共工とせざるをえなくなる。聞一多の直感はその意味で当たっている。

メソポタミア型またはユーラシア全域の洪水神話に固執すれば、洪水を引き起こす神は、最高神かそれに順ずる神なので、雷神の伏羲がこれに該当し、洪水の難を逃れる兄妹夫婦は、禹と女媧とせざるをえなくなる。洪水を引き起こす神と洪水そのものとは、おのずから区別されなければならない。洪水は、竜や怪物的な擬人神でも構わない。しかし、洪水を引き起こす神は、最高神かそれに近い威厳を持った雷神であったはずである。

伏羲、禹、女媧の三柱の創造神をめぐって、メソポタミア・東南アジア双方の神話が入り乱れて混入しているために、このような重複が起こる。イ族の洪水神話はメソポタミア型だが、苗族の場合はいろいろ話があって、中国神話と同じようにやはり重複している。「塗山氏、名は女媧」という『史記』の記述は、メソポタミア型の民間伝承を踏襲した結果に違いない。

中国神話で伏羲と女媧は風姓、禹は姒《じ》姓である。伏羲と女媧が同姓なら、兄妹夫婦説が有力になるのは当然といえよう。しかし、聞一多は、風姓も姒姓も巳《み》姓で蛇、同じ竜族の証であると言う。ここから古代の漢民族は、竜をトーテムとしていたという結論が導き出される。中国は竜の国なので、このトーテム論に異を立てるつもりはない。

もう少しメソポタミア神話の側から中国神話を追って見よう。禹は蛇身なので蛇の象形、十二支の蛇に当たる巳姓が使われても不思議はない。それなら伏羲はなぜ風姓なのか。聞一多の説を引用しよう。

　「劉師培の「姒姓釈」は、姒と巳が同じ文字であり、姒姓とはつまり巳姓であるという。じつは巳、蛇は古くは同じ字であって、金文の龍字は多く巳に従う……禹の字は虫に従うが、虫は卜辞ではまた巳と同字であってともに蛇などの字の来源である」。

『史記』は、はっきりと褒《ほう》国は、禹の後裔だと言い、『潜夫論』ではまた伏羲の後裔だと言う……じつは姒と風とはもともと同じ姓であって、禹と伏羲とは、元来一家の人間なのだ。姒姓が巳姓であることはすでに上に詳しい。風の字は虫に従うが、虫と巳とは卜辞のなかでは一つの字なのである。もともと古人が風姓だとか巳姓だとか言うのは、現代語に訳すと、みな「蛇の生んだもの」ということだ……要するに風と巳、姒とは同義字で、伏羲と禹は同姓であるから、褒国は姒姓でも風姓でもあり、禹の後裔でもあれば伏羲の後裔でもある」(10)。

メソポタミア神話の風神エンリルを伏羲、水神エアを禹、エアの妻ニントゥを女媧と考えると、細部にこだわらなければ、聞一多の引用文は、そのまま『エヌマ・エリシュ』(天地創造物語)の解説文になる。風神エンリルと水神エアは兄弟で、始祖のティアマト(塩水)とアプスー(淡水)から数えると五代目の直系、元来が水の系譜に属する。

ティアマトは竜なので、エンリルもエアもニントゥも淵源に遡って広く大雑把に言えば、蛇族、竜族ということになろう。メソポタミアでも中国神話でも三柱の創造神は、それぞれが蛇族、しかもエンリルと伏羲は、蛇族に属しながら風神と風姓、エアと禹は、魚(怪魚のオアンネス)と魚婦、ニントゥと女媧は、同じ大地母神である。

もっとも、伏羲が洪水を引き起こしたという記述はどこにもない。しかし、伏羲の風姓は、凍りをとかす春風の寓意で、天の川から吹き起こる風に起源があると陸思賢は解釈して、『易経』「説卦」にある次の文を引用している。

「雷は、もってこれを動かし、風はもってこれを散らし、雨はもってこれを潤し、日はもってこれを乾かす」。

雷神で、風姓であった伏羲の起こす風は、どのくらいの強風であったのか。鯤鵬《こんぼう》神話には大風が描写されている。『荘子』「逍遥遊」篇の冒頭にはこうある。

「北海のはてに鯤という名の魚がいる。その大きさは何千里あるかわからない。鯤は化して鵬という名の鳥になる。その背丈も何千里あるかわからない。鵬が力いっぱい飛び立てば、その翼は大空にたれこめる雲のようになる」。

鯤は大魚の海神、鵬は大鳥の風神で、鯤鵬神話は、海神が風神に変身する過程を描いた寓話である。寓話は、新石器時代の「魚鳥文」図案と合致するという。陸思賢は、伏羲の風姓の由来をこの大風から明らかにしようとする(11)。

「大鵬《たいほう》が南の果ての海へと天翔《あまがけ》るときは、まず海上を滑走して波立てること三千里、激しいつむじ風に羽ばたきして空高く舞い上がること九万里、それから六月の大風に乗って飛び去るのである」（『荘子』「逍遥遊」）。

大洪水が襲来したとき、この大風は吹いたのか。『淮南子』「本経訓」にはこうある。

「尭《ぎょう》の時代に…大風が民に害を加えた。そこで尭は羿《げい》に命じて……大風を青丘の沢で射殺した」。

高誘は、大風は風伯だと注を付けている。中国には風伯、禺彊《ぐうきょう》、四方風と風神がいろいろいる。伏羲は、羿に殺されているわけではないので、こうした風神たちの元締めと考えることもできよう。風と鳳は、卜辞では同じだから、伏羲の風姓は、巨大な鳳凰《ほうおう》が起こす大風とも結びつく。

それに禹の父、鯀《こん》が治水を命じられたのは、尭の時代なので、確かに大洪水がこの時代に起こっている。『孟子』「勝文公下」には、「尭の時に、水が逆行して中国に氾濫が起きた。蛇竜が出て、民は不安に駆られた」とある。

鯀と鯤は、音声が同じである。伏義と禹の親近性から見て、当然伏義と鯀の関係も近かったはずだ。漢字を介して伏義の「風姓」、大鳳の「鳥」、鯀と禹の「魚」が一つに結びついている。伏義の「風姓」は、鯤鵬神話の「大風」と無縁ではない。それどころか、この「風姓」は、エンリルの風神から派生したのではないのか。伏義とエンリルとは、それほど役割が似ているのである。

(6) 中国の洪水神話——禹とメソポタミアの水神エア

それなら禹と女媧、塗山氏は、どう結びつくのか。二柱の女神とも大地母神という点で変わりはなかろうが、女媧の記述が人類創造と天の補修を含めた治水に集中しているのに対して、塗山氏のほうは山の神の描写が多い。

塗山は、別名を会稽山《かいけいざん》とも言う。禹は、この山に群神を集めてよく会議を開いた。父親の鯀《こん》から治水工事を引き継いだ禹は、共工を追放した後、諸侯を塗山に集めたが、会議に遅れ、治水工事に協力しなかった防風氏を殺してしまう(『述異記』巻上)。

また、鯀が城を築いて天下に謀反が起こったとき、禹はこの城を壊して恩徳を施している。そのとき塗山に集まった遠来の国々は万に及んでいる。禹の時代、塗山は、首府のような役割を果たしていたことになる。

禹は、轘轅山《かんえいざん》で治水工事に没頭していたとき、熊の姿を妻の塗山氏に見られてしまう。熊に追いかけられた塗山氏は、石に化ける。石のままで禹の妻は、啓を生む。

比較神話学の視点から見ると、この記述は重要である。ユーラシア大陸には、石から生まれた神が少なくない。イラン神話の太陽神で、軍神のミスラ（ローマではミトラ）、カフカス神話の太陽神ソスランがそうだし、北欧神話の最高神オーディンの場合も、祖父のブーリは石から生まれている。ギリシアのデウカリオン神話でもそうである。

これは、ヒッタイトの『クマルビ神話』が波及した結果だろう。この神話の第二部「ウルリクムミの歌」で、クマルビは「大きな岩」と交わって、ウルリクムミを生んでいる。「岩」は大地の一部なので、「岩」から生まれる胎児を取り上げるのは、地母神たちである。

ウルリクムミは、海中にある「岩」の胎内からまるで刃物のように飛び出して来る。神々は不安を募らせる。これはクマルビの悪巧みで、ウルリクムミをテシュブの敵対者に育てようとしているのだと怯え始める。テシュブは、エアに助力を仰ぐ。エアは、ウルリクムミの足を切り落とせと助言する。テシュブは、助言を受け入れウルリクムミを倒す。

禹の息子、啓が塗山氏の化けた石から生まれたのは、「岩」から生まれたウルリクムミの誕生をそのまま踏襲しているように思える。胎児のウルリクムミを取り上げたのは地母神だから、石に化けた塗山氏も大地母神なのである。ヒッタイト神話では、胎児の母胎が一元的で「岩」、中国神話では、これが二元的になって「塗山氏の化けた石」、つまり女神と物質に分離している。

それなら啓の父、禹が石から生まれ、跛行なのはなぜなのか。無論、啓が石から生まれたのだから、親子そろって石からの誕生としても辻褄は合う。異伝というのは、伝播の過程で潤色され、ある話素が関係のない他の話素に付着することも少なくない。

ウルリクムミの足を切り落とせと進言したのは、水神エアで、実際に跛行にさせられたのは、ウルリクムミのはずなのに、エアが禹に化ける過程で、禹と啓の親子をそろって石の誕生で揃えたついでに、進言した禹のほうを誤って跛行にしてしまった可能性もないわけではあるまい。

ここでレヴィ＝ストロースの有名なオイディプス論を持ち出して、オイディプスと禹の「跛行《はこう》」を比較・検討してもよいが、ユーラシア全域の異伝を追っているので、抽象論は差し控え、私見を簡単に述べてみたい。

創世神話では、宇宙の創造は不可欠の話素である。誰が創造するのかといえば、当然のことながら神、または神々が造物主になる。創世神話の主役は、常に神々である。しかし、現実世界が人間の社会で構成されている以上、創世神話に人類創造の話素を加えなければ、神話と現実社会を結ぶ絆は断ち切られる。ならば、どういう形で人類創造の物語が創世神話に加わるのか。

神々だけの世界に人間が加わることは、闖入であり、侵犯になる。創世神話では、神々の視点だけが絶対的なのであって、現実社会のように人間の視点が幅を利かせているわけではない。人間の視点は、限りなくゼロに近い。

人間のいない、神々だけの創世の時代に人類創造の役割を担うのは、やはり神々である。メソポタミア神話でその大役を担ったのは、水神エアであった。人間どもを創って、若い神々の労役を軽減し、彼らの不満を解消するのが狙いであった。命じたのは、天地の実権を掌握している風神エンリル、実行したのは水神エアである。エアは、妻のニントゥの協力を得、出産女神たちを補助役にして人類創造を断行した。結果的にエアは、深く人間を愛するようになった。水神エアは、恵みの神の元祖といってよい。

しかし、エアの恵みを享受したのは、人間たちであって、その恵みは神々とは何の関係もない。関係があるとしても、若い神々の労役を軽減するだけの価値しかない。

神々の視点から見ると、人間の存在そのものが異物に見える。神々だけの宇宙を創り、神々だけが繁栄して、「不死」の生を享受する。それが楽園の世界である。人類創造は、造物主の最高神や神々から見れば、取るに足りない二次的な行為、それどころか、神々の創造力を猿真似しただけの裏切り行為なのだ。

とはいえ、人類創造は、それなりの大事業だから、エアは、神を一人殺して、生贄に捧げている。エンリルは、それが許せず、洪水で人類の絶滅を図る。エアは賢者のアトラ・ハシース（＝ウトナピシュティム）を洪水から救い出し、人類を救済する。

メソポタミア神話では、人類という異物の創造をエンリルとエアの対立に留めているだけで、エアは、処罰の対象にされていない。しかも、洪水の後、賢者のアトラ・ハシースは神々のなかに加えられるから、賢者は異物でなくなる。神話は、神々だけの世界として物語は完結し、異物としての多数の人間は無視され、天界から弾き出されている。

ギリシア神話では、多数神の概念が導入されて来るので、神話は、異物としての人間どもを引き受けざるを得なくなる。エアを継承したプロメテウスは、そのために処罰の対象にされ、スキティアの山頂に鎖でつながれた。ゼウスの命令でプロメテウスを鎖でつないだのは、鍛冶神のヘファイストスで、人間を愛しすぎたという過剰性が処罰の理由にされたのである。

プロメテウスが人類創造の担い手にならなければ、人間どもを愛しすぎることもない。言い換えれば、プロメテウスは、人類創造の罪で処罰されたわけである。これが黄金、銀、青銅時代にいた る女のいない男だけの人類で、この旧世代の人類創造をプロメテウスが担った。

新世代の人類創造を主導するのは最高神ゼウスだが、助けているのは鍛冶神のヘファイストスである。二回目の人類創造でパンドラが生まれ、この最初の女を土から創った。ヘファイストスは、ヘシオドスが言っているように、果たして助けただけなのか。むしろ、鍛冶神という職能から考えて、人類創造の事実上の担い手は、ヘファイストスのほうで、ゼウスはただ命じただけというのが真実に近い。

実際、ヘファイストスは、愛と豊穣の女神アフロディテを妻に娶っており、この夫婦は、人類と鍛冶の創造を管理していた。鍛冶神の禹も愛の神女、塗山氏と結ばれている。塗山氏は、後で述べるようにメソポタミアの愛の女神イシュタルと似たところがあり、アフロディテもイシュタルから派生した女神である。

インド神話でも、鍛冶神のトゥヴァシュトリが間接的ながら人類創造の担い手になっている。彼の娘サラニューが太陽神ヴィヴァスヴァットの妻になり、最初の人間ヤマとヤミーを産んでいるからだ。

ならば、鍛冶神がなぜ人類創造の役割を担うのか。人間は土をこね、水を注入して創られる。水を混ぜ、土をこねて造られるのは、通常、陶器で、一度、火を潜り抜けなければ、陶器は製品にならない。同じように刀のような鉄の製品も一度火を通し、冷水で急激に冷ます工程を経る。人類創造が陶器や鋳造と同じように考えられていたことは、明らかだろう。鍛冶神のヘファイストスは、だから、二度目の人類創造の担い手になった。

ヘファイストスは跛行であった。なぜか。神話ではゼウスの浮気に嫉妬した妻のヘラが怒って、ゼウスの子を天から海へ突き落としたためだといわれている。しかし、表向きの跛行の原因は、そうであっても、突き詰めていえば、プロメテウスに代わって人類創造の大役、というよりその罪状を将来背負わされ、それが永遠の証、永遠の桎梏となるように、ヘファイストスは、跛行にさせられたのではないのか。

イ族の雷の起源神話でも、雷は一本足で、一つ頭、左手に鉄棒、右手に叩く道具を持ち、腕利きの職人が雷を造ったことになっている（『四川省大涼山イ族創世神話調査記録』三二四頁）。ならば塗山氏や女媧の夫になって人類創造の担い手にさせられた鍛冶神の禹がイ族の起源神話を引き継いで、一本足になっても不思議はない。

日本神話でも、鍛冶神の天目一箇神《アメマヒトノカミ》は、その名の通り一つ目で、これは、一本足、一つ目の雷神、鍛冶神が東アジアで広く伝播・普及していた結果だろう。

北欧神話の『ヴェルンドの歌』でも、鍛冶師のヴェルンドは跛行である。ヴェルンドは、ニーズスの王妃の命令で足の腱を切られ、セーヴァルスタズと呼ばれる沖の島へ幽閉される。そこへ黄金欲しさにニーズスの二人の王子が遊びに訪れる。ヴェルンドは、幽閉された腹いせに王子たちの首を切り落とし、王子の眼から宝石、歯からブローチを造り、宝石を王妃に、ブローチを王の娘に贈りつける。

創世神話に話を戻せば、聖書のカインの場合は、ヘファイストスの立場に近い。カインは鍛冶師という意味である。アダムとエヴァは、エデンの楽園から追放されたが、追放されただけで、原罪の重みを担うのは、子供のカインのほうである。カインは弟のアベルを殺して、呪われた民の烙印を永遠に捺される。

跛行と原罪は、じつは等価のもので、神または神々の聖なる創造を荒らす侵犯行為でもあるのだ。この行為を野放図に許しておけば、神々の聖域は、そのうち人間どもの土足で踏み荒らされることになる。そうなれば、神話は解体し、英雄叙事詩か人間の物語に変質してしまおう。神話とは、あくまで神々の生態学なのである。

カインは、両親の近親相姦から生まれた。神は、エヴァをアダムのあばら骨から創ったので、人類最初の男女は兄妹に等しい。兄妹が夫婦になってカインとアベルが生まれた。人類の創世神話に近親相姦は、不可欠の要素といってよい。近親相姦を認めなければ、人類創造はできない。最初は土から人類を創っても、次の世代では必ず近親相姦が起きる。

カインは、両親の近親相姦の罪を原罪という形で引き受けざるを得なかった。人類の創造者にたとえられがちな鍛冶師の名前を付けられたからこそその必然の堕罪であった。

ゼウスとヘラも兄妹夫婦なので、その子ヘファイストスは、近親相姦の申し子である。世界の神話に近親相姦の例を求めたら、切りがない。ここでは、人類創造神話の始まり、それも始祖が犯した近親相姦の代表例を挙げただけのことで、始祖に絞って列挙しただけでも、オシリスとイシス、ヤマとヤミー、イザナギとイザナミを始め、枚挙にいとまがあるまい。本書では、洪水神話にまつわる始祖の人類創造と鍛冶師の関連に焦点が絞られている。

通常、近親相姦は、人類創造という偉大な営為の背後に巧妙に隠されている。アダムのあばら骨からエヴァを創ったという話も、兄妹の近親相姦を隠す巧妙なトリックである。メソポタミア神話でも、エアとニントゥの兄妹夫婦が粘土をこねる出産女神を先導する形で人類創造に参加している。少なくとも『エヌマ・エリシュ』や『アトラ・ハシース物語』に兄妹が交わったという言及はない。これも意地悪な見方をすれば、巧妙なトリックの一つだろう。

東南アジアからインドネシア、さらには中国の南方系少数民族の間では、突出して兄妹夫婦型の創世神話が多くなる。前にも述べたようにインドの『リグ・ヴェーダ』ではヤマ・ヤミー兄妹の近親相姦がかなり赤裸々に描写されており、その余波で兄弟夫婦型の人類創造神話が広がったと考えることもできよう。ジャワ島では、兄妹夫婦の近親相姦が禍を呼び、日食や月食が起きるとされている。

高地ビルマのチンガポー族の洪水神話では、洪水の後に魔女が現われ、救われた兄妹夫婦の子供が魔女に殺される。切り刻まれた嬰児《えいじ》の肉片から新しい氏族の始祖たちが次々と生まれる。兄妹夫婦の近親相姦が、一度、魔女の嬰児殺しによって断罪されているのだ。

苗族の人類創造神話でも同じで、魔女こそ出て来ないが、洪水の後、兄妹夫婦が最初に生み落とすのは肉塊で、この肉塊を切り刻むと男女の子供たちが現われる。これは、メソポタミア神話の始祖女神、ティアマトの死んだ肉塊から派生した一種の「死体化生説」である。

『古事記』でもイザナミとイザナキが最初に生み落とすのは、骨なしの蛭子《ひるこ》で、蛭子は切り刻まれる代わりに、葦船に入れて棄てられる。近親相姦に罰を与えているが、「死体化生説」が省略されているのだ。肉塊と蛭子は似ているので、蛭子の挿話は、苗族からの異伝と考えたほうがよい。苗族は、ティアマトの宇宙創世型の「死体化生説」を人類創造型の「死体化生説」に切り替えた。「死体化生説」の内容こそメソポタミアと苗族とでは少し変ったが、肉塊から宇宙や人類が誕生することに変りはない。骨なしの蛭子は、源流を追い求めればティアマトの肉塊に行き着くのである。

東南アジアの兄妹夫婦型の人類創造神話では、一方で、肉塊を切り刻むことで近親相姦を断罪しながら、他方で、肉塊を切り刻まなければ新しい人類が誕生できない。「死体化生説」を巧みに織り込んだ創世神話だが、近親相姦が大罪と受け止められていたことだけは、間違いあるまい。中国神話もこの影響を受けなかったはずはない。

中国神話で禹は、鼎の製造者として知られている。鼎は、鉄製品または陶器である。彼は、ヘファイストスやカインと同じ鍛冶神なのだ。禹は、踊るように、飛び跳ねるように歩いた。これを禹歩といい、古代の巫師《ふし》が神聖視して真似た。

マルセル・グラネは、この禹歩を舞踊のステップに結び付けて解釈した。禹は夏王朝の始祖なので、祖霊と聖地を敬わなければならない。敬うことで、祖霊と聖地を自分のものとし、族長としての権威、王族の徳が保証される。

禹は、みずから舞い、半身不随のように足を引き摺り、一本足の禹歩の舞いをすることで神に身を捧げ、神を再生させる。禹自身が踊り手になり、シャーマンになり、神になる。そうすることで初めて禹は、神の代理人として自然の秩序を整え、天下を浄化して地上を治めることができるようになったというのである。

確かに禹を夏王朝の聖王としてだけ見るなら、グラネの解釈は卓見といえる。しかし、禹は、中国の創世神話に深く関わっている。

定説通り、伏羲と女媧の兄妹夫婦説で行けば、二柱の創造神が犯した近親相姦の罪は、誰が引き受けるのか。聖書やギリシア神話にならって言えば、カインやヘファイストスのような兄妹夫婦の子で、鍛冶師がその罪を担う。禹は、兄妹夫婦の子ではないが、最も近い関係にあり、しかも鍛冶神（師）である。罪を子供や禹のような近親者に転嫁せず、伏羲本人に背負わせるのが妥当とも思えるが、伏羲は、人類最初の創造神、禹は、それを模倣している鍛冶神にすぎないから、やはり禹のほうが分が悪い。

また、禹と女媧を二柱の創造神にしても、兄妹夫婦説は残り、近親相姦の罪を誰かが引き受けなければならなくなる。この場合も伏羲は、冥界にあたる洞窟の奥所にいるので、鍛冶神の禹がその罪を引き受けざるをえない。いずれの説を採っても、女媧が罪を負わないかぎり、禹の跛行は、宿命的に映る。

もともと、メソポタミア・小アジアで雷神と鍛冶神は、一体のものだった。アッカドの最高神マルドゥクは、火神で武器まで造った。ヒッタイトの最高神テシュブは、雷神の分身ともいえる棍棒を常に携帯していた。それがはっきり分離するようになったのは、西方ではウガリト神話から、これを聖書とギリシア神話が進展・定着させる。

東方のインド神話でも雷神と鍛冶神は、インドラとトゥヴァシュトリにすでに分離していた。東南アジアでは、ヴィシュヌがインドラに取って代わる。無論、地域によって違いはあるが、基本的には雷神が最高神になり、竜退治をする。竜退治はしばしば治水につながる。竜退治の武器は鍛冶神が作る。これが世界の創世神話に必ず付いて回る竜退治の骨子である。トゥヴァシュトリもインドラの竜退治のためにヴァジュラ（金剛杵）を造っている。

兄妹夫婦の近親相姦をこの骨子に加えて見よう。神々の創造であれ、人類の創造であれ、始祖の夫婦が近親相姦の大罪を犯すことは避けられない。その大罪を誰が引き受けるのか。雷神と鍛冶神に分離していた場合、最高神の雷神が大罪を引き受けるはずはない。最高神は潔白でなければならないし、たとえ潔白でなくても、その罪を他者に転嫁する。これが権力というものの実態だろう。

雷神は竜退治で功績をあげている。ならば、最高神が独占している偉大な創造行為の猿真似をして、二番煎じの製造行為に励んでいる鍛冶神にその罪を背負わせるのが最も妥当なところではないのか。鍛冶神のヘファイストスとカインは、こうして両親の近親相姦の罪を引き受け、跛行と原罪を背負うことになった。仏教神話でも鍛冶神トゥヴァシュトリを祖父に持つ人類の始祖ヤマは妹のヤミーと近親相姦を犯し、死後、死者の王として君臨していた最高天の楽土から一転降下して、地獄の恐ろしい閻魔《えんま》王になった。これも近親相姦の罪業をヤミー（閻魔王）が引き受けた結果ではないのか。

禹は、竜退治も治水工事も行う鍛冶神で、雷神と鍛冶神が一体であろうが分離していようが、近親相姦の罪を背負わざるを得ない立場にあった。問題なのは、禹の跛行がなぜヘファイストスの跛行とこれほど似ているのかという点である。同じ鍛冶神で人類創造に貢献したトゥヴァシュトリは、跛行ではない。父は跛行ではないが、息子のヤミーは地獄に落ちている。仏教におけるヤミー（閻魔王）の地獄落ちは、キリスト教でのカインの原罪と等価なものではないのか。

ユーラシア大陸には似たような人類創造・洪水神話、竜退治の異伝が充満している。やはり伝播を通じて、ギリシアと中国との間にか細い間接的な交流があったとしか考えようがない。人類創造に貢献した禹は、同じように人類創造に貢献したメソポタミア神話の水神エアであり、ギリシア神話のプロメテウスとヘファイストス、さらにインド神話の鍛冶師トゥヴァシュトリの遺産を濃厚に引き摺っているのである。

（7）中国の王権委譲と天上覇権神話――メソポタミア神話との類縁性

交流や影響関係は、禹の跛行といった細部の問題に留まらない。王権委譲や天上覇権の神話などさまざまな問題に影響関係が認められる。とりあえず王権委譲の問題から追ってみよう。

ヒッタイトの王権委譲は、次の順序で行われる。

アラル──→アヌ──→クマルビ──→テシュブ──→ウルリクムミ（ただし、ウルリクムミは略奪に失敗、エアがテシュブに助言し、略奪を失敗へ導く）。

シュメール・アッカドの水の系譜は、次のようになっている。ここに初代と五代・六代目の戦争、ならびに人類創造・洪水神話が入って来る。

ティアマト（塩水）・アプスー（淡水）（初代の夫婦）──→アヌ（四代）──→エンリル（五代）──→マルドゥク（六代）（エアは、洪水問題では、禍を引き起こしたエンリルと対立するものの、それ以外は人類創造などで兄のエンリルの治世に協力し、エンリルから実子マルドゥクへの王権委譲を実現させる）。

ここでヒッタイトとシュメール・アッカド双方の神話に天神アヌと水神エアが入っていることに注目してもらいたい。シュメール・アッカド神話で天神アヌは、風神エンリル・水神エア兄弟の父である。ヒッタイト神話でもアヌは、九年間王位を維持するが、クマルビに玉座を追われる。そのときアヌは、クマルビの陰部に嚙み付き、アヌの精液がクマルビの体内に入って、そこから雷神テシュブが生まれる。

したがって、雷神テシュブは、天神アヌとクマルビの子である。水神エアもアヌの子だから、ヒッタイト神話で天神アヌは、テシュブ・エア兄弟の父ということになる。となれば、必然的にシュメール・アッカド神話の風神エンリルは、ヒッタイト神話の雷神テシュブに該当することになる。中国神話の伏羲が風姓で雷神なのは、その淵源を辿れば、エンリルの風神とテシュブの雷神に行き着くのではないかと私は思う。

中国神話は、ヒッタイトとシュメール・アッカド双方の神話を全体的というより部分的に摂取して、それらを巧みに自家薬籠中のものとしている。結論から先に言うと、石からの誕生、王権委譲は、ヒッタイト神話からの異伝である。禹の跛行（禹歩）も、もしかしたらこのなかに入れてよいのかもしれない。洪水と戦争、人類創造、血縁関係は、シュメール・アッカドから輸入している。

まず、ヒッタイトと中国神話の王権委譲を較べると、アラルからアヌ、アヌからクマルビへの王権委譲は、尭《ぎょう》、舜《しゅん》、禹《う》の王権禅譲に対応する。ヒッタイトの三代の王たちは、それぞれ九年間、王位に就いているが、継承者たちに王位を次々と簒奪される。継承者たちは、いずれも先代の王たちの臣下である。

これに対して中国神話の王権委譲は、簒奪《さんだつ》ではなく禅譲である。そこがヒッタイト神話と異なる。しかし、舜は、尭から未来の後継者として異例の抜擢を受けて登用される。禹も舜の大臣なので、後継者が先代王の臣下という点で変わりはない(12)。

王権委譲から見ると、禹はクマルビになる。また、「石」から生まれた啓を「岩」から生まれたウルリクムミに対応させると、「岩」と交わったクマルビが禹、「岩」が禹の妻、塗山になる。しかし、クマルビは、禹のように治水工事をして、民に恩徳を施しているわけではない。

クマルビは、ウルリクムミを生む前に「塩水」の擬人神、「海」と歓談している。だから、ウルリクムミは、海中の「岩」から刃物のように飛び出して来る。クマルビとウルリクムミは、明らかに「淡水」ではなく、「塩水」の系譜に属する。テシュブとウルリクムミの死闘には、「淡水」と「塩水」の対決も絡んで来る。

雷神で最高神のテシュブは、天神アヌとクマルビの子、ウルリクムミはクマルビと「岩」の子、テシュブとウルリクムミは異母兄弟である。兄弟でありながら、二柱の神々は対決する。天神アヌは、まもなく生まれるテシュブに、「クマルビを捨てよ、外に出よ」と勧める。

雷神テシュブは、実質的に天神アヌの血、「淡水」の血統を継承して、「塩水」の系譜に属するクマルビから王位を簒奪し、ウルリクムミを倒す。アヌの子、エアも「淡水」の神なので、当然、「淡水」の血統を継承したテシュブに加担しよう。だからこそ、海の怪物、ウルリクムミの足を切り落とせと進言したのである。

アヌ・テシュブ・エアが「淡水」の系譜なら、クマルビ・ウルリクムミは「塩水」の系譜に属する。ヒッタイト神話でテシュブ・エア兄弟が天神アヌの子なら、アッカド神話でもエンリル・エア兄弟はアヌの子である。ヒッタイトの最高神で雷神テシュブは、アッカドの風神エンリルに対応している。しかも両者は、天と地を実質的に掌握している。雷神テシュブは、風神エンリルを引き継いでいるのである。

雷神テシュブがウルリクムミを討って最高神の地位を不動にしたのは、「塩水」に対する「淡水」の最終的な勝利を意味している。伏羲は、雷沢にいた雷神の子なので「淡水」の系譜に属する。伏羲の雷神像はヒッタイトの雷神テシュブから、風神像はアッカドの風神エンリルから派生したものに違いない。

そうなると、河（淡水）の治水工事をした禹がクマルビに該当するはずはない。共工を追放して中国全土を洪水の惨禍から救った禹の事跡は、水禍を止める側に回り、常に人間に恵みを施し続けた水神エアの事跡に匹敵する。禹は水神エアなのである。

(8) 中国創世神話——禹の妻、塗山氏とメソポタミアの女神イシュタル

しかしながら、ヒッタイトの『クマルビ神話』に天上覇権の物語はあっても、人類創造や洪水神話は含まれていない。ここから中国神話は、ヒッタイトからシュメール・アッカド神話へ舞い戻る。無論、この流れは、逆であった可能性もある。

いずれにせよ、人類創造や洪水神話を導入したいのなら、『史記』の記述通り、「塗山氏、名は女媧」としなければ辻褄が合わなくなって来る。この記述には、禹を介して山の女神と人類創造の女神を合体させようとする意図が隠されている。

塗山氏がウルリクムミを生んだ「岩」、ヒッタイトの山の女神なら、女媧は人類創造をしたシュメール・アッカドの出産女神ニントゥに当たる。山の女神(岩、塗山氏)と出産女神(ニントゥ、女媧)を合体させて一柱の女神を創り上げ、禹の妻にさせることで人類創造と洪水神話の導入が初めて可能になる。

すでに一足先に、ヴェトナム少数民族チャム族の間でヌウオア(女媧)は、山を造る山神として伝播している。山の創造神に塗山のような山名でなく、ヌウオア(女媧)の名を使っている。チャム族のヌウオアは、山の女神と出産女神を兼ね備えた大地母神であったにちがいない。『史記』の

記述は、そこから派生した民間伝承に裏打ちされていたのかもしれない。

禹の妻、塗山氏の評判は、女媧に較べると必ずしもよろしくない。屈原は、『楚辞』「天問」で「禹がひたすら君主のために功を積み重ね、地方へ降り、四方を見廻っているときに、どうして塗山を得て、台桑の地で通じるようなことをしたのか」と慨嘆している。しかし、裏を返せば、禹のような高邁な恵みの神がまさか女性と交わるとはと嘆いているだけのことで、塗山氏の性根がもともと悪いわけではない。

小アジア・メソポタミアの大地母神というのは、ニントゥのような出産女神を除けば、元来が愛の女神だから、上っ面だけから見ると素行はふしだらである。例えば、『ギルガメシュ叙事詩』で、愛の女神イシュタルは、ギルガメシュの勇姿を見て求愛する。ところが主人公は、かつてイシュタルが恋人のタンムズだけでなく、鳥、馬、ライオン、牧人、庭番まで愛したと言って責める（「第六の書板」）。イシュタルは、恥じ入って天へ逃げ帰る。

豊穣の母神アナーヒターやマーは、雄牛を生贄に要求した。フリュギアの大地母神キュベレの祭儀でも同じように雄牛を生贄に捧げ、去勢の儀式が行われた。キュベレは、美貌の少年アッティスを愛した。キュベレは、ギリシアに入ってアドニス神話と合体し、アフロディテ（ヴィーナス）の原型になっていく。ローマに入っても、最高神ユピテルやその妻ユノの母となって大変もてはやされた。

キュベレの祖形は、いうまでもなくアッカドの愛の女神イシュタル、そしてイシュタルの祖形は、シュメールの女神イナンナである。イシュタルとイナンナは、ともに天神アヌの娘で、風神エンリルや水神エア（エンキ）の妹に当たる。

聞一多は、『高唐神女伝説の分析』で塗山氏と高唐の神女は、同一の女神ではないかと推断している。高唐の神女は、別名を雲華夫人とも瑶姫《ようき》ともいい、炎帝の娘である。二柱の女神には共通点が多く見られるというのである。

第一の共通点は、高唐の神女が、天帝の娘でありながら嫁に行かず、楚の先王の夜伽《よとぎ》をした相手になっているところである。塗山氏も禹の妻ということになっているが、緯書では「玉女、敬養し、天、妾を賜う」と言ったりする。つまり、天神の娘でありながら妾、その相手がそれぞれ帝王とまったく同じである。

塗山氏と高唐の神女には淫らなところがある。禹を誘ったのは塗山氏であって、禹のほうではない。高唐の神女も「王が遊びに来訪したのを聞いたので、できることなら枕席を薦めてみよう」などと言って、二人の境遇は共通している。

第二は、塗山氏も高唐の神女も原初の母で、同じく婚姻と子孫繁栄の神だった。第三は、塗山は現在の四川省巴《は》県にあり、「高唐の腑」の巫山《ふざん》も塗山の近くにあって、出身地が近接している(13)。

塗山氏や高唐の神女など中国の母神たちが、最初は一つの共同の遠祖から出た分身たちであるという聞一多の説に私も賛成である。そして、彼女らの遠祖は、聞一多が仄めかしている西王母というより、もっと遠くイシュタル・イナンナに行き着くのではないかと私は思っている。

イシュタル・イナンナは、天神アヌの娘で愛と豊穣の女神、塗山氏や高唐の神女は、天帝の娘で婚姻と子孫繁栄の神、共に淫らなところも共通している。塗山氏が禹の妻なら、水神エア（＝禹）

とイシュタル（＝塗山氏、瑶姫、雲華夫人）は、メソポタミア神話では兄妹に当たる。

共通点はこれだけではない。袁珂《えんか》の『中国神話伝説大事典』（大修館書店）「瑶姫」の項目によれば、禹が洪水を治めるために山麓に留まっていたときに、強風で崖が揺らぎ、谷が崩れる。禹は雲華夫人に助けを求める。夫人は、侍女に命じて、鬼神を鞭打って召す書を授け、さらに神々に命じて禹が岩を切って長江が流れるようにするのを助けさせた（『墉城《ようじょう》集仙録』）。

また、夫人が瑶台で宴会を催したとき、禹が助言を求めると、上清の宝文を授かった。これで禹は波を導いて河を決壊させ、洪水を治めることができたという。

『ギルガメシュ叙事詩』でも、イシュタルは、洪水が襲来した最初の日、「この私こそ人間たちを生み出した者であるのに……古き日々は、みな粘土に帰してしまった」（第十一の書板）と嘆く。洪水の最終日、船がニシル山に漂着し、賢者ウトナピシュティム（アトラ・ハシース）が山頂で神酒を注ぎ、香を炊くと、エンリル、エア、イシュタルの兄弟妹の神々が香りを嗅いで山頂へ集まって来る。

イシュタルは、洪水を引き起こし、人類を破滅にゆだねた風神エンリルを非難し、エアに加担する。エアもイシュタルに加勢され、洪水を起こすくらいなら、飢饉のほうがましだったと言ってエンリルを非難する。エンリルは折れ、ウトナピシュティムを神々の末席に加える（第十一の書板）。

雲華夫人（塗山氏）は禹を助け、おかげで洪水が治まる。イシュタルもエアに加担し、おかげで洪水が止まり、人が救われる。しかし、メソポタミアでは愛の女神と出産女神との間に役割分担があるようだ。イシュタルは、「この私こそ人間たちを生み出した者であるのに」と慨嘆しているが、実際に人間たちを生んだのは、エアの妻ニントゥと出産女神たちで、愛の女神イシュタルは、人類誕生の功績を誕生直後に神々から称えられているだけだ（『アトラ・ハシース物語』三〇五行）。だから、出産女神を直接束ねているのがニントゥ、さらにその上に立って人類誕生の事業を推進しているのが水神エアと愛の女神イシュタルであることが分かる。

ここで、人類創造と洪水神話にまつわるメソポタミアと中国神話双方の神々の血縁関係と役割を整理してみよう。

愛の女神イシュタルは水神エアの妹だが、二人は夫婦ではない。山の神、塗山氏と禹は夫婦だが、二人は兄妹ではない。

出産女神ニントゥと水神エアは兄妹夫婦（偉大な神々アヌンナキの少なさから見て二人は兄妹と推定できる）、風神エンリルは長兄で、長兄が洪水を引き起こす。兄妹夫婦は人類創造に当たっているので、洪水を止め、人類救済にまわる。ただし、ニントゥは出産だけに専念し、実際に兄のエアとともに洪水を止め、人類救済にまわるのは、愛の女神イシュタルのほうである。

メソポタミア神話に沿っていえば、中国神話では、古文献の記述が重複したまま進展しているので混乱が起きる。愛の女神（塗山氏、雲華夫人、瑶姫＝イシュタル）と出産女神（女媧＝ニントゥ）の重複が一点目、兄妹夫婦説の重複（伏羲と女媧、禹と女媧）が二点目である。

こうした重複のために「塗山氏、その名は女媧」という『史記』の記述が生まれる。塗山氏と女媧の合体は、イシュタルとニントゥの合体、愛の女神と出産女神の融合である。

この線で行けば、禹（エア）は塗山氏（イシュタル）の夫だから、伏羲（風神エンリル、雷神テシュブ）と女媧（ニントゥ）の兄妹夫婦説は消え、禹（エア）と女媧（ニントゥ）の兄妹夫婦説が生きる。

実際にメソポタミア神話では、エアとニントゥは兄妹夫婦である。洪水を起こした神も悪玉の共工とせず、最高神に見合う威厳を備えた伏羲（＝風神エンリル、雷神テシュブ）として差し支えがなくなる。

この場合、共工は、洪水そのものの擬人神になる。しかし、伏羲と女媧の兄妹夫婦説が中国神話の定説になっているので、この線では定説が崩れることになる。

定説の線で行けば、伏羲（風神エンリル、雷神テシュブ）と女媧（ニントゥ）の兄妹夫婦説が生きるので、「塗山氏、その名は女媧」という『史記』の記述は作為的ということになる。塗山氏と女媧は愛の女神（イシュタル）と出産女神（ニントゥ）、つまり二柱の別々の神で、禹（エア）が塗山氏（イシュタル）の夫になる。

しかし、前にも述べたように実際にメソポタミア神話ではエアとイシュタルは、兄妹だが夫婦ではない。また、洪水を引き起こした神は、共工で差し支えなくなる。

（9）天上覇権神話、黄帝系と炎帝系の大戦争――メソポタミア神話との類縁性

前者の線をメソポタミア型、後者の線を東南アジア型と呼べば、メソポタミア型のほうが該当す

るところが多いので、もう少し追ってみよう。洪水神話をめぐる神々の系図と戦争の問題である。以下にシュメール・アッカドと中国神話の神々の系図を並べてみる。また、『大戴礼記《だたいらいき》』「帝繫姓篇」の世系表と『世本』「帝繫」の世系表も合わせて見ていただきたい。二つの世系表とも『史記』の「塗山氏、その名は女媧」の説を採って、禹と女媧（＝塗山氏）を夫婦にしている。

シュメール・アッカド神話の系図

ティアマト（塩水）・アプスー（淡水）──→ラハム（男）・ラハム（女）──→アンシャル・キシャル──→アヌ──→エンリル・エア・イシュタル・ニントゥ──→マルドゥク（エアの子）

中国、黄帝系神話の系図

黄帝──→昌意──→顓頊《せんぎょく》──→鯀《こん》──→禹──→啓（『大戴礼記』「帝繫」などによる）

黄帝系神話は、中華文明の中核に位置している。ここでは、二系図とも初代から六代目まで並べてある。洪水神話の主役は、メソポタミア・中国どちらも五代目、戦争に関わるのは双方とも初代から六代目までで、神々全員が総動員されている。これだけ見ても、単なる偶然の一致では済まない問題だろう。

黄帝系神話を見ると、初代の黄帝は、附宝から生まれている。母親の附宝は、稲妻が北斗の権星をめぐり、野原を照らすのを見て黄帝を生んだ。これも中国によくある感生神話の一つである。黄

黄帝

帝は、雷光から生まれ、雷雨を司る神である。黄帝は、雷祖を妻に娶っているので、その名の通り妻も黄帝と同じ雷神だろう。二柱の雷神の間に昌意が生まれている。『大戴礼記』は、こう述べる。

「黄帝昌意を生む。昌意高陽を生む。これを帝顓頊《せんぎょく》となす」。

もっとも『山海経』「海内経」では、昌意と顓頊の間に韓流の名が入っている。ここでは『大戴礼記』に従った。昌意は、地に下って若水のほとりに住んだので、両親と同じれっきとした水神である。

顓頊は、北方の天帝で、これまた水神である。中国には五帝の神がおり、方位に基づいて東方を太昊《たいこう》（＝伏羲）、南方を炎帝、西方を少昊、北方を顓頊が治め、中央は黄帝が統治している。五帝は、さらに五行と四季と色で区別され、太昊は木と春と青、炎帝は火と夏と赤、少昊は金と秋と白、顓頊は水と冬と黒、黄帝は土と黄を支配している（『淮南子』「天文訓」）。

色の次元で言っても、中央に位置する黄色は、東西南北に配置された青白赤黒より断然重みのある色ということになる。

顓頊が鯀を生んでいることは、『世本』と『大戴礼記』「帝繫篇」に書かれている。鯀は魚、息子の禹は魚婦なので、黄帝系神話は、初代から六代目まで水族で固められているといってよい。これは、始祖のティアマト（塩水）とアプスー（淡水）夫婦に始まって六代目のマルドゥクまで水族で固められているシュメール・アッカド神話とまったく同じである。

しかも、水神エアは、アプスーを殺して「淡水」を掌握し、二代目から六代目までの神々を味方に就けてティアマト（塩水）と対決するから、水族といっても、細かく言えば淡水族である。黄帝系神話でも神々は、雷神から魚婦まですべて淡水族で固められ、海の挿話は出て来ない。

水族と共工との大戦争は、顓頊《せんぎょく》と共工の帝位争いに端を発している。『淮南子』「天文訓」は言う。

「昔、共工は顓頊と帝位を争い、激怒のあげくに不周山にぶつかった。そのため天柱は折れ、
　地をつなぐ網は断ち切れた」。

しかし、この大戦争の由来は古く、さかのぼれば遠く黄帝と炎帝、水と火の戦いにまで行き着く。それは、黄帝族と炎帝族との五世代・六世代にわたる時代を超えた死闘なのである。

黄帝と炎帝は、兄弟であった。『国語』「普語四」に「昔、少典は有蟜氏に娶り、黄帝、炎帝を生む。黄帝は姫水《きすい》をもって成り、炎帝は姜水《きょうすい》をもって成る」とある。黄帝は姫姓、炎帝は姜姓を名乗ったということである。姫姓は、周族の氏族名である。炎帝は、黄帝の善政に異を立てた。両者は阪泉《はんせん》の野で三度戦って、黄帝が勝利を収める。

炎帝が敗れると、その仇討ちに蚩尤《しゆう》が決起した。蚩尤は炎帝の子孫で、七十二人とも八十一人ともいわれる兄弟がいた。頭は銅、額は鉄で出来ていて、そこから角が二本生え、体は人だが、四つの目と六本の手、牛の蹄を持った巨人である。両者は涿鹿《たくろく》の野であいまみえた。涿鹿の戦いは、阪

泉の戦いをはるかに上回る激烈なものだった。『山海経』「大荒北経」と「大荒東経」にはこうある。

「蚩尤は兵器を作って黄帝を攻撃させた。そこで黄帝は、応竜に冀《き》州の野を攻めさせた。応竜は、水をたくわえ、蚩尤は風伯と雨師を招き、暴風雨をほしいままにした。そこで黄帝は天女の魃《ばつ》を呼び下ろした。雨はやみ、蚩尤を殺した」。

「大荒の東北隅に山があり、名を凶黎土丘という。応竜は南極に住み、蚩尤と夸父《こほ》を殺して天へ昇ることができなくなった。このため天下はしばしば旱魃になる」。

この大戦争では、引用文の通り、蚩尤と夸父が応竜に殺されている。夸父《こほ》も炎帝の子孫で、日を追いかけて、黄河と渭水《いすい》の水を全部飲みほしても渇きがとまらなかったという巨人である。

黄帝は、これ以外に刑天と「神の座」を争って、その首を切り落としている。しかし、刑天は、乳を目に、臍を口にして執拗に戦い続けたという。刑天は、最後に常羊山に葬られた。刑天も炎帝の臣下であった。

顓頊《せんぎょく》が共工と帝位を争ったのは、黄帝の戦争を継承しているからである。禹は、顓頊の遺志を継いで共工を追放し、臣下の相柳と防風氏を殺した。女媧は、共工に止めの一撃を加えて洪水をせき止め、天を補修して宇宙に秩序をもたらした。共工も炎帝の子孫である。

中国の黄帝以来の大戦争は、アッカドの『エヌマ・エリシュ』(天地創造物語)の争いに近い。第一の共通点は、五世代・六世代にわたる世代を超えた長期戦ということである。

『エヌマ・エリシュ』では、マルドゥクが最終的に天界を統一するのだが、この統一は、どのように行われたのか。ティアマト側が戦闘準備を固めていることが分かると、水神エアが実子マルド

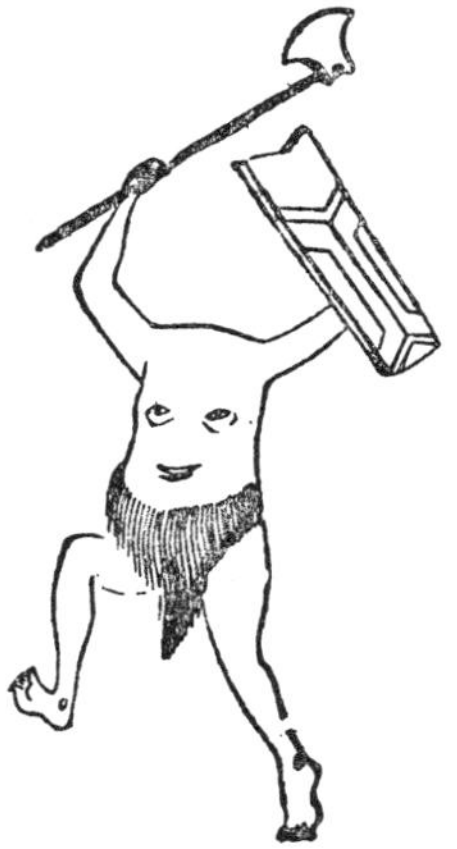

形天

蚩尤

ゥクの体制固めに尽力する。エアは祖父のアンシャルのもとへ走る。アンシャルはティアマトを懐柔するために、アヌとエアをティアマトのもとへ送る。だが、二柱の神とも始祖のティアマトに畏れを抱いて近づけない。

アンシャルは、勇士マルドゥクに白羽の矢を立てる。マルドゥクは神々の集会を開き、天命を授けるように要求する。集会には、風神エンリルを除く二代目から六代目までの男神たちが全員参加し、満場一致でマルドゥクは天命を授けられ出陣する。

メソポタミアの神々は、基本的に「不死」である。だから、二代目から六代目までの偉大な神々（アヌンナキ）が一堂に結集し、始祖のティアマトに対決するという地上から見ると、常識を超えた事態が発生する。

これに対して中国の大戦争は、歴史的に記述されている。黄帝は、応竜に乗って昇天し、顓頊は、東北の海の外、大荒のなか河水のほとりの附禺の山に葬られている（『山海経』「大荒北経」）。禹は、会稽山《かいけいざん》を巡回中に死んでいるので、この山には「禹穴」という墓がある。中国の神々は、「不死」ではないのだ。というより、顓頊も鯀も禹も一度死んでよみがえる。そういう再生の神々はもちろんいるが、「不死」と「死」の境界を神話の至上命題とするメソポタミアと違って、中国の神々は、もっと擬人化されているように映る。だから、神々が死んでも、あるいはその記述が歴史的であっても、それほど違和感はない。

神々が「不死」でないとすると、大戦争の描写はどうなるか。世代ごとの戦争として、細切れに分割された各時代の争いを、世代を超えて継承させ、大戦争として記述する以外にないだろう。それほど中国は、神話より歴史が伝統的に重視されている国でもあるのだ。神話を歴史的に分析しようとする現代の中国史家の姿勢もおそらくここから来よう。

しかし、神話が史実を装って、しばしば歴史に転位されがちなのも事実だろう。中国神話の大戦争は、『エヌマ・エリシュ』の戦争を細分して歴史的に描写し、細部を中国流に潤色したように映る。

『エヌマ・エリシュ』に、風神エンリルは、ほとんど登場して来ない。マルドゥクは、ティアマトを討った後にエンリルから「諸国の王」という風神の添え名を称号としてもらっている。エンリルは、天界と地上の実権を掌握していた大神である。それなのに、「水の神統記」からその名をはずされ、叙事詩の最後になって付け足しのようにしか出て来ないのはなぜか。

ヤコブセンは、『エヌマ・エリシュ』の主人公は、じつは風神エンリルで、マルドゥクはその身代わりとして後から付け加えられたものだと大胆な推測をしている。バビロンの隆盛にともなって、この都市の地方神にすぎなかったマルドゥクが、エンリルから地上の実権を引き継ぎ、エンリルの代わりに栄光を独占し始めたというのだ。

中国でも風姓の伏羲は、黄帝系神話の系図から除外され、禹に八卦の図を示し、玉簡を授けた以外は、影が薄い。『路史』は、「伏羲が衰えたため、共工が乱をなす」と言っている。そして、顓頊は、共工と帝位を争っている。『竹書紀年』では、「伏羲は天を継いで王たり。百王の先となる」とある。

伏羲の治世は、具体的にいつなのか。伏羲を定説通り、女媧の夫と考えれば、『路史』の言う通り、「共工が乱をなした」時代と考えてよい。これは、洪水が起きた尭の時代である。禹が伏羲から玉簡を授かるのは、奥深い洞窟の中だから、これを禹の冥界下りと考えれば、伏羲は、このときもう死んでいる。古文献に沿って言えば、大洪水は、尭、舜、禹の時代まで長期に及んでいたことになる。

そうだとすると、大洪水が起きたときは、伏羲の威徳は衰えているので、その治世は、尭の時代の前、顓頊が共工と帝位を争う直前ということになる。黄帝系神話の系図に沿って言えば、伏羲の治世は、黄帝の時代の後になろう。

にもかかわらず、『淮南子』「覧冥訓」では、女媧が黒竜（＝共工）を殺して洪水を止めた文章の直前に、黄帝の善政を称えた文があり、その文は「黄帝の盛世も伏羲の治世にはまだ及ばない」で終わっている。つまり、『淮南子』では、伏羲の治世を、黄帝の時代の前に置いている。

伏羲と女媧は、中国の二柱の創造神だから、宇宙開闢のこの時代を黄帝の時代の前に置いても一向に構わぬが、女媧が共工を殺すのは、禹が共工を追放した後と考えられるので、中国の神々が「不死」ならいざ知らず、これでは時間的に辻褄が合わなくなって来る。

宇宙開闢の創世期は、共工が乱をなして洪水が勃発し、共工と帝位を争った顓頊の時代の直前というのが最も妥当なはずなのに、黄帝の時代が系図では宇宙創世期より前に突出して置かれている。これは、中原文化の隆盛にともなって、黄帝の地位が飛躍的に高まり、伏羲の威徳を引き継ぐ形で、黄帝が宇宙開闢の始祖に座ったということだろう。少なくとも黄帝系神話の系図を見ると、そう読める。黄帝と伏羲は、誕生の仕方も似たような感生神話で共通しているし、雷神であるところも同じである。

伏羲は、禹や女媧と同じ人頭蛇身の水族であるにもかかわらず、黄帝系神話の水族の系図から姿を消し、黄帝にその実権を吸収されていったのではないのか。伏羲の影が薄くなった分、夏の始祖、禹が浮上して存在感を強め、伏羲は、『大戴礼記』と『世本』の世系表が示している通り、女媧と塗山氏が合体して禹の妻になる。伏羲は、「水の神統記」からその名をはずされた風神エンリルと同じ運命をたどる。風姓の伏羲が風神エンリルを踏襲していることは、もはや疑う余地がなかろう。ならば、伏羲の威徳を引き継いだ黄帝は、風神エンリルから地上権を継承したマルドゥクということになる。

さらに大胆な推測をしてみよう。風姓の伏羲を風神エンリル、雷神で最高神の黄帝をアッカド神話のマルドゥクとこの最高神を継承したヒッタイト神話の雷神テシュブに対応させて見る。マルドゥクのティアマト退治には風が強力な武器として使われている。

「マルドゥクは、いかなるものも逃さないように四つの風、南風、北風、東風、西風を配置した。彼は狂風、砂嵐、雷雨、四つの風、七つの嵐、烈風、台風といった悪風を作り、これら七種の風を外へ出した」。

マルドゥクは、ティアマトと一騎打ちでぶつかり、まず網を広げてそのなかに彼女を閉じ込める。それから、ティアマトの開いた口に悪風を次々と送り込み、腹をふくらませる。さらに三つ又の矛で頭骸骨を打ち砕き、血管を切ってその血を北風に運ばせる。

マルドゥクは、これによって天界の至上権を確立し、合わせてエンリルから地上権（エンリル権）を継承して、地上の実権を掌握する。

黄帝と蚩尤の争いも神々の至上権をめぐる死闘である。この死闘には、先に引用した通り、やはり風が最も強力な武具に使われている。黄帝は、これによって天界の至上権を確立し、合わせて中原文化の中心地の実権を掌握する。

同時にヒッタイト神話の雷神テシュブがマルドゥクの事跡を継承して最高神として君臨し、それが雷神ゼウスを始め、ほとんどユーラシア全域の神話に最高神としての雷神像を伝播させていく。黄帝も最高神になることで、テシュブの雷神像の余波を受ける。これによって伏羲は、雷神像を温存しながら、最高神の地位を黄帝に譲って洞窟の奥所に籠もり、禹に治水工事の玉簡を授けるだけの影の薄い存在になる。

第五章で述べたように天上覇権神話は、アッカドの『エヌマ・エリシュ』を母体にして、ヒッタイトの『クマルビ神話』に伝播し、ヘシオドスの『神統記』に影響を与えた。マルドゥクのティアマト殺しは、ヒッタイトに入って、テシュブのウルリクムミ討伐を誘発し、さらにギリシアへ伝わって、クロノスを打倒する雷神ゼウスの最高神像を生み出した。三つの神話に共通しているのは、血のつながった世代間の死闘、旧世代と新世代の対決であった。中国の天上覇権神話もこの脈絡のなかにあるように思える。

中国神話で最初の黄帝と炎帝の大戦争には、兄弟同士の血がからんでいる。しかし、中国内部の諸民族間の対立・抗争も見過ごしにはできまい。黄帝が漢族の地母神、禹が夏王朝の始祖で聖王、同時に漢族の正統的な神なら、共工はチベット系の羌《きょう》族の大神、伏羲と女媧は苗族の創造神である。白川静氏によれば、共工は、かつて天下を支配した九州の覇者で、おそらく羌人の治水の神であったという。それが洪水によって天地を破壊する悪神とされるようになったのは、羌族が漢族に屈服して、禹を治水の神とする夏系神話が羌系の治水神話を駆逐したからだろうという(14)。

伏羲の存在が希薄になっていくのも、黄帝を主軸に据えて漢民族の神話を整備していこうとする中央集権体制の現れだろう。「塗山氏、その名は女媧」という『史記』の記述も、その現れの一つではないのか。

黄帝系神話のなかで、同じ苗族の創造神でありながら、敬して遠ざけられた伏羲に較べて、女媧が塗山氏を吸収するだけでは納まらず、共工を殺し、宇宙の補修までする大神になったのは、人類創造神話で大地母神が重要だったからだろう。

苗族を出自とする伏羲は、妻を奪い取られ、代わりに漢民族の聖王と謳われた禹が、塗山氏を吸収した女媧の夫になっていく。『大戴礼記』と『世本』の世系表が『史記』に合わせて禹と女媧を夫婦にしたのも、漢民族主体の神話の整備を物語っている。

そうした整備の過程で、苗族やイ族や羌族を経由、または経由を飛び越えて、メソポタミアから直接伝わった民間伝承を採り入れることも、ないわけではなかったろう。禹を水神エア、女媧をニントゥと考えれば、禹とエアは魚同士で、ともに恵みをもたらす神、エアとニントゥは本物の夫婦だから、このほうがメソポタミア神話に添っている。

蚩尤も共工と同じ運命をたどった。『荘子』の注釈によれば、共工は尭の六六年に、三苗も同じ六六年に追放された。蚩尤は、三苗の王侯で、黄帝のライバル、もしくは臣下であったが、反逆者であったという。グラネは、三苗は、追放されたのではなく、舜から禹に政権が移る時代に、舜と禹によって征伐されたのだと言っている(15)。

おそらく黄帝と蚩尤の戦いも中央集権へ進んでいく歴史上のドラマを映し出しているのだろう。しかしながら、神話を整備していく過程で、メソポタミア神話が拠りどころにされなかったとは、言い切れない。天上覇権神話や初代から六代目まで続く大戦争、また神々の血縁関係を見ても、神話の大枠の構成で中国とメソポタミア双方の神話は、共通点が少なくないからである。

黄帝系神話にしても、黄帝の複数の戦いを一つと考え、それをマルドゥクのティアマト討伐と重ね合わせて、系図の最上位に持って行けば、そのまま黄帝の世系表が出来上がる。マルドゥクのティアマト征伐は、六代目が始祖を殺す物語で、神々の「不死」を前提としないかぎり、物語は成立しない。

中国神話では、この前提が取り払われ、諸民族の対立も混入して、歴史を装った描写に移行し始めている。そうなれば、最高神で雷神の黄帝を初代に据えても、違和感はなくなる。黄帝系神話の大戦争は、アッカド・ヒッタイト・ギリシアにまたがるユーラシアの天上覇権神話と無縁ではないのである。

(10) 中国創世神話、盤古、燭竜、燭陰、祝融、炎帝 ――メソポタミアの始祖神ティアマトから派生した神々

それなら、中国神話でティアマトに該当するのは、どの神になるのか。マルドゥクは、ティアマトを殺した後、その肉塊を二つに切り裂き、その半分を固定して「天」として張り巡らした。こうして出来上がったのが天の宮殿エ・シャラ大神殿である。マルドゥクは、アヌ、エンリル、エアという三柱の神々の住まいもこれで造る。

残りの半分の肉塊から、マルドゥクは、大地を作り出した。さらにティアマトの頭を固定して山を築いた。彼女の両目でユーフラテス川とチグリス川を作った。彼女の水分で雲を作った。乳房のところに山を築き、泉を掘りぬいた。こうしてマルドゥクは、天地創造を行い、至上権を確立するのである。

これがティアマトの「死体化生説」である。中国の「死体化生説」は、盤古に現われる。盤古の記述はいろいろあるが、『述異記』にはこうある。

「盤古からいろいろな生き物が発生した。盤古こそこの世の万物の始祖である。盤古が死ぬと、彼の頭は泰山になり、両の目は太陽と月、脂肪は河と海、髪の毛と体毛は木と草になった。古代の学者によると、盤古の涙は長江と黄河になり、彼の吐く息は風、その声は雷になった。瞳孔からは雷鳴がとどろいた。

秦と漢の民間伝承では、盤古の頭は東岳の泰山、腹は中岳の嵩高山、左の腕は南岳の衡山、右の腕は北岳の瓦山、足は西岳の華山になった。呉や楚といった南国では、盤古と彼の妻が陰と陽の始祖とのことである」。

『五運歴年記』にもこの死体化生説があり、それ以外に「盤古は、息をゆっくり吐けば風雨となり、吹けば雷電、目を開けば昼、目を閉じれば夜」とある。この記述が『山海経』「大荒北経」にある燭竜の描写と重なるので、盤古と燭竜を同一視する見解が現在では定説になっている。

「西北の海の外、赤水の北に章尾山という山があり、神がいる。人面蛇身で赤く、目が縦についていて正乗である。この神が目を閉じると暗くなり、目を開くと明るくなる。食わず、寝ず、息をせず、風雨を招き、九陰を照らす。これを燭竜という」。

燭竜は、また祝融と音声的に重なる。加えて、燭竜の居住地と祝融の出生地も同じ赤水で一致する。赤水は、崑崙山から流れ出る河の名で、『山海経』「海内経」では、祝融の系図は、こうなっている。

「炎帝の妻、赤水の子、聴訞《ちょうよう》は、炎居を生み、炎居は節並を生み、節並は戯器を生み、戯器は祝融を生み、祝融は江水に降り住んで、共工を生み、共工は術器を生んだ」。

盤古

燭陰

同時に『山海経』「大荒西経」では、祝融は、顓頊の系図に組み込まれている。

「顓頊は老童を生み、老童は祝融を生んだ」。

黄帝と炎帝の系図が、祝融の血のなかで一つにつながっている。祝融は、黄帝系と炎帝系の混血児として扱われているのだ。にもかかわらず祝融は、炎帝の側に就いた。『淮南子』「時則訓」にはこうある。

「南方の極には、北戸孫という国があり、その国の外から顓頊の国を通って、南方の委火炎風の野にいたる。そこは赤帝（炎帝）と祝融の司る土地で、一万二千里ある」。

これを読む限り、顓頊の水の国と炎帝の火の国は、隣接している。黄帝系の視点から見ると、祝融は、水の国に所属しながら、火の国に寝返って、炎帝を補佐する火神になった。だから、九陰を照らし、「目を閉じると暗くなり、目を開くと明るくなる」、つまり、昼と夜、明と暗を創る時間の創造神になった。

ここで祝融を念頭に置いて、もう一度洪水が起こった原因を考えて見よう。『山海経』「大荒西経」には、祝融の出自と並んで、顓頊の別の系図も挿入されている。

「顓頊は老童を生み、老童は重と黎《れい》を生んだ。帝は重をして上天を献《ささ》げしめ、黎をして下地を抑えしめた」。

顓頊は、孫の重に天の管理を委ね、黎に地の管理を任せたと言っているのである。地を管理した黎は、神々と人間が交わらないように天地を結んでいた通路を絶った。これが「地天の通を絶つ」という神話である（『国語』「楚語」）。

祝融も重や黎と同じ老童の子、顓頊の孫である。にもかかわらず、重と黎は祖父の顓頊から重用され、祝融だけが疎んじられている。「地天の通を絶った」のは黎だから、黎も不満を抱いていたと言えなくもない。しかし、地の管理は、少なくとも黎に委ねられている。そうなると顓頊は、重、黎、祝融の順序で重用・寵愛していたことになる。

もっとも、黎と祝融、または重と黎を一柱の神格と見なして重黎と祝融を同一視する説もあるが、ここではひと先ず個別の神格として考えを進めたい。どちらを採っても、祝融が顓頊に疎んじられたことに変わりはないからである。

共工が乱を起こしたのは、伏義が衰えたためということになっている。同時に黎が「地天の通を絶った」ことに怒ったからだとも言われている。共工は、これで顓頊と帝位を争うことになった。

祝融は、共工の父なので、顓頊に疎んじられた祝融がその不満を息子の共工に訴え、それで共工が決起したとも考えられる。祝融は、完全に炎帝の側に寝返って、息子とともに黄帝系の神々に謀反を起こしたことになる。

徐朝龍によれば、燭竜は、四川省西部で三星堆文明を創り上げた蜀国の至上神であったという。最初は蚕叢《さんそう》という民族の先祖神であったが、それが昼夜を創って宇宙を支配する燭竜、または燭陰になり、さらに天地を創造する盤古へ神格化した。そして、中国文明の一体化が進むにつれ、いつのまにか長江流域の南中国を支配する神へと変身し、その名も祝融に変わったのだという。燭と蜀とは同じ音声なので、燭竜とは、蜀の国の竜という意味になる。

一九八六年に三星堆遺跡から四百数十点の遺物が出土した。これは、考古学上の大発見と言われ、数年前に日本でも美術展が開かれている。展覧会には巨大な青銅縦目仮面が陳列され、顔面から垂直に飛び出した異様な二つの目が見学者を釘付けにさせていた。私もその一人である。

徐朝龍は、この青銅縦目仮面を燭竜と結びつけたわけである。「人面蛇身で赤く、目が縦についていて正乗」という『山海経』「大荒北経」にある燭竜の描写とピタリと一致するというのである。この仮面の鼻筋には、また大きな縦飾りが付いている。この縦飾りは、他の遺物でもそうなので、どうやら蜀国では竜のシンボルマークだったのではないかという(16)。

私もこの説におおむね賛成である。しかし、中国内部に話を限定せず、もっと推測を逞しくさせて領域を広げれば、燭竜＝盤古＝祝融の源は、ティアマトに行き着くのではないかと私は思う。ティアマトも燭竜も竜であるところは同じだし、ティアマトと盤古の「死体化生説」や始祖神である点も一致する。そして、洪水神話におけるティアマトと祝融の役割も共通点が少なくないからだ。最初の二点は問題ないとして、もう少し洪水神話での共通点を追ってみよう。

祝融は、黄帝・顓頊の系図と炎帝の系図の両方に組み込まれていると前に書いたが、なぜそのようなまぎらわしい立場で洪水神話に参入せざるをえなかったのか。しかし、まぎらわしい立場という点では、ティアマトも祝融とそれほど変わりはない。

ティアマトは始祖神だが、二代目から六代目までの直系の子孫たちに謀反を起こされ、大戦争の火種になっている。直系の子孫たちは、五代目の水神エアがアプスー（淡水）を殺して、身代わりに「淡水の神」を継承することで、全員が「淡水の神」の味方に付いた。

ティアマトだけが直系の子孫たち、淡水の神々から原初の「塩水の神」として恐れ、疎んじられた。怪物的な竜の烙印を捺された「塩水の神」は、陣営を立て直して「淡水の神々」と対決し、敗北する。死体は化生して、宇宙の礎を次々に創り出す。

ティアマトは塩水の始祖神だが、淡水の始祖神アプスーはティアマトの夫である。直系の子孫たちは、淡水のアプスーの側に立ったが、塩水のティアマトの血が混じらなければ、彼らの生は、もともと成り立たない。塩水のティアマトが夫である淡水のアプスーを思いやり、直系の子孫たちに愛を注げば、大戦争は起きなかったろう。

ティアマトは、原初の塩水に固執し続ける。ティアマトも、「塩水」の系図と「淡水」の系図に引き裂かれている点では祝融と同じなのだ。

祝融も、水神である祖父の顓頊から疎んじられたが、それに耐えて息子の共工を抱きこまず、顓頊の系図に忠誠を誓っていれば、大戦争は起きなかったろう。

しかし、祝融は、ティアマトが塩水に固執したように、炎帝の系図を重視して、水神である顓頊の直系と対立する。具体的には顓頊の子、鯀を殺す（『山海経』「海内経」）。鯀は、禹の父だから、水族、魚族の心臓部を射抜いたことになる。禹が女媧と協力して、祝融の子、共工を討ったのは、父の仇討ちと考えられないこともない。

ティアマト側が竜の陣営なら、炎帝の側も基本的に竜で固められている。ティアマトは、みずから七叉の大蛇を生み、炎の竜頭サソリ尾獣や海の怪獣ラハムなどを臣下にして対決する。炎帝の側も祝融は竜、共工も人面蛇身、共工の臣下の相柳も九つの頭を持った人面蛇身、防風氏も頭が竜、耳が牛でできた片目の巨人である。

炎帝までさかのぼっても、炎帝の別名は神農で、神農は牛頭人身、臣下の蚩尤は銅頭鉄額だが、頭に角が生え、蹄は牛、目は四つの巨人である。

炎帝の陣営は、竜でなければ牛で統一されているわけだ。しかし、中国で牛は、しばしば竜と同じ扱いを受けている。角だけ出して水中を泳ぐ水牛の姿が、角の生えた竜にたとえられているからだ。

『風俗通義』で李冰《りひょう》は、長江の竜神から最愛の娘を人身御供に要求される。竜神と李冰は、岸辺で対決するのだが、陸に上がった竜神の姿は、竜ではなく牛である。これで炎帝の系図や陣営が基本的に竜で固められていることがお分かりいただけよう。

しかも、祝融は、しばしば炎帝に比定されたりする。祝融（盤古）が炎帝なら、黄帝は炎帝（盤古）の討伐に走るのだから、黄帝像は、ますますティアマト（盤古）を討ったマルドゥク像に接近する。

炎帝と神農は同一神なのだから、黄帝は、この同一神を討ったのと変わらない。神農は農業の開祖なので、討たれた炎帝の死体から農業が誕生したことになるだろう。無論、太陽神の炎帝が死ぬはずはない。しかし、炎帝と神農を合体させ、そこに炎帝の子、祝融を重ね合わせて黄帝に討たせると、どうしても盤古像が現われて来る。「死体化生説」が仮想されていたことだけは、間違いないのだ。

盤古は死んで、その死体から宇宙が誕生した。炎帝は死ななかったが、農業の開祖になった。ユーラシア全域に伝播しているさまざまな「死体化生説」では、宇宙の誕生と植物・農業の誕生はほとんど等価なものとして描かれている。黄帝に敗れて神農に変身し、農業の開祖に生まれ変わった炎帝の事跡に「死体化生説」の残映を読み取りたくなるのは、そのためである。ならば、炎帝こそ盤古であり、燭竜ということになる。炎帝の子、祝融は、炎帝から派生した分身像に違いない。無論、その逆であっても構わない。

炎帝は、別名を赤帝ともいう。そうなると、赤水の北山に住み、赤水を妻として祝融を生んだ炎帝＝赤帝のほうこそ蜀国の至上神、「人面蛇身で赤く、目が縦についていて正乗」という巨大な青銅縦目仮面像にふさわしいとはいえまいか。炎帝が赤帝で太陽神なら、蜀国の人々は、ティアマトの「死体化生説」を摂取し、同時にそれを太陽神の「死体化生説」に変容させたのでないのか。

太陽は、ティアマトのように死ぬわけでも、その死体から宇宙を誕生させるわけでもない。しかし、太陽は、昼になればよみがえり、夜になれば消える。太陽の運行は、生と死を、「死体化生」を日々、繰り返す。中国の創世神話では、ティアマトの「死体化生説」を太陽の運行、太陽の「死体化生説」に巧みに変容させたのではないか。黄帝系と炎帝系の大戦争は、明らかにメソポタミアの天上覇権神話、「淡水」と「塩水」、ティアマトとマルドゥク両陣営の大戦争を踏襲していたことになる。

そうであるなら、雷神で最高神の黄帝は、マルドゥクのみならず、ヒッタイト神話のテシュブやギリシア神話のゼウス、さらにはインド神話のインドラや聖書のヤハウェともへその緒がつながっていることになる。

蜀国の人々がティアマトとこれほどよく似た燭竜（盤古・祝融・炎帝）を至上神として崇めていたというのは、考えてみれば驚異的なことだ。太古の時代にメソポタミア文化が伝播した可能性があることを想起させずにおかないからだ。

蜀国は、氏族《ていぞく》によって創建されたといわれている。中原文化を創った漢族は、氏族の至高神である燭竜を祝融に分岐させ、祝融を共工の父にさせて悪神の親子を創り、黄帝系神話に組み入れた。共工は羌人《きょうじん》の治水神なので、南方系異民族の二柱の最高神が悪神にさせられたわけである。

なるほど、ティアマトも、メソポタミア神話ではマルドゥクに討たれて、ある面で悪神のような役割を背負わされている。しかし、この始祖神は、化生して宇宙の創造に貢献する万物の源でもある。氏族は、万物の創造神としてティアマトのような燭竜を崇めた。

瑶（ヤオ）族や苗族にも、氏族の燭竜に当たる盤瓠《ばんこ》伝説が犬のトーテム崇拝と合体して残っている。敵将の首を持ち帰れば、娘と結婚させると天帝が宣言したので、盤瓠と呼ばれていた犬が、天帝に首を献上して天女と結婚する話しである。

ヤオ族の大廟には、今でも盤古王と盤古婆が最大の偶像、始祖神として祭られているそうである。中国に住むチベット・ビルマ語系の少数民族、ペー（白）族の創世神話でも盤古と盤生という兄弟が洪水の後に生き残る(17)。現在、ヤオ族の人口はほぼ二一三万、苗族は約七四〇万人、ペー族は約一一三万人を数える(18)。

ヤオ族、苗族の祖先神である盤瓠は、瓢簞《ひょうたん》に当たる瓠《こ》から生まれている。瓠は、万物が生まれる源で、中国少数民族の間では、兄妹夫婦の二柱の創造神も、瓠や葫蘆《ふしべ》から生まれている。万物の子宮である瓠や葫蘆そのものが、ティアマトであり、燭竜なのだ。

漢族は、これを摂取して、中原文化の創造神、盤古にその名を変えてよみがえらせた。しかし、万物の源でありながら、中国の盤古は、神話のなかでなぜかしら他の神々から孤立しているように見えた。燭竜が炎帝や祝融や盤古と一つになることで、これまで孤立しがちであった盤古の存在が、万物の子宮としてだけでなく、天上覇権神話、黄帝と炎帝の大戦争のなかで他の神々と接続し始める。

燭竜、燭陰、祝融、盤古、さらに炎帝は、ティアマトから生まれた同一神が枝分かれした分身の神々に違いないのである。

[注]

（1）袁珂著、鈴木博訳、『中国神話伝説大事典』、大修館書店、一九九九、「女媧」の項目。

(2) 陸思賢著、岡田陽一訳、『中国の神話考古』、言叢社、二〇〇一、六四頁。
(3) チャンヴェトキーン編、本多守訳、『ヴェトナム少数民族の神話』、明石書店、七一―七二頁。
(4) 聞一多著、中島みどり訳、『中国神話』、東洋文庫、平凡社、一九八九、所収「伏羲考」、七四頁。
(5) マルセル・グラネ著、明神洋訳、『中国古代の舞踏と伝説』、せりか書房、一九九七、二七六―二七七頁。
(6) 注(4)の上掲書、一〇一頁。
(7) イヴ・ボンヌフォワ編、金光仁三郎主幹、『世界神話大事典』、大修館書店、一〇九三―一〇九四頁。
(8) 注(7)の上掲書、一〇五〇頁。
(9) 注(4)の上掲書、九八―九九頁。
(10) 注(4)の上掲書、五七―六〇頁。
(11) 注(2)の上掲書、八二―八三頁。
(12) 森雅子、「神話に民族の接触を見る」(『言語』、二〇〇〇、vol. 29、No. 12、大修館書店)。
(13) 注(4)の上掲書、所収、「高唐神女伝説の分析」二〇二―二〇六頁。
(14) 白川静著、『中国の神話』、中公文庫、一二八頁。
(15) 注(5)の上掲書、一四九頁。
(16) 徐朝龍著、『三星堆・中国古代文明の謎』、大修館書店、一九九八、三七―八一頁。
(17) 工藤隆編、『四川省大涼山イ族創世神話調査記録』、大修館書店、二〇〇三、四八〇頁。
(18) 伊藤清司監訳、『中国少数民族の信仰と習俗』下、第一書房、一九九三、六三二頁。

[著者紹介]
金光　仁三郎（かねみつ・じんさぶろう）
1941 年　東京に生まれる
1966 年　東京大学文学部仏文科修士課程修了
現　在　中央大学教授
著書＝『ラシーヌの悲劇』（中央大学出版部）、『原初の風景とシンボル』（大修館書店）、『愛と死の神話―モリエールの「ドン・ジュアン」』（審美社）
訳書＝J. シュヴァリエ編『世界シンボル大事典』（大修館書店、訳者代表）、Y. ボンヌフォワ編『世界神話大事典』（大修館書店、主幹、第 37 回日本翻訳出版文化賞）、J. マルカル『ケルト文化事典』（大修館書店、共訳）、J. ルーセ『ドン・ファン神話』（審美社）、J. ラシーヌ『ポール・ロワイヤル略史』（審美社）、J. トルテル『文学への鍵』（白水社、共訳）など多数

ユーラシアの創世神話

NDC164 / ii, x, 324p / 19cm

初版発行――――2007年4月20日

著　者――――――**金光仁三郎**《かねみつじんさぶろう》
発行者――――――**鈴木　一行**
発行所――――――株式会社**大修館書店**
〒101-8466　東京都千代田区神田錦町 3-24
電話　03-3295-6231（販売部）/03-3294-2355（編集部）
振替　00190-7-40504
[出版情報] http://www.taishukan.co.jp

装丁者――――――山崎　登
印刷所――――――精 興 社
製本所――――――牧 製 本

ISBN978-4-469-21312-6　　Printed in Japan